Nahed Selim

Nehmt den Männern den Koran!

Für eine weibliche Interpretation des Islam

Aus dem Niederländischen
von Anna Berger
und Jonathan Krämer

Piper
München Zürich

Die Originalausgabe erschien 2003 unter dem Titel
»De vrouwen van de profeet«
bei Uitgeverij Van Gennep, Amsterdam.
Die Übersetzung folgt der 3. Auflage vom Mai 2005.

ISBN 13: 978-3-492-04893-4
ISBN 10: 3-492-04893-5
© 2003 Nahed Selim/Uitgeverij Van Gennep
© Deutsche Ausgabe:
Piper Verlag GmbH, München 2006
Satz: pagina GmbH, Tübingen
Druck und Bindung: GGP Media GmbH, Pößneck
Printed in Germany

www.piper.de

Nahed Selim
Nehmt den Männern den Koran!

Inhalt

Einleitung 7

Teil Eins Eine Frage der Interpretation

1 Teil der Verlockungen 17
2 Nicht aus einer Rippe, sondern aus ein und derselben Seele 26
3 Zina(t) und die Bekleidungsvorschriften 33
4 Kein Saatfeld, sondern unabhängige Wesen 55
5 Das nicht entdeckte Vorspiel 74
6 Erbrecht in der Praxis 85
7 Feindliche Theologie und unzuverlässige Überlieferungen 104
8 Geschichte des Zweifels und Unglaubens 133
9 Die schönste Gestalt 162

Teil Zwei Frauen im Koran

Einleitung Ich wäre lieber Kind geblieben 177
1 Erstes Porträt – Aischa, verleumdet und freigesprochen 186
2 Zweites Porträt – Zainab und die Macht der Schönheit 217

3 Drittes Porträt – Hafsa, mächtige Tochter
  eines mächtigen Vaters   229
4 Wer waren die Frauen des Propheten in
  Wirklichkeit?   250
5 Maria, die Mutter Jesu   254

Teil Drei Sittenwandel

Einleitung Eine Scheidung vor der Hochzeit   261
1 Nenn mich nicht so   266
2 Ehebruch per Internet   277
3 Töchter töten   280
4 Wer will noch eine Brautgabe?   283
5 Die Jungfernpille   301

Nachwort   309

Anhang

Liste der Reihenfolge der Offenbarung
der Korantexte   319
Liste der Namen und Herkunft der Frauen
des Propheten   323
Anmerkungen   325

Kernthesen des Buches in türkischer Sprache   329
(Auszug aus dem Nachwort)

Einleitung

Die Reise dauerte lange. Je tiefer der Zug aus Alexandria Richtung Süden ins Nildelta eindrang, desto beklommener wurde mir zumute. Die sich verändernde Landschaft auf beiden Seiten des Bahndamms – leuchtendgrüne Felder und Lehmhäuser mit Strohbündeln auf den Dächern, die regelmäßig in belebte, dynamische Städte übergingen – konnte die bis zum Zerreißen angespannten Nerven nicht beruhigen.

Wie konnte es auch anders sein: Als einziges Mädchen saß ich zwischen lauter alten, frustrierten Männern, die einer wie der andere regelmäßig ihre Blicke offen und schamlos in meine nackten Beine bohrten. Ich war damals etwa fünfzehn Jahre alt und reiste in Begleitung meines Onkels mütterlicherseits, der mich, nachdem ich ihn in Alexandria besucht hatte, nun wieder nach Hause brachte. Seine verlegene Miene sprach Bände – ich trug einen kurzen Rock, der knapp über den Knien endete und jedesmal, wenn ich mich setzte, nach oben rutschte und meine Oberschenkel halb entblößte. Damals, Mitte der sechziger Jahre, waren Miniröcke der letzte Schrei bei Mädchen in meinem Alter, die – auch in Ägypten – gern der Mode folgten.

Vor dreißig Jahren war das Leben in Ägypten für Frauen vollkommen anders als jetzt – so radikal anders, daß man es sich kaum vorstellen kann. Damals herrschte hier Gedankenfreiheit, Frauen kämpften für ihre Gleichberechtigung und

Einleitung

trugen keine Kopftücher mehr. Islamistische Gruppierungen gab es in viel geringerer Zahl als heute; außerdem war ihr Einfluß auf das tägliche Leben noch nicht so ausgeprägt. Die Nasser-Regierung hatte 1965 die berüchtigte Muslimbruderschaft zum zweiten Mal wegen Landesverrats und der Vorbereitung eines Putschversuchs verurteilt; ihre Anführer saßen entweder im Gefängnis oder durften nicht mehr öffentlich auftreten.

Der Lebensstil in Ägypten ähnelte damals dem in Europa, genauer gesagt, dem des Ostblocks. Man glaubte an den Sozialismus, an die Einheit der arabischen Welt und an den Fortschritt. Ein Jahr nach der Revolution von 1952 geboren, gehörte ich der ersten Generation an, die in den Genuß der Segnungen der sozialistischen Ära kam, zu denen kostenlose Bildung für das ganze Volk gehörte. Der Assuanstaudamm sollte es dem Land ermöglichen, seinen Elektrizitätsbedarf zu decken, die Industrialisierung voranzutreiben, neue Böden für landwirtschaftliche Nutzung zu erschließen und das Bewässerungssystem zu modernisieren. Die Aufgabe aller Männer und Frauen war es, die nationale Unabhängigkeit gegen externe Aggressionen zu schützen und ein modernes, fortschrittliches und starkes Ägypten aufzubauen. Mit Nasser an der Spitze des Staates und den Russen im Hintergrund schien alles möglich. Die Träume wuchsen bis in den Himmel.

Die Regierung glaubte an die Trennung von Moschee und Staat; es hatte den Anschein, als kümmerte sich überhaupt niemand mehr um den Glauben. Innerhalb des sozialistisch orientierten Systems schien sich die Religion auf den Ramadan, die Feiertage und das Freitagsgebet zu beschränken. Während des Ramadans wurde noch gefastet, auch wenn sich lange nicht alle an dieses Gebot hielten. Die Pilgerfahrt nach Mekka war zu einem alten Zopf geworden, der nur noch

Einleitung

Dorfbewohnern oder älteren Menschen, die bereits mit einem Bein im Grab standen, vorbehalten war.

Für Mädchen in der Stadt war der Schulbesuch etwas ganz Selbstverständliches. Bereits die Töchter der vorherigen Generation hatten eine Ausbildung genossen, soweit ihre Eltern sich das erlauben konnten. Auch meine Mutter hatte die Schule besucht – übrigens modisch gekleidet. Ihr älterer Bruder, der nun neben mir im Zug saß und dem ganz elend zumute war, sprach Französisch und las die Werke der Weltliteratur. Abends nahm er seine Schwestern zu Vorträgen und in Opernkonzerte mit.

Die Mädchen in unseren liberalen Kreisen setzten sich gegen Zwangssehen zur Wehr. Sie pochten darauf, genauso behandelt zu werden wie ihre Brüder, und kritisierten vehement die Diskriminierung von Frauen, die in anderen Kreisen und sozialen Schichten damals noch an der Tagesordnung war. Wir schrieben 1968, das Jahr, in dem der Gedichtband *Tagebuch einer unkonventionellen Frau* von Nizar Kabbani, einem Syrer, der als Vorkämpfer der Frauenemanzipation galt, erschien, der Gedichte wie das folgende enthielt:

»Ich bin eine Frau ...
Ich bin eine Frau.
An dem Tag, an dem ich das Licht der Welt erblickte,
Wurde ich bereits mit meinem Todesurteil konfrontiert.
Weder hatte ich die Eingangstür des Gerichts gesehen,
Noch die Gesichter meiner Ankläger.«

Zwar trug damals nicht jede Frau einen Minirock, aber es war auch nicht ungewöhnlich, und mein Onkel war bestimmt kein altmodischer Mann, der sich als Herr und Gebieter über die Frauen in seinem Haus aufspielte. Dennoch vermittelte er mir nun das Gefühl, daß ich ihm etwas

Einleitung

Schlimmes angetan hatte. Vor Verlegenheit wußte er nicht, wo er hinsehen sollte.

Krampfhaft preßte ich die Beine zusammen und zupfte ständig an meinem Rock herum, der davon aber auch nicht viel länger wurde und gleich wieder munter hochrutschte. Jeden weiteren Millimeter Fleisch, der auf diese Weise entblößt wurde, begafften die Männern um mich herum neugierig. Am schlimmsten aber war für mich die spürbare Betretenheit meines Onkels. Der Schweiß tropfte ihm von der Stirn – und nicht nur wegen der Hitze. Irgendwann wurde ihm das Ganze zuviel, und er schob mir seine Zeitung hin, während er mir durch die Zähne zuzischte: »Bedecke deine Beine ein wenig.«

Wie eine Decke wickelte ich mir das Zeitungspapier um die Beine. Bis zu unserer Ankunft im Bahnhof von Tanta blieb ich über die Zeitung gebeugt da sitzen. Zum Lesen kam ich allerdings nicht, dafür fühlte ich mich zu sehr erniedrigt und zugleich schuldig – obwohl ich doch überhaupt nichts getan hatte!

Es war im Sommer 1968, genau ein Jahr nach dem Sechstagekrieg, in dem die Israelis die ägyptische Armee vernichtend geschlagen und anschließend dank der tatkräftigen Unterstützung der USA unter anderem den ganzen Sinai besetzt hatten. Die Sinaihalbinsel ist dreimal so groß wie die Niederlande; auf ihr befinden sich alle Ölvorkommen Ägyptens. Das Volk war tief erschüttert; niemand verstand, was geschehen war. Wir hatten doch eine ganz moderne Armee, die von den Russen ausgerüstet und bewaffnet worden war! Wir hatten den besten Anführer, den ein Land sich nur wünschen konnte! Wir waren dabei, eine moderne Gesellschaft aufzubauen, deren Fundamente der wissenschaftliche Sozialismus und die Gleichheit aller waren! Eine moderne Gesellschaft, die es der alten an Größe gleichtun würde! Wie konnten wir dann nur besiegt werden?

Einleitung

Am 9. Juni 1967 war Nassers Gesicht auf allen Fernsehschirmen zu sehen. Das von uns allen vergötterte Antlitz des Oberhaupts, auf dem immer ein Ausdruck des Stolzes gelegen hatte, war bei seiner Rücktrittserklärung von tiefen Furchen durchzogen. Er übernahm damit die Verantwortung für die schreckliche Niederlage. Später sollte sich zeigen, daß diese Niederlage des Jahres 1967 eine Wende in der modernen Geschichte Ägyptens darstellte und eine radikale Neuorientierung der gesamten arabischen Welt nach sich zog. Aber das wußte ich damals noch nicht – ich, ein fünfzehnjähriges Mädchen, das an einem Freitagnachmittag adrett gekleidet neben ihrem modernen Onkel saß und dachte, es wäre die normalste Sache der Welt, einen Minirock zu tragen. Mir war noch nicht bewußt, daß die Turbanträger in den Moscheen endlich Morgenluft gewittert hatten und bereits seit einem Jahr predigten, die Niederlage sei ein Ausdruck von Gottes Zorn, weil unser Land dem Unglauben verfallen sei. Da mein Onkel nie die Moschee besuchte, hatte er noch nicht gehört, was all die anderen Männer, die an diesem Nachmittag bei uns im Abteil saßen, schon mehrfach vernommen hatten: daß die Frauen daran schuld seien, daß die verdammenswerten Frauen mit ihren nackten Armen und Beinen Gottes Zorn auf uns gelenkt hätten. Um Allah zu beschwichtigen, müßten die Menschen zum Islam zurückkehren.

In der Deutung dieser strohdummen Scheichs wurde der Islam darauf reduziert, daß mehr gebetet werden müsse und sich die Frauen zu verhüllen und aus dem öffentlichen Leben zurückzuziehen hätten. Langsam aber sicher gewann diese simplifizierende Analyse mehr Anhänger. Angesichts der gewaltigen Unterstützung, die der Westen dem Staat Israel hatte angedeihen lassen, war die militärische Niederlage kein Wunder, aber die Art, wie sie zustande gekommen war, machte das Scheitern des ägyptischen Modernisierungsprozesses schmerz-

Einleitung

haft sichtbar. »Islam is the solution« – diese Losung war immer häufiger in den Straßen zu lesen.

Als Nasser ein paar Jahre später plötzlich starb, wurde Sadat, der nicht annäherungsweise über das Charisma des ehemaligen Präsidenten verfügte, sein Nachfolger. Sadat wollte einen ganz anderen Kurs einschlagen, genoß aber nicht die breite Unterstützung, die er für seine neue Politik brauchte. Um die Sympathie des Volkes zu gewinnen, schenkte er dem wachsenden religiösen Einfluß Gehör und hob alle Restriktionen auf, denen religiöse Organisationen unterworfen gewesen waren.

Muslimische und christliche Jugendverbände schossen wie Pilze aus dem Boden. Angehörige der Muslimbruderschaft wurden aus der Haft entlassen. Fanatische Muslimorganisationen wurden gegründet, die zu einer – jedenfalls nach islamischen Normen – idealen Gesellschaft zurückkehren wollten.

Als Gegenleistung für die Vereinigungs- und Versammlungsfreiheit religiöser Gruppen erhielt Sadat die Unterstützung der gemäßigten Muslime, die das Volk mobilisieren konnten. Manche Organisationen radikalisierten sich in einem solchen Maße, daß sie die Regierung als unislamisch ansahen. Elf Jahre später wurde Sadat von einem Angehörigen einer der Gruppen erschossen, die er großherzig unterstützt und denen er damit die Gelegenheit gegeben hatte, extremistisch zu werden.

Einen kurzen Rock habe ich seither nicht mehr angezogen. Überall tauchten nun Kopftücher auf; sie drangen sogar bis in unsere liberale Familie vor. Die neue, im ganzen Land herrschende Orientierung an der Religion manifestierte sich als eine fanatische, aggressive und feindselige Welle, die über alle Errungenschaften, die sich die Frauen im säkularen Staat erkämpft hatten, und über jede Form des Andersdenkens hinwegschwappte. Alles, was Ägypten in über einhundertfünfzig Jahren im Bereich der Säkularisation aufgebaut hatte, wurde in wenigen Jahren niedergerissen. Da fand ich es höchste Zeit, selbst im Koran nachzulesen, was dort wirklich über Frauen geschrieben steht.

Nahed Selim,
im Sommer 2003

Teil Eins

**Eine Frage
der Interpretation**

1
Teil der Verlockungen

Vor einigen Jahren schrieb die ägyptische Feministin Nawal Sadawy, daß muslimische Frauen ein falsches Bewußtsein hätten. Ihr Selbstbild sei eine Deformation, eine Verunstaltung ihres wahren Ichs, ein Produkt der männlichen, feudalen, patriarchalischen Kultur. Sie hat wohl nicht ganz unrecht – trotzdem ist es eine gefährliche These. Denn diese Meinung wird auch von orthodoxen Muslimen in bezug auf emanzipierte, liberale Frauen vertreten, die in den Augen der Orthodoxen ein falsches, dem westlichen Vorbild angepaßtes Bewußtsein übernommen haben.

Es läßt sich nicht leugnen, daß jeder Mensch, ob Frau oder Mann, zu einem Großteil von seiner Umgebung konditioniert wird. Vielleicht kann man sogar behaupten, daß jeder Mensch ein falsches Bewußtsein hat, sofern er sich nicht konsequent darum bemüht, dies zu verändern. Mich persönlich haben meine Jugend in Ägypten und mein langer Aufenthalt in Westeuropa ebenfalls konditioniert, obwohl ich schon früh erkannt habe, daß mit einer Kultur, in der Frauen systematisch diskriminiert werden, etwas nicht in Ordnung sein kann.

Für die meisten Frauen stellt das Leben in einer muslimischen Kultur eine Aneinanderreihung von Entbehrungen dar, in dem es nur wenige Glücksmomente gibt. Alles steht im Zeichen der anderen, und jede noch so geringe Entgleisung wird bestialisch bestraft. Außerdem gilt für Männer ein an-

Eine Frage der Interpretation

derer Maßstab als für Frauen. Daher ist die Gesellschaft in islamischen Ländern erlahmt. Von sozialer Gerechtigkeit ist häufig keine Rede, obwohl es gerade das Hauptanliegen des Islam war, diese mit Hilfe zahlreicher Vorschriften zu gewährleisten.

Seit ich anfing nachzudenken – damals war ich etwa dreizehn –, habe ich bewußt alle gesellschaftlichen Konventionen in Frage gestellt. Alle Werte, die in der muslimischen Kultur hochgeachtet werden, habe ich auf den Prüfstein gelegt, um mir ein eigenes Urteil zu bilden. Alle meine Vorstellungen habe ich kritisch untersucht, alle meine Auffassungen überprüft – angefangen bei meinem muslimischen Glauben.

Später, nachdem ich schon fast ein Vierteljahrhundert im Westen gelebt hatte, wollte ich auch den Koran, die wichtigste Quelle des Islam, auf meine Art und Weise lesen und verstehen. Ich weiß nicht, ob es eine weibliche Art des Lesens gibt, doch für mich ist es das allerwichtigste, mich auf mein eigenes Urteil verlassen zu können.

Aller Anfang ist schwer, und so habe ich diesen Plan jahrelang vor mir hergeschoben. Doch eines schönen Nachmittags beschloß ich in meinem sonnigen Wohnzimmer, das Buch der Bücher an einer willkürlichen Stelle aufzuschlagen. Das nennt man *Istikhara* – fromme Muslime (nicht, daß ich mich als einen solchen bezeichnen möchte) machen das, wenn sie der Zweifel gepackt hat und sie sich nicht entscheiden können. Sie öffnen den Koran, legen mit geschlossenen Augen einen Finger auf eine bestimmte Passage und beginnen zu lesen. Die so gefundene Stelle versuchen sie auf die Frage zu beziehen, die sie für sich selbst formuliert haben. Genau das tat ich damals auch, und mein Blick fiel auf die folgende Passage:

Teil der Verlockungen

»Zum Genuß wird den Menschen die Freude gemacht an ihrem Trieb zu Frauen und Söhnen und aufgespeicherten Mengen von Gold und Silber und Rassepferden und Vieh und Saatfeldern. Dies ist der Genuß des irdischen Lebens; doch bei Allah ist die schönste Heimkehr.« (3:14)

Bei der Lektüre dieses Verses entsteht in meinem Kopf eine imaginäre Linie. Auf der einen Seite dieser Linie stehen die Menschen und auf der anderen Seite die Verlockungen, die Welt des äußeren Scheins, die den Menschen blendet und ihn hindert, das Wesentliche zu erkennen. Zu meiner Überraschung muß ich feststellen, daß die Frauen nicht auf der Seite der Menschen stehen, sondern auf der anderen, der Seite der Verlockungen. Wer sind dann aber die Menschen, die in dieser Passage erwähnt werden? »Zum Genuß wird den Menschen die Freude gemacht an ihrem Trieb ...« Sind damit nur die Männer gemeint? Gehören die Frauen nicht in die Kategorie »Menschen«? Oder soll ich den Text vielleicht folgendermaßen lesen: »Zum Genuß wird den Männern die Freude gemacht an ihrem Trieb zu Frauen«?

Die Aufzählung materieller Reichtümer gibt einen Hinweis darauf, was die Menschen damals, vor vierzehn Jahrhunderten, gern besessen hätten. An sich unterscheiden sie sich kaum von dem Luxus, den die Menschen heute für erstrebenswert halten: ein großes Vermögen, edle Pferde, Vieh und Saatfelder. Natürlich haben sich manche Symbole weltlicher Macht und materieller Wohlfahrt verändert. Heute würden nicht mehr Söhne genannt werden, viele Söhne als Machtmittel. Und vielleicht würde statt »Vieh und Saatfelder« beispielsweise »ein Auto und eine Jacht« da stehen. Aber die erste (und wichtigste) Verlockung in dieser Aufzählung sind die Frauen.

Hätte anstelle von Frauen »Sex« da gestanden oder notfalls »sinnliche Begierde«, dann wäre der Text neutraler gewesen,

Eine Frage der Interpretation

dann hätte sich das Wort »Menschen« am Satzanfang auf Frauen wie auf Männer bezogen. Doch das steht nicht da. Die Verlockungen, die für die Menschen zum Genuß werden, umfassen Frauen, keine Männer, als bestünden die Menschen ausschließlich aus Männern, als wären Frauen keine Menschen, sondern Wesen von einem anderen Planeten, als könnten Männer kein Genuß für Frauen sein. Oder können Frauen Männer vielleicht nicht sinnlich begehren?

In ihrem Gedicht »Seehunde« drückt die palästinensische Dichterin Nida Khuri das Verlangen einer Frau folgendermaßen aus:

»Der Hunger versengt mich bis in die Höhen
Und ich verhungere bis in die Tiefen
In mir nimmt das Bellen der Sehnsucht zu,
Unglückliche,
Und ich tanze zur Musik des Bellens.«[1]

In Vers 3:14 wurde offenbar übersehen, daß sich der Koran nicht nur an den Mann, sondern auch – und im gleichen Maße – an die Frau richtet, solange wir jedenfalls nicht davon ausgehen, daß das Verlangen aller Menschen, also auch das der Frauen, instinktiv den Frauen gilt. Ich halte es allerdings für recht unwahrscheinlich, daß der Koran die Frauenliebe als wahre Natur aller Frauen ansieht.

Außerdem folgen in der Reihe der Verlockungen, die für die ausschließlich aus Männern bestehende Menschheit zum Genuß werden können, auf die »Frauen« gleich die »Söhne«. Töchter werden nicht erwähnt. Ist es kein Genuß, Töchter zu haben? Kein ebensogroßer Genuß wie Söhne? Offenbar nicht. Dies ist gelinde gesagt merkwürdig, wenn nicht sogar im Widerspruch zu anderen Korantexten, in denen die feindliche Einstellung der meisten frühen Araber gegenüber Töchtern –

Teil der Verlockungen

eine Einstellung, die sich bei Muslimen heute leider noch immer feststellen läßt – ausdrücklich zurückgewiesen wird, wie es das folgende Zitat belegt:

> »Und wenn einem von ihnen die Nachricht von (der Geburt) einer Tochter überbracht wird, so verfinstert sich sein Gesicht, und er unterdrückt den inneren Schmerz. Er verbirgt sich vor den Leuten aufgrund der schlimmen Nachricht, die er erhalten hat: Soll er sie behalten trotz der Schande, oder (soll er sie) in der Erde verscharren? Wahrlich, übel ist, wie sie urteilen!« (16:57–59)

In der Tat: Wahrlich, übel ist, wie sie urteilen! Ich bin froh, daß der Koran an dieser Stelle klar für die unschuldigen neugeborenen Mädchen Partei ergreift, die aufgrund der damals herrschenden barbarischen Praktiken lebendig in der Erde verscharrt wurden. Glücklicherweise beendete der Islam diese Praktik. Ein anderer diesbezüglich kritischer Text lautet folgendermaßen:

> »Und wenn das lebendig begrabene Mädchen gefragt wird: ›Für welche Verbrechen wurdest du getötet?‹« (81:8–9)

Ein starker Text. Für welche Verbrechen wurden diese Mädchen getötet? Wie müssen wir uns Eltern vorstellen, die es über sich brachten, ein neugeborenes Mädchen zu töten, nur weil es ein Mädchen war? Wahrscheinlich hat Armut eine gewisse Rolle gespielt; die Tatsache aber, daß nur Töchter dieses Schicksal ereilte, verrät die Diskriminierung. Der Koran verurteilt solche Taten ausdrücklich.

In manchen Koranübersetzungen wird »Söhne« im zuerst genannten Vers (3:14) mit »Kinder« übersetzt, doch das führt zu einem höchst ungewöhnlichen Wortgebrauch. Auf diese

Eine Frage der Interpretation

Passage in der dritten Sure hin habe ich alle Korantexte inventarisiert, in denen von Familienmitgliedern einschließlich Söhnen und Töchtern die Rede ist. Meistens werden darin Geschlecht und Verwandtschaftsgrad sehr präzise angegeben.[2]

Das schlimmste dabei ist, daß dieser Text genau zeigt, welche Einstellung Männer zu ihren Frauen und Söhnen hatten, nämlich genau dieselbe wie zu ihren Mobilien und Immobilien, zu ihren Herden und ihrem Ackerland. Ein anderer Korantext arbeitet diese Einstellung noch genauer heraus:

»Besitztum und Söhne sind Schmuck des irdischen Lebens. Die bleibenden guten Werke aber sind lohnender bei deinem Herrn und hoffnungsvoller.« (18:46)

Doch vielleicht ist das alles zu weit hergeholt. Vielleicht müssen wir einfach einsehen, daß der Koran im Kern die Sprache seiner Zeit spricht, der vorislamischen Zeit, die der Koran als *Dschahilija* oder Unwissenheit bezeichnet, einer Zeit der Sklaverei, der uneingeschränkten Polygamie, der Ermordung neugeborener Mädchen, der nicht enden wollenden Stammesfehden und der Blutrache, einer Zeit, in der ein falsches Wort oder ein verkehrter Ton schon ausreichte, um jemanden zu töten, einer Zeit, in der eine Frau bei vielen Stämmen ein rechtloses Wesen war, das keine sehr viel höhere Stellung einnahm als ein Sklave. Zur Zeit des Korans war ein kleines Zimmer im großen Familienhaus der einzige Bereich, in dem sich Frauen aufhalten durften. Dagegen umfaßte das Gebiet, in dem sich der Mann bewegte, die ganze Welt, das irdische Leben und das Jenseits.

Da heilige Texte die Sprache ihrer jeweiligen Zeit verwenden, richten sie sich häufig ausschließlich an Männer. Auch die Bibel macht da keine Ausnahme. Sie spricht die Menschen häufig mit dem Wort »Brüder« an. Die Frauen werden nicht

Teil der Verlockungen

genannt; sie sind nicht wichtig genug. Dieser Gedanke kommt unter anderem in 1. Korinther 7:1 zum Ausdruck: »Es ist dem Menschen gut, daß er kein Weib berühre« – mit Mensch war ausschließlich der Mann gemeint; das Weib gehörte offenbar nicht zur Gattung Mensch.

In manchen Texten war der Koran in bezug auf die Stellung der Frau reformfreudig und sogar revolutionär; er versuchte, die herrschenden Meinungen zu ändern. Doch in der Regel sollte der Koran auch vom einfachen Volk verstanden werden, das vor vierzehnhundert Jahren in einer Nomadenkultur lebte, in der das Töten neugeborener Mädchen als etwas Normales angesehen wurde. Er gab die gewünschte Richtung vor, nahm zugleich aber auch Rücksicht auf die damals gültigen Werte. Vielleicht mußte der Koran ja auch bis zu einem gewissen Grad die Sprache derjenigen sprechen, an die er sich richtete; schließlich wollte er ja bei ihnen Gehör finden.

Wenn wir es uns einzugestehen wagen, daß viele Vorstellungen über Frauen im Koran überholt sind, können wir uns besser auf die tiefe Weisheit konzentrieren, die in den Texten ebenfalls vorhanden ist. Heute stören wir uns ständig daran, daß keine Frauen vorkommen, oder an der Ungerechtigkeit, die ihnen widerfährt, und verschließen unsere Augen davor, was uns zum Beispiel die oben zitierte Stelle sagen will.

In der Schlußzeile dieses Verses (»Dies ist der Genuß des irdischen Lebens; doch bei Allah ist die schönste Heimkehr«) lesen wir, daß es nicht selig machend ist, wenn man nur materiellem Gewinn und Sinnenfreuden nachjagt. Der Mensch braucht mehr, um ein für sich und für andere sinnvolles Leben zu führen und es zu einem guten Ende zu bringen. In seinem zeitlosen Buch *Matnawi-ye ma'nawi* (Das geistige Matnawi) formulierte der berühmte Sufimystiker Rumi diesen Gedanken vor über siebenhundertfünfzig Jahren folgendermaßen: »Der Köder der Welt ist sichtbar, der Strick aber ist

Eine Frage der Interpretation

verborgen – auf den ersten Blick erscheinen ihre Gnaden süß.«

Die Worte »schönste Heimkehr« empfinde ich als außerordentlich schön und vielsagend. Sie drücken aus, daß wir alle von Gott abstammen und wir alle zu ihm zurückkehren. Wir kommen schließlich an einen Ort zurück, an dem wir schon einmal gewesen sind. Die Rückkehr steht hier noch nicht einmal zur Diskussion. Wir alle kehren letzten Endes zurück, doch es geht darum, diese Rückkehr fruchtbar zu gestalten.

Solche wunderschönen Perlen sind unter den vierzehnhundert Jahre alten Binden verborgen. Verstaubte Binden, deren Äußeres an die damalige Zeit erinnert. Binden, die wir, die Frauen von heute, nicht mehr erkennen. Binden, die uns im Wege stehen und verhindern, daß wir die Juwelen finden, die sie verhüllen.

Auf diese Gedanken anspielend, sagte eine Frau einmal zu mir: »Du liest alles so genau!« Lesen andere Muslimas diese Texte denn anders? Höchstwahrscheinlich lesen sie sie überhaupt nicht. Die meisten Muslimas können nicht lesen, und wenn sie es können, geben sie sich – abgesehen von einer intellektuellen Elite – nicht viel Mühe, den Koran selbst zu lesen. Wenn sie ihn doch einmal aufschlagen, dann lesen sie ihn mit einem männlichen Blick – der einzige Blick, den es in islamischen Ländern gibt. Und dann halten sie es auch für normal, daß »die Menschen« offenbar ausschließlich aus Männern bestehen, der Platz der Frauen auf der Seite der Verlockungen ist und nicht auf der Seite der Menschen, und Söhne zum Genuß »der Menschen« gehören – nicht aber die Töchter. Ist es das vielleicht, was Nawal Sadawy mit dem »falschen Bewußtsein« der Muslimas meinte?

Ich glaube, noch ein weiterer Faktor spielt eine Rolle. Gläubige Menschen sind grundsätzlich nicht kritisch. Tiefgläubige

Teil der Verlockungen

Menschen akzeptieren ohne weiteres alles, was in einem Text steht. Sie analysieren nicht. Sie sind eher bereit, dem Text zu glauben, als ihrer eigenen Kritikfähigkeit zu vertrauen.

Ich bin auch gläubig, bemühe mich aber um einen kritischen Glauben. Einen Glauben, der auch einer kritischen Analyse standhält. Vielleicht verlange ich damit zuviel von meinem Glauben. Wie auch immer – der Versuch lohnt sich.

2

Nicht aus einer Rippe, sondern aus ein und derselben Seele

Im Gegensatz zur Bibel steht im Koran nicht, Eva sei aus einer Rippe Adams erschaffen worden. Obwohl die Schöpfungsgeschichte im Koran in vielen Punkten mit der der Bibel übereinstimmt, gibt es auch wesentliche Unterschiede. Einer dieser Unterschiede bezieht sich auf die Stellung der Frau. Um das Gedächtnis ein wenig aufzufrischen, fasse ich im folgenden kurz zusammen, was die Bibel über Evas Schöpfung erzählt:

> »Da ließ Gott der Herr einen tiefen Schlaf fallen auf den Menschen, und er schlief ein. Und er nahm seiner Rippen eine und schloß die Stätte zu mit Fleisch. Und Gott der Herr baute ein Weib aus der Rippe, die er von dem Menschen nahm, und brachte sie zu ihm. Da sprach der Mensch: ›Das ist doch Bein von meinem Bein und Fleisch von meinem Fleisch; man wird sie Männin heißen, darum daß sie vom Manne genommen ist.‹« (Genesis 2:21–23)

Die Schöpfungsgeschichte des Korans erzählt uns nicht, wie und wann genau die Frau erschaffen wurde. Sie ist über mehrere Stellen verstreut. In mehreren Suren oder Texten finden wir einzelne Bruchstücke der Schöpfungsgeschichte, die uns zusammengenommen mit vielen Wiederholungen vom Ursprung und von der Zukunft des Menschen sowie vom Zweck

Nicht aus einer Rippe, sondern aus ein und derselben Seele

der Schöpfung erzählen (unter anderem in 2:30-34, 7:12-27, 15:42 und 20:115-124).

Diesen Fundstellen ist zu entnehmen, wieso Gott Adam erschuf, und daß die Engel, die den Himmel zu diesem Zeitpunkt bewohnten, dies für eine schlechte Idee hielten: »Und als dein Herr zu den Engeln sprach: ›Siehe, Ich will auf der Erde einen einsetzen an Meiner Statt‹, da sprachen sie: ›Willst Du auf ihr einen einsetzen, der auf ihr Verderben anstiftet und Blut vergießt? Und wir verkünden Dein Lob und heiligen Dich?‹ Er sprach: ›Wahrlich, Ich weiß, was ihr nicht wisset.‹« (2:30)

Anschließend erzählen die Textstellen, daß Gott den Engeln befahl, sich vor Adam niederzuwerfen – was bei Muslimen als Zeichen der totalen Hingabe gilt – und ihm zu dienen. Alle Engel kamen diesem Befehl nach, bis auf ihren Anführer Iblis, den Hauptengel, der Allah den Gehorsam verweigerte und damit die Erbsünde in die Schöpfung brachte. »Und als wir zu den Engeln sprachen: ›Werfet euch nieder vor Adam‹, da warfen sie sich nieder bis auf Iblis, der sich in Hoffart weigerte und einer der Ungläubigen ward.« (2:34)

Gottes Fluch hatte das Gesicht des Hauptengels so verzerrt, daß er sich in einen Satan verwandelte. Daran schließt ein längerer Abschnitt über den Ungehorsam Satans an, der Gottes Befehl für unbegründet und unberechtigt hielt. Satan beschloß, den Menschen und all seine Nachkommen in die Irre zu führen, damit niemand Gott gehorsam sei, angefangen bei Adam und Eva. So tauchte plötzlich Eva auf der Bildfläche auf, als Gott die beiden warnte, nicht von dem verbotenen Baum zu essen:

»O Adam, weile du mit deiner Gattin in dem Garten und esset, wovon immer ihr wollt, nur nähert euch nicht diesem Baum, sonst werdet ihr Ungerechte sein.« (7:19)

Eine Frage der Interpretation

Wie die Schöpfung der Frau vor sich gegangen ist, wird nicht erzählt, jedenfalls nicht an dieser Stelle. In einem anderen Vers steht allerdings folgendes:

> »O ihr Menschen, fürchtet euren Herrn, der euch erschaffen aus einer einzigen Seele und aus ihr erschuf ihren Gatten, und aus den beiden ließ er viele Männer und Frauen entstehen.« (4:1)

Dies ist der Anfangsvers der vierten Sure, eines langen Textes, der den zutreffenden Titel »Die Weiber« trägt. Diesem Vers zufolge wurden alle Menschen aus einer einzigen Seele erschaffen. Während die traditionelle Theologie die Worte »aus einer einzigen Seele« als Synonym für Adam interpretiert, nehmen die Mystiker an, daß die »einzige Seele« für Gott steht. In beiden Fällen hebt der Text – schließlich stammen alle aus derselben Quelle – auf die gemeinsame Herkunft, die Verbundenheit und die Gleichheit aller Menschen auf Erden ab.

Anschließend wird aus der Seele »ihr Gatte« erschaffen. Dem Wortlaut zufolge will der Koran damit sagen, daß die Frau früher erschaffen wurde als der Mann. Doch der Koran verwendet das Wort »Gatte« häufig anstelle von »Gattin«. In diesem Falle würde sich das Wort »Gatte« auf Eva beziehen. Das würde heißen, daß aus einer einzigen Seele zunächst Adam und dann seine Gattin, sprich Eva, erschaffen wurden und aus den beiden viele Männer und Frauen hervorgingen. Aber dann erhebt sich die Frage, wieso das weibliche Possessivpronomen »ihre« verwendet wird. Das Wort »Seele« ist auch im Arabischen weiblich. Eine mögliche Erklärung könnte also lauten, daß aus ihr – der Seele – »ihr Gatte« erschaffen wurde.

Das ist eines der großen Probleme, denen sich ein Koran-

Nicht aus einer Rippe, sondern aus ein und derselben Seele

übersetzer gegenübersieht. In diesem Falle heißt übersetzen zugleich interpretieren. Von daher weist Vers 4:1 in den vorliegenden niederländischen Koranübersetzungen viele Unterschiede auf. Sowohl in der Übertragung von Fred Leemhuis als auch in der von Sofjan S. Siregar heißt es:»O ihr Menschen, fürchtet euren Herrn, Der euch aus einem einzigen Wesen erschaffen hat, und aus diesem erschuf Er ihm seine Gattin.« Die Übersetzung von Kramers hält sich enger an den arabischen Wortlaut: »O ihr Menschen, fürchtet euren Herrn, Der euch aus einer einzigen Seele erschaffen hat, und aus dieser erschuf Er ihren Gatten.« Die Ahmadiyya-Bewegung hat einen anderen Lösungsansatz bereit: »O ihr Menschen, fürchtet euren Herrn, Der euch aus einer einzigen Seele erschaffen hat, und aus dieser erschuf Er ihr die Gefährtin.«

So hält diese Sure für beide Standpunkte genügend Argumente parat: daß zuerst Eva erschaffen wurde und aus ihr Adam beziehungsweise andersherum. Es gibt jedoch noch eine dritte Möglichkeit – daß Adam und Eva gleichzeitig aus derselben Seele, sprich aus Gott, erschaffen wurden. Diese Auffassung scheint vom folgenden Vers unterstützt zu werden: »Und von jeglichem Wesen haben Wir Paare erschaffen.« (51:49) Alles hat Gott paarweise erschaffen, und ich nehme an, daß die Paare auch gleichzeitig, synchron und simultan entstanden sind.

Wie auch immer, es ist klar, daß Eva dem Koran zufolge nicht aus einer Rippe des Mannes gemacht wurde, sondern beide aus einer einzigen Seele erschaffen wurden. Die Reihenfolge ist nicht ganz geklärt, obwohl Adam in anderen Abschnitten, die über die Schöpfung berichten, früher auftaucht als Eva, doch das muß meines Erachtens noch nicht bedeuten, daß er auch früher erschaffen wurde.

Auf jeden Fall ist es höchst merkwürdig, daß der Prophet Mohammed trotz der Tatsache, daß die Rippe im Koran nir-

Eine Frage der Interpretation

gendwo erwähnt wird, in einer seiner Überlieferungen folgendes gesagt haben soll:

»Behandle Frauen freundlich, denn Frauen sind erschaffen aus einer Rippe, und der krummste Teil einer Rippe ist ihr oberster Teil. Wer versucht, die Rippe geradezubiegen, würde sie brechen, aber wenn man sie läßt, wie sie ist, bleibt sie krumm. Also behandle Frauen freundlich.«[3]

Wenn wir alles, was im Koran und in den Überlieferungen des Propheten Mohammed steht, wortwörtlich interpretieren wollten, würden wir sehen, daß der Islam keine eindeutige Religion ist. Der Koran und die Überlieferungen des Propheten, die *Hadithe*, widersprechen sich in vielen Fällen. Insbesondere die Überlieferungen (siehe Kapitel 8) enthalten zahlreiche Unstimmigkeiten; aber auch viele Texte im Koran reimen sich nicht mit anderen. Hier liegt der Grund für die vielen Unterschiede zwischen den verschiedenen islamischen Rechtsschulen, philosophischen Richtungen und Strömungen, die sich alle zu Recht auf die ursprünglichen Quellen des Glaubens berufen.

Wenn wir die Frage untersuchen, inwiefern die Meinungen über die Schöpfung der Frau das Verhältnis zwischen Männern und Frauen beeinflußt haben, müssen wir feststellen, daß in der Theologie die biblische Auffassung, die der Prophet Mohammed (angeblich) übernommen hat, eine größere Rolle spielt, während die Emanzipationsbewegung dem Koran einen größeren Stellenwert beimißt. Auf diese Weise existieren die beiden unterschiedlichen Standpunkte zur Schöpfung der Frau in der Literatur nebeneinander. Je nach Zielsetzung wird abwechselnd aus der einen oder anderen Quelle zitiert. Man zitiert den Koran, wenn die Gleichheit von Männern und Frauen (ja von allen Menschen auf Erden) betont werden soll,

Nicht aus einer Rippe, sondern aus ein und derselben Seele

während Mohammed angeführt wird, um die »Krummheit« oder Minderwertigkeit der Frauen zu illustrieren. Ein hervorragendes Beispiel, in dem die beiden Haltungen buchstäblich nebeneinander vorkommen, bilden die folgenden Gedichtzeilen:

»Verlangen ist's, was meinem Wesen innewohnt,
ein Erbe von den Ufern des Beginns.
In der Tiefe meines Körpers ist ein Hunger,
ein Hunger, der sich nach dem anderen sehnt.
Ein Hunger, der dem anderen eine Hand reicht.
Glaubst du wirklich, daß du ein anderer bist?
Welch Irrtum!
Wir beide stammen vom selben Element ab.
Deine Schönheit ist die meine ...
Ohne mich wärst du ein Nichts.
Ohne mich gäbe es dich nicht.
Ohne mich hätte keine Rose sich geöffnet
und keine Brust wäre rund und mächtig geworden.
Aus meinen Rippen habe ich dich erschaffen,
dafür mußt du mir dankbar sein.
Zunächst hat dich mein Herz verloren,
doch als du mir eines Tages begegnet bist,
fand ich meine Richtung wieder.«

In diesen Zeilen aus dem 1944 erschienenen Gedichtband *Das sagte die Brünette zu mir* läßt sich der berühmte zeitgenössische Dichter Nizar Kabbani von den islamischen Quellen zum Verhältnis zwischen Männern und Frauen inspirieren. Der Dichter sagt, die Frau sei für ihn keine andere, da sie beide aus derselben Quelle stammten. Aber später sagt er, daß sie eigentlich sein Besitz sei. Sie habe ihre Existenz schließlich ihm, seinen Rippen, zu verdanken. Zugleich stellt er fest, die Frau sei keine

Eine Frage der Interpretation

Fremde für ihn, um letztendlich zu erklären, daß die Frau seine Richtung sei!

Bei Nichtmuslimen gibt es viele Mißverständnisse über den Islam. Das ist durchaus verständlich, da solche Undeutlichkeiten sogar bei uns, den heutigen Muslimen, häufig für Verwirrung sorgen. Ich persönlich befürworte eine Reform des islamischen Denkens, die in erster Linie das islamische Erbe übersichtlicher macht und einen klaren Standpunkt zu den Widersprüchen einnimmt, die in den islamischen Quellen in Hülle und Fülle vorhanden sind. Und was die Erschaffung der ersten Frau angeht: Meiner Meinung nach sollte man die ganze Schöpfungsgeschichte wie eine Legende oder einen Mythos lesen, die oder der bestimmte Ideen allegorisch veranschaulichen will. Jedenfalls bestätigt der Koran als Hauptquelle des Islam nicht die biblische Geschichte, nach der Eva aus einer Rippe Adams erschaffen wurde; für ihn wurde sie nicht aus einer Rippe, sondern aus ein und derselben Seele erschaffen.

3
Zina(t) und die Bekleidungsvorschriften

Hätte Ibn Abbas, ein Zeitgenosse des Propheten, der in der frühislamischen Periode lebte, sich jemals träumen lassen, daß seine – übrigens völlig falsche – Deutung des arabischen Wortes *Zina(t)* das Leben von Abermillionen Frauen bis ins einundzwanzigste Jahrhundert hinein beherrschen und daß die Welt durch die unzähligen Kopftücher und Schleier anders aussehen würde?

Das arabische Wort *Zina(t)*, das nicht mit *Zena* (Ehebruch, Unzucht) verwechselt werden darf, spielt in den Bekleidungsvorschriften des Korans für gläubige Frauen eine Schlüsselrolle. Aufgrund dieser Vorschriften muß eine Muslima ihre *Zina(t)* vor Männern, die nicht mit ihr verwandt sind, weitestgehend verhüllen. Das hat dazu geführt, daß das Tragen von Kopftüchern und langen Gewändern für muslimische Mädchen und Frauen obligatorisch vorgeschrieben ist. Was ist *Zina* (oder *Zinat*) nun genau und wie kann eine Frau ihre *Zina(t)* verhüllen?

Zina(t) kann vieles bedeuten: Schmuck, Juwelen, Aufmachung, Verzierung, Make-up, Gepränge, Putz, Ausschmückung, Verschönerung, Dekoration, Pracht und Prunk. Dies alles gehört semantisch zu dem Wort *Zina*. Für welche dieser Bedeutungen man sich auch entscheidet, *Zina(t)* hat immer etwas mit zusätzlichen Artikeln, Kosmetika oder Hilfsmitteln zu tun, welche die weibliche Schönheit akzentuieren. Oder

Eine Frage der Interpretation

anders gesagt: *Zina(t)* bezieht sich nicht auf Körperteile, sondern auf Accessoires, die dem Körper beigegeben werden.

Wir finden das Wort *Zina(t)* auch an anderen Stellen im Koran, beispielsweise in Vers 18:46:

> »Besitztum und Söhne sind Pracht [*Zinat*] des irdischen Lebens. Die bleibenden guten Werke aber sind lohnender bei deinem Herrn und hoffnungsvoller.«

In der hier zitierten niederländischen Fassung, der von Leemhuis, wird *Zina(t)* mit »Pracht« (pracht) übersetzt. Ein anderer Übersetzer (Kramers) verwendet »Gepränge« (tooisel):

> »Besitztümer und Söhne sind das Gepränge [*Zina(t)*] des irdischen Lebens; die bleibenden guten Werke aber führen bei deinem Herrn zu höherem Lohn und besserer Verheißung.«

In einer weiteren Übertragung, der der Ahmadiyya-Bewegung, wird *Zina(t)* mit »Zier« (sieraad) übersetzt:

> »Reichtum und Kinder sind eine Zier [*Zina(t)*] des Lebens auf Erden; bleibende gute Werke aber sind besser bei deinem Herrn, was Lohn und Hoffnung betrifft.«

Und die vierte Variante dieses Verses, die von Sofjan S. Siregar stammt, erklärt das Wort *Zina(t)* als »Verzierungen« (versieringen); sie lautet demnach folgendermaßen:

> »Der Besitz und die Söhne sind die Verzierungen [*Zina(t)*] des irdischen Lebens; die guten bleibenden (Werke) aber sind besser bei deinem Herrn, als Belohnung und bessere Hoffnung.«

Zina(t) und die Bekleidungsvorschriften

Vier unterschiedliche Varianten als Übersetzung von *Zina(t)*: Pracht, Gepränge, Zier und Verzierungen. Da es sich um ein allgemeines Wort handelt, das sich je nach Kontext in all seinen Bedeutungen verwenden läßt, geben alle Varianten die semantische Ladung des arabischen Wortes *Zina(t)* mehr oder weniger korrekt wieder.

Schauen wir uns nun die Koranverse an, auf die sich die Bekleidungsvorschriften für Muslimas stützen. Eigentlich handelt es sich um zwei Verse – um 24:31 und um 33:59. An dieser Stelle ist vielleicht der Hinweis angebracht, daß die heutige Reihenfolge der Verse im Koran nicht mit der ursprünglichen Reihenfolge der Offenbarung übereinstimmt. Erst nach dem Tode des Propheten, um genau zu sein, während der Regierungszeit des dritten Kalifen Uthman Ibn Affan, hat der Koran seine definitive Gestalt verliehen bekommen. Von einem Redaktionskollegium unter Leitung des Privatsekretärs des Propheten, Zaid Ibn Thabit, wurden die Texte redigiert, geordnet, numeriert und zu einem Buch zusammengestellt. Offenbar war der Umfang einer Sure dabei das einzige Kriterium. Die Verse wurden weder thematisch noch in der Reihenfolge der Offenbarung angeordnet, was zu Studienzwecken sehr nützlich gewesen wäre. Meines Erachtens sollten neben der offiziellen Koranausgabe auch Fassungen für Theologen und Wissenschafter veröffentlicht werden, welche die Verse in chronologischer Reihenfolge oder nach Themen gegliedert enthalten. Das ist bei der muslimischen Orthodoxie noch immer ein Tabu. Zum gegenwärtigen Zeitpunkt sind die Texte nur nach dem Kriterium ihrer Länge numeriert: der längste am Anfang, der kürzeste am Ende. Gleichwohl fände ich es wichtig, beim Studium der Verse auch die ursprüngliche Reihenfolge zu berücksichtigen, die der Offenbarung, weil sie etwas über die Entstehung und Entwicklung des Korans selbst sagt. Die Texte, die wir hier untersuchen, sind beide relativ spät offenbart worden.

Eine Frage der Interpretation

Von allen einhundertvierzehn Suren, die der Koran insgesamt umfaßt, ist der Text der Sure 33 (*Al-Ahzab* oder Die Verbündeten) in Wirklichkeit Nummer 90 in der Offenbarung, während Sure 24 (*An-Nūr* oder Das Licht) Nummer 102 ist.

Wir beginnen mit *Al-Ahzab* (Die Verbündeten), der Sure 33, da diese früher offenbart wurde als Sure 24:

»O Prophet, sprich zu deinen Gattinnen und deinen Töchtern und den Weibern der Gläubigen, daß sie einen Teil von ihren Umschlagetüchern über sich ziehen und herabhängen lassen. So werden sie eher erkannt und werden nicht verletzt. Und Allah ist verzeihend und barmherzig.« (33:59)

Wie bereits erwähnt war dieser Vers in der Reihenfolge der Offenbarung Nummer 90. Dem Propheten wurde also wahrscheinlich erst in den letzten Lebensjahren offenbart, daß Frauen sich anders kleiden sollen. Offenkundig zielte die Verordnung insbesondere auf die Frauen und Töchter des Propheten ab und erst in zweiter Linie auf die Frauen der Gläubigen.

Darüber hinaus ist es wichtig festzuhalten, welchen Zweck die Verordnung befolgte: »So werden sie eher erkannt und werden nicht verletzt.« Es geht nicht so sehr um die Sittlichkeit, sondern um den Schutz der Frauen vor Aggressionen in der Öffentlichkeit und vor aufdringlichen Männern. In der klassischen Koranexegese von Ibn Kathier wird unter anderem erklärt, daß die Häuser der Muslime in Al-Madina in schmalen Gassen lagen und ebensowenig wie alle anderen Häuser damals eine Toilette hatten.[4] Nach Einbruch der Nacht mußten die Frauen vor die Stadtmauern gehen, um ihre Notdurft zu verrichten. Es gab damals eine Gruppe verdorbener, krimineller Einwohner Medinas, welche die Frauen belästigten, beschimpften oder ihnen auflauerten und sich, wenn sie sie allein antra-

Zina(t) und die Bekleidungsvorschriften

fen, an ihnen vergriffen. Der Befehl, daß sich die Frauen und Töchter des Propheten und die Frauen der Gläubigen durch ihre Kleidung von ungläubigen Frauen und Sklavinnen unterscheiden sollten, hatte den Zweck, daß man sie als solche erkannte und in Ruhe ließ.

Daraus könnte man ableiten, daß die kriminellen Vergewaltiger auch Muslime waren. Aus welchem anderen Grund hätten sie sich sonst zügeln sollen, nachdem sie die Frauen als Anhängerinnen des Islam erkannt hatten? Wahrscheinlich bezog sich diese Maßnahme überwiegend auf die Frauen aus dem Haus des Propheten, der als Führungspersönlichkeit in der Stadt anerkannt wurde, auch von denen, die sich nicht bekehrt hatten. Ein nichtmuslimischer Vergewaltiger war auf diese Weise gewarnt; er sollte es ja nicht wagen, sich an einer deutlich als Muslima erkennbaren Frau zu vergreifen. Das vermittelt uns sogleich ein Bild von der Art der Gesellschaft, die der Islam zu reformieren versuchte.

Fest steht, daß die Bekleidungsvorschriften in erster Linie als Schutzmaßnahme gegen Gewalt und Schändung zu verstehen sind, unter denen Frauen damals täglich zu leiden hatten und die ihnen von Männern drohten, die in der Regel keine besonders hohe Meinung von Frauen hatten. Der vorige Vers, 33:58, bestätigt diesen Eindruck; auch hier ist die Rede von Muslimen, die belästigt oder verletzt werden. Nachstehend folgen, in der Übersetzung von Kramers, die beiden Texte hintereinander:

»Und diejenigen, welche die gläubigen Männer und Frauen unverdienterweise verletzen, die haben die Schuld der Verleumdung und offenkundiger Sünde zu tragen. O Prophet, sprich zu deinen Gattinnen und deinen Töchtern und den Weibern der Gläubigen, daß sie einen Teil von ihren Umschlagetüchern über sich ziehen und herabhängen lassen. So

Eine Frage der Interpretation

werden sie eher erkannt und werden nicht verletzt. Und Gott ist verzeihend und barmherzig.«

Wie konnten sich die gläubigen Frauen von anderen Frauen unterscheiden? Indem sie ihre Umschlagetücher über sich zogen und herabhängen ließen. Oder, wie es im vorigen Zitat heißt, indem sie die Kapuze ihres Überkleides, des *Dschilbab*, tief in die Stirn zogen. Wegen des Klimas trugen Frauen früher (und auch heute noch) zu Hause dünne Kleider. Wenn sie das Haus verließen oder Besuch bekamen, zogen sie eine Art Überkleid über ihre dünne Hauskleidung. Dieses Überkleid, eine Art weites Umschlagetuch, wurde als *Khimar* bezeichnet. Statt dessen trugen manche Frauen einen *Dschilbab*, ein schwarzes Überkleid mit Kapuze, die sie sich tief in die Stirn ziehen konnten. Im arabischen Wortlaut steht jedoch, daß sie sich den *Dschilbab* in die Stirn ziehen sollen, um so darauf hinzuweisen, daß sie zum Haus des Propheten gehören beziehungsweise freie, anständige, gläubige Frauen sind und nicht belästigt werden dürfen. Dieser Aspekt kommt in einer anderen Übersetzung, der von Leemhuis, noch deutlicher zum Ausdruck:

> »O Prophet! Sprich zu deinen Gattinnen, deinen Töchtern und den Weibern der Gläubigen, daß sie einen Teil ihres Überwurfs in die Stirn ziehen und herunterhängen lassen. So werden sie erkannt und nicht belästigt. Und Gott ist verzeihend und barmherzig.«

Ebenso in Serigars Übertragung:

> »O Prophet, sprich zu deinen Gattinnen und zu deinen Töchtern und zu den Weibern der Gläubigen, daß sie ihre Überkleider [*Dschilbab*] herunterhängen lassen. Auf diese

Zina(t) und die Bekleidungsvorschriften

Weise ist es einfacher, sie zu erkennen, und sie werden nicht belästigt. Und Allah ist verzeihend, am barmherzigsten.«

Schließlich noch die Übersetzung dieses Verses in der Koranfassung der Ahmadiyya-Bewegung:

»O Prophet, sag deinen Gattinnen und deinen Töchtern und den Weibern der Gläubigen, daß sie einen Teil ihrer Umschlagetücher (über dem Kopf) herunterhängen lassen. Das ist besser, damit man sie erkennen kann, und damit sie nicht belästigt werden. Und Allah ist verzeihend, gnädig.«

Hieraus können wir schließen, daß es den Frauen fast während des ganzen Lebens des Propheten freistand, sich nach eigenem Gutdünken zu kleiden, selbstverständlich im Rahmen der damals herrschenden Sitten und Bräuche. So bevorzugten manche Frauen ein langes Kleid mit einem dünnen Schal um den Kopf, während andere ein dünnes, buntes Umschlagetuch über dem Kleid und über dem Kopf trugen. Wieder andere schlüpften in ein langes Überkleid mit Kapuze, das *Dschilbab* genannt wurde. Der Koran hatte während der ganzen Zeit nichts gegen diese Kleidung einzuwenden und hielt sie auch nicht für unsittlich.

Erst als sich die Stellung der Muslime in Medina verbesserte, konnte der Prophet Forderungen erheben und verlangen, daß die Muslimas nicht mehr belästigt wurden; damit garantierte er ihnen eine bessere gesellschaftliche Position als den anderen Frauen. Als die Muslime in der Stadt die Oberhand gewonnen hatten, konnten sie sich erlauben, für die gläubigen Frauen umfassenden Schutz und Sicherheit zu fordern. Andere Frauen und die Sklavinnen waren zwar in der Öffentlichkeit noch immer nicht sicher, aber sie genossen ja auch nicht

Eine Frage der Interpretation

den Schutz des Islam. Ich glaube, es war den Gläubigen ziemlich gleichgültig, was mit den anderen Frauen geschah.

Viele Jahre danach, als der Prophet schon lange nicht mehr lebte, begannen die Muslime damit, die Geschichte des Islam festzuhalten, zunächst mündlich und ein Jahrhundert später auch schriftlich. Die Zeitgenossen des Propheten spielten eine große Rolle beim Fixieren der Überlieferungen Mohammeds und bei der Auslegung der verschiedenen Regeln und Vorschriften. Sie genossen hohes Ansehen und wurden in allerlei Angelegenheiten zu Rate gezogen, da sie den Propheten noch lebend gekannt hatten.

Einem von ihnen, As-Suhari, wurde die Frage vorgelegt, ob es auch in Ordnung gehe, wenn muslimische Sklavinnen ihr Umschlagetuch über den Kopf ziehen und herabhängen lassen würden. As-Suhari erwiderte, daß eine muslimische Sklavin – falls verheiratet – in der Öffentlichkeit ein Umschlagetuch oder ein Überkleid zu tragen habe. Es sei jedoch nicht erwünscht, daß auch sie den *Dschilbab*, das schwarze Überkleid mit Kapuze, trage, um einer Verwechslung mit anständigen, freien und gläubigen Frauen vorzubeugen.

Komisch. War es nicht erwünscht, daß man eine verheiratete Muslima, auch wenn sie eine Sklavin war, als gläubige Frau erkennen konnte? Fand es dieser fromme Mensch – wahrscheinlich ein kaum gebildeter, analphabetischer Bauer oder Hirte, aber eben ein Zeitgenosse Mohammeds und nur deswegen damals, jetzt und in Zukunft über alle Generationen hinweg hoch verehrt – etwa nicht schlimm, wenn sie belästigt wurde? Mußten die Halunken, die Frauen auf der Straße bedrängten, etwa nicht angeprangert werden? Beschäftigte er sich ausschließlich mit der Frage, welche Frauen ihre Zuflucht bei einem Unmaß an Kleidern suchen mußten (oder durften), um sich vor den Aggressionen dieser Halunken zu schützen?

Zina(t) und die Bekleidungsvorschriften

Oder meinte der werte As-Suhari etwa, daß für diese in den Straßen der Stadt noch etwas übrigbleiben mußte, auf das sie sich stürzen konnten?

Jedenfalls dürfte klargeworden sein, daß Muslimas damals absolut nichts dagegen hatten, sich durch ihre Kleidung von anderen Frauen zu unterscheiden. Sie bekleideten so einen höheren Rang und sicherten sich Schutz, Respekt und ein neues Selbstwertgefühl. Welche Frau könnte in der barbarischen, unzivilisierten, extrem männlichen Umgebung, wie es die arabische vorislamische Gesellschaft damals war, dagegen etwas gehabt haben?

Der Rückschluß, daß muslimische Mädchen und Frauen aufgrund dieses Verses zum gegenwärtigen Zeitpunkt ein Kopftuch tragen *müssen*, ist meines Erachtens völlig abwegig, und zwar aus folgenden Gründen:

Erstens hatte dieser Text wie gezeigt eine ganz andere Absicht – gläubige Frauen sollten als solche erkennbar sein, damit man sie in Ruhe ließ. Das Bedecken des Kopfes galt zunächst nicht so sehr als *bessere*, sondern vielmehr als *sicherere* Kleidung. Der Schutz spielte eine größere Rolle als die Sittlichkeit. Bei der Lektüre dieses Verses habe ich sogar den Eindruck, daß es sich um eine vorübergehende Sicherheitsmaßnahme für die Familie des Propheten und die Frauen der Gläubigen handelte, bis die Männer in der Gesellschaft über ein ausreichendes Maß an Kultiviertheit im Umgang mit Frauen – mit allen Frauen – verfügten.

Ich leite hieraus nicht ab, daß bereits neun- oder zehnjährige Mädchen ihren Kopf bedecken müssen, wie viele Eltern ihren Töchtern heute vorschreiben; in meinen Augen ist das für junge Mädchen entsetzlich. Ich habe auch nicht den Eindruck, daß diese Kleidervorschrift im frühen Islam so bindend war, wie die fanatischen, bärtigen Prediger in den Moscheen

Eine Frage der Interpretation

uns heute glauben machen wollen. Wenn das der Fall gewesen wäre, wieso sind diese Vorschriften dann erst in den letzten Lebensjahren des Propheten entstanden? Wieso nicht schon zu Beginn, wie alle anderen grundlegenden Ideale des Islam?

Ein Rechtsstaat, in dem die Gleichheit aller Bürger vor dem Gesetz ein Grundrecht ist, in dem der Staat den Schutz aller Bürger – Männer wie Frauen, Gläubige wie Atheisten, mit oder ohne Kopftuch – anstrebt, bietet Muslimas einen viel größeren Schutz und eine viel wirkungsvollere Absicherung gegen tätliche Übergriffe. Der Koran schlug diese Bekleidung zum Schutz der gläubigen Frauen vor. Für sie war es damals ohne Zweifel eine wertvolle Maßnahme. Ein unbeabsichtigter Nebeneffekt des Verses war allerdings, daß die Männer davon ausgingen, daß nur unter einer Art Zelt verhüllte Frauen Respekt verdienten. Andere Frauen betrachteten sie als Huren und Sklavinnen, die sie belästigen, an denen sie sich vergreifen und die sie bespringen durften.

Leider herrscht diese unheilvolle Meinung beim überwiegenden Teil der Muslime noch immer vor. Wir können also festhalten, daß dieser Vers, obwohl er damals zu einer Verbesserung der Bedingungen für gläubige Frauen beigetragen hat, langfristig für die restlichen Frauen, für die gläubigen Frauen und vielleicht sogar für alle, unangenehme Konsequenzen gehabt hat. Er hat dem muslimischen Mann beigebracht, das Ausmaß seines Respekts vor Frauen, vor ihrer Integrität und Unverletzlichkeit nach der Länge ihrer Röcke und ihrer Kopftücher zu bemessen.

Respekt und Unverletzlichkeit sind das Recht eines jeden Individuums, egal ob Mann, Frau oder Kind. Der moderne, demokratische Rechtsstaat verfügt nach vierzehn Jahrhunderten über effektivere Möglichkeiten, um alle Frauen, Kinder und Männer zu schützen. Es ist ein höheres Ideal, sich um Integrität und Unverletzlichkeit aller Menschen zu bemühen.

Zina(t) und die Bekleidungsvorschriften

Von daher ist es von großem Belang, um zum einen Männern von klein auf Respekt vor Frauen und ihren individuellen Rechten beizubringen und zum anderen alle Formen von Gewalt gegen Frauen unter Strafe zu stellen.

Es ist an der Zeit, daß auch wir Muslime diese Werte beherzigen, unsere Verantwortung als Erzieher unserer Söhne ernst nehmen und unseren Kindern vermitteln, daß Gewalt gegen Frauen, in welcher Art auch immer, inakzeptabel ist. Selbst wenn eine Frau splitternackt durch die Straßen geht, ist das noch kein Grund, ihre Integrität zu verletzen. Gewalt gegen Frauen ist ein Gesetzesverstoß, der nicht mit ihrer (knappen) Kleidung gerechtfertigt werden kann und der bestraft werden muß. Dann werden Frauen für ihre Sicherheit nicht mehr damit bezahlen müssen, daß sie wie ein herumspazierendes Zelt aussehen.

Ein drittes Gegenargument lautet, daß von Kopftüchern nichts dasteht. In vielen Fällen übernahm der Koran die herrschenden Sitten und Bräuche – wenn sie nicht, wie das Töten neugeborener Mädchen, verdammenswert waren. Die normale Kleidung der Frauen bestand damals aus einem Umschlagetuch und einem *Dschilbab* (die hielt der Koran nicht für ehrenrührig). Wenn der Koran hier und jetzt offenbart worden wäre, hätte er auch die in unseren Breiten übliche einfache Kleidung wie Hose, Pullover und Jacke übernommen. Umschlagetücher und *Dschilbabs* sind nun nicht mehr die normale Kleidung von Frauen, jedenfalls nicht im Westen. Also brauchen Frauen hier keine Umschlagetücher und *Dschilbabs* zu tragen, sondern Kleider, die dem Klima und der Kultur entsprechen, in denen wir leben.

Das gilt auch für Kopftücher, Schleier und andere Kleidungsstücke, die uns vollständig verhüllen und durch die jeder Millimeter Fleisch an Kopf und Hals bedeckt ist, wie böswillige Imams und Mullahs das wollen. Diese Kleidung ist

Eine Frage der Interpretation

nicht nur häßlich, sondern trägt meines Erachtens auch noch zu einem negativen Selbstbild der Mädchen bei. Schon sehr früh werden damit ihr Selbstvertrauen und ihr Selbstwertgefühl beeinträchtigt. Die Mädchen sind dann viel eher bereit, zu gehorchen und alles zu akzeptieren, weil sie sich um ihrer selbst willen und wegen ihres Körpers schämen. Das ist es ja, was die Turbanträger wollen – ihre Unterordnung, obwohl Gott uns nach seinem Bildnis als stolze, freie und intelligente Wesen erschaffen hat. Das dürfen wir nie vergessen.

Zwölf Suren weiter wurde unter der Nummer 102 die Sure *An-Nūr* (Das Licht) offenbart, in der weitere Restriktionen in bezug auf die Kleidung der Frauen herausgearbeitet wurden. Ich meine insbesondere Vers 24:31, der in der Übersetzung von Leemhuis folgendermaßen lautet:

> »(...) und daß sie nicht ihre Reize [*Zina(t)*] zur Schau tragen, es sei denn, was außen ist. Und daß sie ihren Schleier über ihren Busen schlagen und ihre Reize nur ihren Ehegatten zeigen oder den Vätern ihrer Ehegatten (...).«

Wenn es um Kleidervorschriften aus sittlichen Gründen geht, spielt dieser Vers eine Hauptrolle. Und hier ist das Wort *Zina(t)* von entscheidender Bedeutung. Es läßt sich nicht einfach so mit einem einzigen Wort übersetzen, weil es nach meinem Dafürhalten ein ganzes Paket an Schönheitsmitteln, Schmuck und Kosmetika umfaßt. Schmuck und Kosmetika, die arabische Frauen zu jener Zeit im Überfluß verwendeten, um ihre Schönheit zu unterstreichen. Wenn es im Text also heißt, daß eine Frau ihre *Zina(t)* nicht zur Schau tragen darf, dann ist damit in meinen Augen das Tragen von Schmuck und die Verwendung von Kosmetika gemeint. Vom Bedecken des Kopfes oder der Haare steht nichts da.

Zina(t) und die Bekleidungsvorschriften

Das Verbot, in der Öffentlichkeit Schmuck und Make-up zu verwenden, ist nicht kategorisch. Es gibt eine Ausnahme: »was außen ist«. Dabei ist beispielsweise an den Fußring zu denken, einen um den Knöchel getragenen massiven Gold- oder Silberring, manchmal mit Gehänge, den viele Frauen damals als wichtigen Schmuck trugen. Es war nicht leicht, den Fußring jedesmal, wenn eine Frau das Haus verlassen wollte, an- und wieder abzulegen, aber es war auch nicht nötig. Auch dauerhaft angebrachte Ohrringe oder die Borten, die unter oder über dem Umschlagetuch hervorlugten, wurden normalerweise »außen« getragen.

Ein anderes Übersetzungsproblem ist das Wort *Schleier*. Als vorgeschriebene Kleidung wird ein Schleier weder hier noch im übrigen Koran erwähnt. Außerdem ist bekannt, daß Kopftuch und Schleier in der Form, wie wir sie jetzt kennen, zu Lebzeiten des Propheten nicht getragen wurden. Diese Kleidungsstücke wurden erst im Laufe des siebten Jahrhunderts aus Syrien importiert und bei muslimischen Frauen eingeführt, weil sie als würdevoll und vornehm galten. Die Muslime haben, wie von vielen Autoren betont wird, den Schleier im Grunde von den Christen abgeschaut, als sie Syrien eroberten. Einer von ihnen ist Rana Kabbani: »Dennoch sollten wir uns in Erinnerung rufen, daß es ursprünglich ein christlicher Brauch war, den die Araber erst nach der Eroberung Syriens im siebten Jahrhundert von der dortigen gesellschaftlichen Elite übernommen hatten, die sie aus dem Land vertrieben.«[5]

Wir lesen in Vers 24:31 auch nicht das Wort »Schleier«, sondern das Wort *Khimar*, das sich mit »Umschlagetuch« übersetzen läßt. Wie wir bei der vorigen Sure bereits erwähnten, trugen Frauen zu Lebzeiten des Propheten kein Kopftuch, das Hals und Haare völlig verhüllte, wie strenge Muslimas das jetzt tun, geschweige denn einen Gesichtsschleier. Sie warfen sich das Umschlagetuch, das manchmal nur wadenlang war,

Eine Frage der Interpretation

nachlässig über ihr normales Kleid, wodurch die Hälfte der Haare, ein Teil des Halses und der Busen zu sehen waren. Es erinnert mich ein wenig an den Sari asiatischer Frauen oder an die prachtvollen, farbenreichen Umschlagetücher sudanesischer und somalischer Frauen.

Was ich zwischen den Zeilen dieses Verses herauslese, ist nicht der Versuch, jeden Millimeter weiblichen Fleisches und der Kopfhaare krampfhaft zu verhüllen – wie hysterische Männer es auslegen –, sondern vielmehr einen Appell an die Frauen, sich zu mäßigen, was das Interesse an ihrem Äußeren und die Verwendung von Schmuck und Kosmetika in der Öffentlichkeit betrifft. Dem Wortsinn nach besagt dieser Text folglich, daß die Frauen ihre Umschlagetücher sorgfältiger über ihren Busen schlagen und es mit dem Schminken nicht übertreiben sollen, ausgenommen gegenüber ihren Ehegatten und den männlichen Familienangehörigen.

Da Vers 24:31 ein für Frauen sehr wichtiger Vers ist – schließlich meinen Theologen, sich bei den Bekleidungsvorschriften für muslimische Frauen, wie wir sie zum gegenwärtigen Zeitpunkt an jeder Straßenecke in den Niederlanden und auf der ganzen Welt sehen, auf diesen Text berufen zu dürfen –, führe ich die anderen Übersetzungen ebenfalls an. Zunächst die der Ahmadiyya-Bewegung:

»(...) und daß sie ihre Schönheit nicht zeigen, ausgenommen das, was davon sichtbar sein muß, und daß sie ihre Kopftücher über ihren Busen fallen lassen und daß sie ihre Schönheit niemandem zeigen als ihren Ehegatten (...).«

Zina(t) heißt in dieser Übersetzung »Schönheit«, während es meiner Meinung nach Juwelen, Schmuck oder Make-up bedeutet. Im Grunde ist *Zina(t)* alles, was die Schönheit besser zur Geltung kommen läßt. Es ist nicht nur eine Frage der

Zina(t) und die Bekleidungsvorschriften

unterschiedlichen Übersetzung, sondern eine Frage der Indoktrination, nach dem Vorbild einer weitverbreiteten Fehlinterpretation dieses Verses.

Das merken wir auch an dem Wort »Kopftücher«. Das arabische *Khimar* ist kein Kopftuch. Das Kopftuch in seiner heutigen Form – nur für den Kopf – wurde, wie bereits erwähnt, damals noch nicht verwendet. Dafür aber ein Umschlagetuch aus leichtem Voile oder aus einem schwereren Stoff, der über den ganzen Körper und locker über den Kopf geworfen wurde – nicht immer, um ihn zu verhüllen, sondern eher, um ihn besser zur Geltung zu bringen.

Wie auch immer, *Zina(t)* mit »Schönheit« zu übersetzen stellt eine Verdrehung der Worte dar, um das belegen zu können, was die Theologen momentan wollen: daß Frauen ihren ganzen Körper verhüllen, sie sich ihres Körpers schämen und man sie nicht mehr sieht. Diese Übersetzung kollidiert übrigens mit einer Zeile weiter hinten im selben Vers:

»Und sie sollen nicht ihre Füße zusammenschlagen, damit nicht ihre verborgene Schönheit bekannt wird.«

Wie Frauen ihre verborgene »Schönheit« bekannt werden lassen können, wenn sie die Füße zusammenschlagen, ist mir ein Rätsel. Was hingegen bekannt wird – wenn sie mit den Füßen aufstampfen –, ist der Fußring, den praktisch jede Frau damals trug. Arabische Frauen trugen damals sehr viel Schmuck – wie auch heute noch. Sie waren stolz auf ihren Schmuck, legten großen Wert auf ihre Schönheit und versuchten, diese auf jede mögliche Weise zu akzentuieren und zu zeigen.

Manche Frauen versuchten, den Fußring beim Gehen unter ihrem langen Gewand – das manchmal nur wadenlang war – hervorrutschen zu lassen, indem sie mit den Füßen aufstampften. Demnach ist es nicht ihre Schönheit, die zu sehen

Eine Frage der Interpretation

war, sondern ihr Schmuck, ihr Fußring. Das ist wichtig, da es bedeutet, daß das, was die Frauen im ersten Teil des Verses nicht öffentlich zeigen durften, ihr Schmuck und ihre Aufmachung war und nicht ihre Schönheit, wie uns diese Übersetzung und die männlichen Interpretationen des Korans bis auf den heutigen Tag glauben machen wollen.

Ebenso indoktrinierend ist Sofjan S. Siregars Übersetzung, die vom ICCN, dem Islamischen Kulturzentrum in den Niederlanden, herausgegeben wurde und in der *Zina(t)* in Vers 24:31 zweimal mit »Schmuck« wiedergegeben wird, beim dritten Mal jedoch mit »Schönheit«:

> »Und sprich zu den gläubigen Frauen, daß sie ihre Blicke niederschlagen und ihre Scham hüten und daß sie nicht ihren Schmuck [*Zina(t)*] zur Schau tragen, es sei denn, was davon sichtbar ist. Und daß sie ihren Schleier über ihren Busen schlagen und ihre Schönheit [*Zina(t)*] nicht öffentlich zeigen, sondern nur ihren Ehegatten (...). Und sie sollen nicht mit den Füßen aufstampfen, damit nicht ihr verborgener Schmuck bekannt wird.«

In meinen Augen handelt es sich in allen Fällen eindeutig um Schmuck oder Make-up und nicht um Schönheit, den Körper, die Haare, den Kopf oder wie komisch und falsch man das Wort *Zina(t)* auch immer interpretieren möge. Darüber hinaus besteht kein kategorisches Verbot, in der Öffentlichkeit Schmuck und Make-up zu tragen, denn es heißt: » ... es sei denn, was davon normalerweise sichtbar ist.« Wenn Frauen sich folglich die Hände und Fersen mit orangefarbener oder grüner Henna färben, brauchen sie sie nicht zu verhüllen, weil sie in der Regel zu sehen sind.

Die ICCN-Übersetzung verwendet beim zweiten Mal jedoch das Wort »Schönheit«. Darin spiegelt sich eine viel breitere

Zina(t) und die Bekleidungsvorschriften

Auslegung des Begriffs *Zina(t)* wider. Aufgrund dieser Interpretation müßten die Frauen sogar einen *Tschador*, einen Gesichtsschleier oder einen *Niqab* tragen beziehungsweise alles, was ihr ganzes Wesen verhüllt (schließlich ist ihr ganzes Wesen schön), um ihre Schönheit zu verbergen. Das bezeichne ich als Fehlinterpretation und als implizite Indoktrination. Wie die Ahmadiyya-Bewegung folgt das ICCN damit der gängigen männlichen Interpretation, die mit einer Verdrehung der Wörter diese schreckliche Einschränkung der Kleidung und des Lebensbereichs muslimischer Frauen ermöglicht hat.

Auch das Wort »Schleier« kommt in dieser Textstelle nicht vor. In Wirklichkeit steht da: » ... ihre Umschlagetücher über ihren Brustbeutel schlagen.« Eine mögliche Erklärung dieses »Brustbeutels« ist, daß Frauen in ihren Hauskleidern und unter dem Umschlagetuch häufig einen kleinen Brustbeutel trugen, in dem sie Münzen oder andere kleinere Gegenstände aufbewahrten. Dieser Beutel lugte unter dem Tuch hervor, weil dieses nur locker umgeschlagen wurde. Der Text besagt, daß Frauen ihre Umschlagetücher ein wenig fester umschlagen sollen, damit auch der kleine Brustbeutel darunter verborgen bleibt. Von einem Schleier ist keine Rede.

Eine andere mögliche Erklärung lautet, daß Frauen ihren BH (oder was sie statt dessen trugen) zum Aufbewahren von kleinen oder wichtigen Gegenständen benutzten, wie sie es auch heute in Ägypten noch immer tun. Meistens schieben sie einen Geldschein oder ein Taschentuch durch die Öffnung ihres Kleides in den BH. Meinetwegen läßt sich der Text noch lesen als »ein Umschlagetuch fester über ihren Busen schlagen« – von einem Schleier aber steht hier nichts.

In einer anderen Koranübertragung, der von Kramers, wird das Wort *Zina(t)* in Vers 24:31 an allen drei Stellen konsequent mit »Gepränge« (tooi) übersetzt.

Eine Frage der Interpretation

>»(...) und daß sie ihr Gepränge* nicht zeigen, ausgenommen das, was davon sichtbar ist, und daß sie ihre Schleier über ihren Busen* schlagen* und daß sie ihr Gepränge niemandem zeigen als ihren Ehegatten oder ihren Vätern (...). Und sie sollen nicht mit den Füßen aufstampfen, damit nicht ihr Gepränge bekannt wird, das sie verborgen halten.«

Obwohl die Übersetzung an sich genau ist, steht bei den Wörtern mit den Sternchen ein seltsamer Kommentar. Beim ersten Sternchen steht: »das Gesicht und die Hände.« Dieser Übersetzung zufolge sind das Gesicht und die Hände das, was vom »Gepränge« der Frau zu sehen sein darf. Mir ist allerdings nicht klar, was für ein Gepränge das sein soll, wenn es aus Gesicht und Händen besteht. Sind sie das Gepränge einer Frau? Eine Verzierung? Was bedeutet »Gepränge« in diesem Fall, und bei welcher Art Gepränge sind nur Gesicht und Hände zu sehen? Ich lese »Gepränge« (»und daß sie ihr Gepränge niemandem zeigen«), doch der Kommentar sagt mir, daß ich statt dessen »das Gesicht und die Hände« lesen muß.

Beim zweiten Sternchen steht: »der Kopf, der Hals und die Brust«, während in der Übersetzung des Korantextes steht: »ihren Busen« (»und daß sie ihre Schleier über ihren Busen schlagen«). Eigentlich steht dem Wortlaut nach da, daß sie ihr Umschlagetuch über ihren Brustbeutel schlagen sollen, doch anstelle von »Brustbeutel« muß ich den Kommentatoren zufolge »Kopf, Hals und Brust« lesen. Seit wann gehören der Kopf und der Hals zum Busen?

Beim dritten Sternchen steht: »Mit diesem Vers ist die Pflicht verknüpft, ein Kopftuch zu tragen.« Ach was! Und ich möchte hinzufügen: »Und er beruht hauptsächlich auf Betrug, Verdrehung und Fehlinterpretation.«

Zina(t) und die Bekleidungsvorschriften

Ständig verlangt die orthodoxe Interpretation von uns, andere Dinge zu lesen als die, die tatsächlich da stehen. Wie kommen die Übersetzer nur zu dieser seltsamen Auslegung und Entstellung der Wörter?

Das haben wir vor allem dem werten Ibn Abbas, einem Gefährten und Zeitgenossen des Propheten, und seinen Leuten zu verdanken. Er ist ein Überlieferer, eine der Quellen für die Worte und Geschichten des Propheten. Auf ihn ist vieles aus dem sogenannten *Isnad*, dem Ende der Kette der Erzähler der Überlieferungen, zurückzuführen. Mit vielen anderen gemeinsam ist er verantwortlich für die Geschichten über den Propheten, die wir aus den unterschiedlichsten Sammlungen kennen. Er ist nicht der einzige Erzähler, sondern einer von vielen. Und während verschiedene andere Erzähler das entscheidende Wort *Zina(t)* in diesem Vers als »Schmuck« ausgelegt, ja sogar eine Empfehlung ausgesprochen haben, welche Art Schmuck eine Frau bei welchem männlichen Familienmitglied tragen sollte (Armbänder und Ohrringe durfte sie beispielsweise in Anwesenheit aller Verwandten tragen, Halsbänder und Ketten nur bei ihrem Ehemann, während Ringe und Fußringe immer erlaubt waren, auch in der Öffentlichkeit), blieb Ibn Abbas dabei, daß *Zina(t)* sich auf den ganzen Körper der Frau bezog, ausgenommen Gesicht und Hände.

Ibn Abbas zufolge habe der Prophet einmal auf das Gesicht und die Hände gezeigt, um anzugeben, daß diese das einzige seien, was von einer Frau zu sehen sein dürfe. Ist das nicht komisch? Obwohl Ibn Abbas lediglich einer von vielen Erzählern ist und die anderen ihm widersprechen (oder jedenfalls eine andere Erklärung abgeben), stützen sich die Bekleidungsvorschriften für Muslimas bei allen islamischen Völkern schon seit Generationen auf die Meinung eines Zeitgenossen des Propheten statt auf einen klaren Vers im Koran, der doch als Hauptquelle des Islam gilt.

Eine Frage der Interpretation

Dieser Erzähler, Ibn Abbas, beruft sich außerdem auf das, was ihm auf Umwegen vom Propheten zugetragen wurde – der Überlieferung zufolge war er selbst nicht dabei –, aber wir müssen unsere Töchter zwingen, ihren ganzen Körper zu verhüllen, sogar hier in den Niederlanden, wo doch der Koran sie nur ermahnt, sich bei der Verwendung von Schmuck und Make-up zu mäßigen. Schieben wir den Koran zur Seite und befolgen nur noch die Worte des Erzählers?

Der Aussage derer zufolge, von denen Ibn Abbas das Ganze vernommen haben will, soll der Prophet noch nicht einmal gesagt haben, daß sie den ganzen Körper verhüllen müssen, sondern nur auf Gesicht und Hände *gezeigt* haben. Der Sammler dieser Tradition hat diese Anekdote seinerseits nicht von Ibn Abbas persönlich gehört, sondern sie von sechs Generationen von Erzählern übernommen, deren erster sie von Ibn Abbas gehört haben will (siehe Kapitel 7, »Feindliche Theologie und unzuverlässige Überlieferungen«).

Ich möchte Sie nicht mit all den komplizierten Namen in der Kette der sechs Generationen von Erzählern behelligen, die zu Ibn Abbas führt – die Frage aber bleibt, ob wir als gebildete Muslimas nur wegen dieser Männer uns so anziehen müssen. Im Grunde hat Ibn Abbas das Leben der muslimischen Frauen jahrhundertelang stärker beeinträchtigt als der Koran. Und während der ganzen Zeit hat es niemanden gegeben, der dies angeprangert hat. Wenn das keine frauenfeindliche Theologie ist!

Die Worte von Ibn Abbas haben der Welt eine bestimmte Gestalt verliehen. Seine Deutung paßte den Männern gut in den Kram. Aufgrund ihrer tiefverwurzelten Angst vor Frauen und vor der Macht der weiblichen Schönheit befolgten ausnahmslos alle Muslimtheologen die Worte von Ibn Abbas nur allzu gern. Dessen Worte haben die Muslime stärker beeinflußt als die des Korans.

Zina(t) und die Bekleidungsvorschriften

Ich selbst kann in diesem Text über den Schmuck keine Rechtfertigung für die Feindseligkeit gegenüber dem Körper der Frau erkennen, wie wir sie heute erleben. Nichts in diesem Text weist meines Erachtens auf die Pflicht hin, einen *Tschador* (Zeltkleid) oder einen *Niqab* (Gesichtsschleier) oder gar ein Kopftuch zu tragen. Dafür enthält er den Appell, sich zu mäßigen, was das Zurschautragen von Make-up und Nacktheit betrifft. Ich persönlich halte dies für sehr weise, weil wir Frauen aus mehr als nur einem schönen Körper bestehen. Ich habe Mitleid mit den Mädchen von heute, die meinen, in Kälte und Wind unbedingt ein nabelfreies Top tragen zu müssen. Ansonsten überlasse ich es jeder einzelnen Muslima und jedem einzelnen muslimischen Mädchen, wie sie diesen Vers in die Praxis umsetzen wollen, damit sie sich in ihrer Kleidung und in ihrem Körper gut fühlen in dem Wissen, daß ihre äußere Schönheit nur ein Teil ihres ganzen schönen Wesens ist, das seinerseits ein Teil des schönen Gottes ist. Über ihr Äußeres entscheiden die Frauen selbst, nicht Ibn Abbas!

Die Religion, auch der Islam, tat, was in ihren Kräften stand, um den Menschen im Rahmen der Beschränkungen der alten Kultur ein gewisses Maß an Zivilisation beizubringen. Zivilisation aber ist ein Prozeß, der kein Ende kennt. Es wäre absurd, den Zivilisationsprozeß zu einem bestimmten Zeitpunkt einfrieren zu wollen und zu glauben, dies wäre die Endstation. Korantexte, die Verhaltensregeln oder Vorschriften enthalten, sind in einer bestimmten historischen und geographischen Realität entstanden. Sie sind Zeugen dieses Umfelds und geben den Muslimen eine bestimmte Richtung vor. So sind sie zu verstehen – in ihrer allgemeinen Bedeutung, nicht in ihrem buchstäblichen Wortsinn.

Der Mensch entwickelt und verändert sich ständig – und damit auch seine Lebensweise. Religion macht den Menschen

Eine Frage der Interpretation

bestimmte ethische Prinzipien bewußt. Ethisches Empfinden beginnt bei der Religion, reicht aber weiter und tiefer, als die Religion je kommen kann. Darum sind wir der Religion dankbar, daß sie die Menschheit auf tiefe menschliche Werte aufmerksam gemacht hat.

Der Islam hat den Muslimen die Richtung vorgegeben, die Strecke vorgezeichnet und die ersten Schritte auf diesem Weg ermöglicht. Aber wir würden uns und dem Islam unrecht tun, wenn wir in diesen ersten Schritten gefangen bleiben würden. Als Muslime müssen wir auf dem Weg, den der Islam uns aufgezeigt hat, selbständig weitergehen, auch wenn dies bedeutet, daß wir manche Vorschrift außer Kraft setzen müssen, weil sie ihre Aufgabe vollbracht hat und weil die Aufklärung und der Humanismus sie mittlerweile überholt und überflüssig gemacht haben.

Auf der Grundlage der Lehren des Islam hätten die Muslime dieses Stadium von Aufklärung und Humanismus viel früher erreichen können, als die Europäer dies getan haben – wenn sie sich nur weniger mit den Buchstaben und mehr mit dem Geist und der Intention der Religion beschäftigt hätten.

4

Kein Saatfeld, sondern unabhängige Wesen

Selbst wenn eine Frau den Koran interpretieren würde, wäre er nicht mit einemmal frei von allen frauenfeindlichen und ungerechten Texten. Insbesondere was das Verhältnis zwischen Mann und Frau betrifft, gibt es einige Texte, die sich kaum anders auffassen lassen. Wir können sie höchstens isoliert vor dem historischen gesellschaftlichen Rahmen betrachten, in dem sie offenbart wurden. Oder mit anderen Worten: Wenn wir uns in die Zeit und die Bedingungen zurückdenken, die den Vers erforderlich gemacht haben, wenn wir uns in die Mentalität der damaligen Zeit hineinversetzen, können wir besser verstehen, warum der Text damals angebracht gewesen sein mag und warum er jetzt, in einer ganz anderen Wirklichkeit, nicht mehr seinem ursprünglichen Zweck entspricht.

Eine der Stellen, die ich meine, ist Vers 2:223 über das Saatfeld: »Eure Weiber sind ein Saatfeld für euch: darum bestellt euer Saatfeld, wie ihr wollt.« Dieser Text beschwört in mir das Bild einer Frau herauf, die ihr ganzes Leben nur passiv auf dem Rücken liegen darf, während ihr Mann sie pflügt, besät und bewässert. Wie ein Saatfeld trägt sie jedes Jahr Frucht in Gestalt eines Kindes, das im selben Moment, in dem es ihre Gebärmutter und ihre Brüste verläßt, seinerseits wie die Frau zum Besitz des Mannes und dessen Stamm wird.

Ich gebe zu, daß dieser Vers und diese Auslegung für Frauen alles andere als schmeichelhaft sind. Ich persönlich halte es

Eine Frage der Interpretation

für ein beleidigendes Sinnbild, mit dem ich nicht gerne assoziiert werde. Ich habe ernsthaft nach einer weniger schmerzlichen Auslegung gesucht, aber auch ich kann nicht ändern, was da steht.

Das Bild, das damit heraufbeschworen wird, stößt bei mir als moderner Muslima nicht auf den geringsten Beifall. Genaugenommen fühle ich mich wegen dieser und anderer Textstellen vom Koran verraten und enttäuscht. Ich kann mir vorstellen, daß die Einstellung gegenüber Frauen, wie sie in manchen Texten zum Ausdruck kommt, einen Keil zwischen den Glauben und so manche intelligente, unabhängige Frau von heute treibt. Es stellt sich die Frage, warum es im Laufe der Jahrhunderte, seit es den Koran gibt, und unter den Völkern, die sich zum Islam bekehrt haben, nie größeren Widerstand gegen diese frauenfeindlichen Texte gegeben hat.

Das stimmt allerdings nicht ganz. Es gab im Prinzip immer schon Kritik, aber sie wurde mit eiserner Hand unterdrückt und aus der Geschichte gelöscht. Außerdem war es kurz nach dem Tod des Propheten für Frauen sehr gefährlich, öffentlich Kritik zu äußern. Seither tun sie das nur im verborgenen. Doch die vielen Schismen, Schulen und Strömungen, die sich innerhalb des Islam herausgebildet haben, beweisen, daß die Meinungen zu zahlreichen Themen weit auseinandergehen und daß nicht alle mit den Ansichten des vorherrschenden orthodoxen Islam übereinstimmen.

Dennoch ist es wichtig zu verstehen, wieso dieser Vers offenbart wurde. Wie man sich denken kann, geht es in diesem Text um einen Konflikt zwischen Männern und Frauen auf sexuellem Gebiet. Manchen Überlieferungen zufolge war es bei den Frauen in Medina üblich, während des Geschlechtsverkehrs ausschließlich auf der Seite zu liegen. Offenbar fanden sie das angenehm. Vielleicht, weil sie sich dabei nicht ganz ausziehen mußten, vielleicht, weil sie ihre Männer nicht anzuschauen brauchten und das Ganze bald überstanden war. Wie man ebenfalls weiß, war diese Stellung auch unter den jüdischen Frauen, die damals in großer Zahl in Medina lebten, sehr verbreitet. Die nichtjüdischen Araber aus Medina übernahmen viele Gewohnheiten ihrer jüdischen Nachbarn, so auch diese: während des Geschlechtsverkehrs ausschließlich auf der Seite zu liegen.

Als sich im Gefolge des Propheten Männer aus Mekka in Medina niederließen und mit den Frauen aus Medina Mischehen eingingen, merkten diese zu ihrem Entsetzen, daß die Männer aus Mekka beim Geschlechtsverkehr völlig andere Gewohnheiten hatten. Diese Männer wollten Abwechslung. Sie wollten in allen möglichen Stellungen mit ihren Frauen schlafen: sitzend, stehend und liegend, von vorne und von hinten ... Und sie waren gewöhnt, daß die Frauen sie gewähren ließen.

Die Frauen aus Medina fanden das schrecklich, sie haßten ihre Männer und nannten sie pervers. Sie verweigerten sich ihnen und beklagten sich beim Propheten über sie – der allerdings wie die Männer auch aus Mekka kam. Da die Männer nicht verstanden, daß ihr Verhalten für anormal und absonderlich gehalten wurde, verlangten sie von ihren Frauen Gehorsam. Der Prophet wurde um eine Antwort gebeten. Daraufhin wurde Vers 2:223 offenbart: »Eure Weiber sind ein Saatfeld für euch: darum bestellt euer Saatfeld, wie ihr wollt.«

Manche Männer folgerten daraus, daß auch der Analverkehr zulässig sei. Ein Teil der Überlieferungen behauptet, Analverkehr sei dem Propheten zufolge erlaubt. So wird von einem gewissen Nafe, dem Sklaven Ibn Umars, übermittelt, Ibn Umar habe ihm zufolge gesagt, es sei gestattet. Darauf angesprochen, sagte Nafe jedoch: »Alles Lüge. Das habe ich nie behauptet.« Auch von Malik Ibn Anas, dem Gründer der Rechtsschule der Malikiten, wurde behauptet, er habe diese

Eine Frage der Interpretation

Form des Geschlechtsverkehrs für zulässig erklärt. Auf eine entsprechende Frage hin soll er jedoch erwidert haben: »Sie lügen. Alles gelogen.« Er soll hinzugefügt haben: »Was seid ihr nur für Araber? Gesät wird natürlich nur dort, wo auch geerntet wird.«[6]

Die meisten Überlieferungen stimmen in dem Punkt überein, daß der Geschlechtsverkehr ausschließlich vaginal zu vollziehen und der Anus absolut verboten sei. Dies wird in einer großen Zahl von Überlieferungen des Propheten wie der folgenden bekräftigt: »Wer mit Frauen oder Männern anal verkehrt, ist ein Ungläubiger.« Diese Äußerung wird von Abu Huraira (dessen Zuverlässigkeit wiederholt in Zweifel gezogen wird) in vielen Variationen angeführt. Auch der Prophet soll Analverkehr als »kleine Homosexualität« bezeichnet und diejenigen, die ihn praktizierten, Ungläubige genannt haben.

Dessen ungeachtet gibt es Muslime aus der islamischen Frühzeit, die behaupten, der Prophet habe sich nie dazu geäußert, weder positiv noch negativ.[7] Der Koran hingegen hat implizit ein Urteil gefällt, und zwar in dem Vers, der dem über das Saatfeld vorangestellt ist (2:222): »Und wenn sie rein sind, dann geht zu ihnen, wie Allah es euch geboten hat.« In diesem Vers, der die Monatsblutung behandelt, wird der Geschlechtsverkehr während der Menstruation verboten, danach aber, wenn die Frau sich gewaschen hat, darf sich der Mann ihr wieder nähern, und zwar so, wie Gott es den Menschen befohlen hat. Und das ist den meisten Korandeutern zufolge vaginal. Der Koran will damit eine weitverbreitete und bei manchen Männern beliebte Gewohnheit – Analverkehr – bekämpfen.

Die Frage ist natürlich, ob sich der Koran dabei von Sympathie für die Frauen, die Analverkehr meistens verabscheuen, oder von Reinlichkeits- und Fortpflanzungsüberlegungen leiten läßt. Wieso eigentlich nicht von allen Gründen zugleich?

Kein Saatfeld, sondern unabhängige Wesen

Wenn wir diese Geschichten allerdings genauer betrachten und dabei berücksichtigen, daß die Männer gemeinsam mit dem Propheten ihre Heimatstadt verlassen hatten, weil sie verfolgt und gefoltert worden waren, daß sie für ihren neuen Glauben alles aufgegeben hatten und bereit waren, den Islam unter Lebensgefahr zu errichten, dann erscheint es uns höchst unwahrscheinlich, daß der Koran den Frauen von Medina in diesem Punkt recht gibt. Es ist nicht zu erwarten, daß der Prophet seine Männer und Gefährten enttäuschte, nur um die sexuelle Unabhängigkeit der Frauen von Medina zu unterstützen.

Gleichwohl ist es schade, daß der Koran den Wunsch der Frauen nach körperlicher Unversehrtheit nicht erfüllen konnte. Vielleicht waren diese tapferen Frauen einfach zu naiv, als sie den Propheten auf diese Frage aufmerksam machten. Offenbar hatten sie gute Erfahrungen mit ihm gemacht, der sie zuvor gegen die Ungerechtigkeiten der Männer in Schutz genommen haben mußte. Aber sie hätten wissen können, daß Religion auch Politik ist und daß der Prophet, wenn es darauf ankam, eine strategische Entscheidung treffen würde.

Ich verstehe allerdings nicht, warum jeder politische Beschluß, jedes Urteil oder jede Lösung eines Konflikts die Gestalt eines Koranverses oder einer Offenbarung annehmen mußte. Fürchtete der Prophet, daß eines seiner Urteile nicht befolgt werden würde, daß seine Person allein bei den Stämmen nicht genug Respekt finden würde, bei den Stämmen, die ein egalitäres System gewöhnt waren, die nie einen König oder eine Zentralregierung gehabt hatten, daß sie ihm nicht gehorchen würden, wenn der Befehl nicht von Gott selbst kam?

Ich finde es banal, daß Gott sich persönlich um alle sexuellen Konflikte und Praktiken der Männer und Frauen auf der Arabischen Halbinsel kümmern mußte – als hätte Gott nichts Besseres zu tun gehabt, als darauf zu achten, wer mit wem

Eine Frage der Interpretation

Geschlechtsverkehr hatte und ob dabei alles rechtens zuging, ob er von vorne oder von hinten vollzogen wurde. In meinen Augen ist Gott weit über die Fragen des Anal- oder Vaginalverkehrs – egal, ob dies während der Menstruation geschieht oder nicht – und über alle anderen Banalitäten erhaben.

Orthodoxe Muslime sehen das offenbar nicht so. Sie behandeln den Koran, als wäre er ein Eimer voller Wörter, die sie eines nach dem anderen herausnehmen und möglichst wörtlich auslegen. Einen Überblick über das Ganze haben sie nicht, und es macht ihnen auch nichts aus, ob der eine Vers dem anderen widerspricht. Sie bemühen sich nach Kräften, alles zu verteidigen, was da steht, ungeachtet des Inhalts. Ihr Argument lautet, daß wir, wenn wir an Gott glauben, die Texte nicht kritisieren oder einer rationellen Prüfung unterziehen dürften, da Gottes Wort höher sei als unser Verstand.

Wenn Gott mit einem offenbarten Text feststellt, daß Männer den Frauen überlegen sind oder eine höhere Stellung bekleiden – »Und den Frauen stehen die gleichen Rechte zu, wie sie (die Männer) zur gütigen Ausübung über sie haben. Doch die Männer stehen eine Stufe über ihnen. Und Allah ist allmächtig, allweise« (2:228) –, dann halten Orthodoxe das für die Realität, die wir akzeptieren müssen. Wenn ein orthodoxer Muslim das Gefühl hätte, ein bestimmter Korantext wäre ungerecht, würde er lieber seinen Verstand verleugnen und an seiner Frömmigkeit zweifeln, als diesen Text mit einem Fragezeichen zu versehen. Orthodoxe Muslime behaupten, die Bevorrechtigung der Männer und die Diskriminierung der Frauen seien Bestandteile einer natürlichen Ordnung. Darin liege eine höhere, göttliche Weisheit, die wir mit unserem Verstand nicht beurteilen könnten.

Dabei appelliert der Koran doch ständig an unseren Verstand und will von diesem beurteilt werden. Siehe Vers 30:21: »Hierin liegen wahrlich Zeichen für ein Volk, das nachdenkt.«

Kein Saatfeld, sondern unabhängige Wesen

Dieser Vers sagt uns, daß wir den Beweis für die Existenz Gottes im Koran selbst finden, wenn wir ihn nur mit unserem Verstand lesen. Der Verstand, an den der Koran seinen Appell richtet und der uns zum Glauben führen müßte, ist der menschliche Verstand, die menschliche Weisheit, die sich von den Korantexten überzeugen läßt: »Wahrlich, im Erschaffen des Himmels und der Erde und im Wechsel von Nacht und Tag und in den Schiffen, die im Meer fahren mit dem, was den Menschen nützt, und in dem, was Allah vom Himmel an Wasser herniedersandte, und Er gab der Erde damit Leben, nachdem sie tot war, und ließ auf ihr allerlei Getier sich ausbreiten, und im Wechsel der Winde und den dienstbaren Wolken zwischen Himmel und Erde, (in all dem) sind Zeichen für Leute, die begreifen.« (2:164) Und weiter: »Schau dann auf die Spuren von Allahs Barmherzigkeit.« (30:50) Und: »Hierin sind wahrlich Zeichen für ein Volk, das begreift,« (30:24) sowie »So machen Wir die Zeichen klar für ein Volk, das begreift.« (30:28)

Der Koran fordert uns ständig auf, über die Texte nachzudenken. Augenscheinlich will Gott den Koran nicht in ein blindes Dogma verwandeln. Wiederholt werden wir darauf hingewiesen, daß der Koran jeder intellektuellen Prüfung standhalten wird und uns unser Verstand – wenn wir ihn nur gebrauchen – zum Glauben an den einen, einzigen Gott und an dessen Koran führen wird. Im Koran kommen siebzehn Varianten des Wortes »Vernunft« und sechzehn der Worte »Urteilsvermögen« und »Verstand« vor, während die Verben »denken«, »sich überlegen« und »nachdenken« in achtundfünfzig Varianten verwendet werden. Das hat doch etwas zu bedeuten.

Siehe die folgenden Verse: »So macht euch Allah die Zeichen klar, damit ihr nachdenken möget.« (2:219) »Es ist ein Buch voll des Segens, das Wir zu dir hinabgesandt haben, auf

Eine Frage der Interpretation

daß sie über seine Verse nachdenken und auf daß diejenigen ermahnt werden mögen, die verständig sind.« (38:29) Der Text von Sure 38 nennt sogar Grund und Ursache der Koranoffenbarung: Die Menschen sollen über die Koranverse nachdenken, damit die Verständigen daraus eine Lehre ziehen können. Der Koran ist folglich nicht offenbart worden, damit die Menschen ihn in einer Koranschule lernen und ihr ganzes Leben lang wie ein Papagei nachplappern. Ebensowenig ist er für dumme, sklavisch treue Gläubige gedacht, sondern für vernünftige Menschen, die über den Inhalt nachdenken und daraus eine Lehre ziehen.

Bei meiner Untersuchung der Korantexte über Frauen habe ich nichts anderes getan als das, wozu der Koran mich als gläubige Muslima ständig auffordert, und meine dabei gewonnenen Erkenntnisse schlagen sich in dem vorliegenden Buch nieder. Dennoch kann ich, so gerne ich das auch tun würde, die Weisheit, die der Diskriminierung von Frauen – nicht nur in einem Text, sondern gleich in mehreren – zugrunde liegen soll, verstandesmäßig nicht ergründen.

Allahs wichtigste Attribute sind den Muslimen zufolge Barmherzigkeit und Gerechtigkeit. Barmherzigkeit und Gerechtigkeit nach menschlichen Normen, nach den Maßstäben dessen, was auch die Menschen gerecht und gnädig finden. Die Texte, um die es mir geht, entsprechen meiner Meinung nach allerdings nicht der menschlichen Beschreibung von Gerechtigkeit und Barmherzigkeit.

In jeder Ehe gibt es neben Liebe und Zuneigung auch ein Element der Konkurrenz zwischen Mann und Frau, einen stillen Kampf um die Macht. Bei diesem Kampf merkt die muslimische Frau, daß sie allein steht, während ihr Mann vom Propheten, vom Koran und von Gott unterstützt wird, ganz zu schweigen von der Familie, dem sozialen Umfeld, der Tradition, der Politik und der Gesellschaft. Manchmal gehören sogar ihre eigenen Kinder dem gegnerischen Lager an. Wie soll sie unter diesen Bedingungen das Verhältnis zu ihrem Mann ausgeglichen gestalten, wie es nicht nur für das Funktionieren ihrer Ehe, sondern auch für ihr eigenes Funktionieren und das ihres Mannes von großer Bedeutung ist?

Beispielsweise erhebt sich die Frage, wie das galante Umwerben in solch einer Ehe vonstatten geht. Einander galant umwerben ist ein wesentlicher Bestandteil jeder Liebesbeziehung, in einer Ehe aber, in der die Frau das Saatfeld des Mannes sein muß und er sie pflügen darf, wann er will und wie er will, besteht absolut keine Notwendigkeit mehr, charmant zu sein.

Ich kann nicht behaupten, entsprechende Erfahrungen gemacht zu haben. Als Mädchen haben mich solche Texte im Koran dermaßen erschreckt, daß ich keinen Mann heiraten wollte, der mit diesen oder ähnlichen Vorstellung aufgewachsen war. Eine Ehe, in der es zwischen den Partnern nicht mehr knistert und in der durch himmlische Intervention alles schon vorab eine ausgemachte Sache ist, halte ich für ungerecht, langweilig und alles andere als reizvoll. Dennoch kann ich mich erinnern, wie die Frauen – als Kind war man immer in ihrer Nähe – miteinander wetteiferten, was die Forderungen betraf, die sie an ihre Männer stellten. Es könnte natürlich sein, daß sie die Hälfte dieser Geschichten spontan erfunden hatten, aber jede Frau war stolz darauf, zeigen zu können, was ihr Mann für sie ‚übrig hatte und was er alles von ihr hinzunehmen bereit war.

Heißt das nun, daß eine Frau niemals »nein« zu ihrem Mann sagen darf? Manchmal tut sie das. Während die westliche Frau in solchen Augenblicken Kopfweh vortäuscht, sagt eine Muslima zu ihrem Mann, daß sie traurig sei. Traurig über den Tod

Eine Frage der Interpretation

eines Verwandten. In der Verwandtschaft lassen sich immer verstorbene Personen finden, an die sich eine Frau abends im Bett plötzlich erinnern kann. Ein paar Tränen zu vergießen ist nicht besonders schwer. Die Frau braucht nur an ihr eigenes elendes Leben zu denken, um traurig zu werden. Dann sieht der Mann ein, daß es jetzt doch nichts mehr wird. So kann die Trauer um die Toten bisweilen lebenslang anhalten, wenn eine Frau ihre Gefühle des Kummers nicht loslassen kann.

Das richtige Leben läßt sich nicht in einem (Saatfeld-)Text erfassen. Was hält der Koran davon, wenn eine Frau »nein« zu ihrem Mann sagt? »Und jene, deren Widerspenstigkeit ihr befürchtet: ermahnt sie, meidet sie im Ehebett und schlagt sie!« (4:34) Es gibt nur wenige Verse, die Frauen härter treffen und sie tiefer verletzen können als dieser. Auch wenn man gerne glauben möchte, daß dieser Text zu anderen Zeiten normaler geklungen hat als nun oder anders gemeint war, als er sich anhört – egal, wie man ihn dreht und wendet, er ist und bleibt für Frauen verletzend. Ich kann mich kaum des Eindrucks erwehren, daß ein Gott, der solch einen Text offenbart hat, ein parteiischer Gott gewesen sein muß.

Wenn orthodoxe Muslime diesen Text deuten, finden sie den Koran sehr human und wohlwollend gegenüber der Frau, weil der Mann erst versuchen muß, mit ihr zu reden. Wenn sie widerspenstig bleibt, muß er auf der Couch schlafen und darf nicht mit ihr ins Bett (als ob die Frau seine groben Zudringlichkeiten vermissen würde!). Erst wenn das nichts hilft, darf er sie schlagen, wobei er ihr nicht zu sehr weh tun, ihr keine Knochen brechen oder ihr einen Dauerschaden zufügen darf. »Ist das nicht besonders zuvorkommend?« fragen sie dann.

Einmal soll eine Frau zum Propheten gekommen sein, weil ihr Mann sie geschlagen habe. Der Prophet rief: »Genugtuung.« In der Fassung, die wenig später offenbart wurde, soll er

Kein Saatfeld, sondern unabhängige Wesen

gesagt haben: »Ich wollte das eine, doch Gott wollte etwas anderes.«

Außerdem soll der Prophet einmal gesagt haben: »Ihr dürft die Frauen nicht schlagen.« Da kam Umar Ibn al-Khattab zu ihm und sagte: »Wegen dir sind die Frauen widerspenstig gegen ihre Männer.« Der Prophet, der großen Wert auf Umars Meinung legte, erlaubte den Männern daraufhin, ihre Frauen zu schlagen. In der Folge beklagten sich viele Frauen aus seiner eigenen Familie bei ihm, daß ihre Männer sie schlugen. Darauf soll der Prophet erwidert haben: »Viele Frauen aus der Familie Mohammeds klagen, daß ihre Männer sie schlagen. Diese Männer sind nicht die besten unter euch.«

Es sollte festgehalten werden, daß der Prophet praktisch immer Umars Standpunkt übernahm. Ibn Umar war ein mächtiger Mann aus Mekka, der sich erst sehr spät zum Islam bekehrte und den Muslimen eine große Stütze war. Er war Mohammeds Schwiegervater und sollte später als zweiter Kalif dessen Nachfolger werden. Umar gilt unter Muslimen als Symbol der Gerechtigkeit. Viele Fundamentalisten, die einen islamischen Staat gründen wollen, haben seine Regierung als Ideal vor Augen – oder behaupten das jedenfalls in der Öffentlichkeit. Zugleich erwies sich Umar als eingefleischter Frauenhasser. Wie ein Mann gegenüber Männern gerecht sein kann, gegenüber Frauen aber ein wahrer Tyrann, ist mir ein Rätsel.

Vielleicht haben diese Texte den Wertvorstellungen einer im sechsten Jahrhundert in der Wüste lebenden Gemeinschaft entsprochen, auf jeden Fall aber schwächen sie den Anspruch des Korans auf Universalismus und Ewigkeit.

In der Zeit des Korans, im sechsten Jahrhundert nach Christus, basierte das Verhältnis zwischen Männern und Frauen tatsächlich auf der Überlegenheit des Mannes und der Unter-

Eine Frage der Interpretation

gebenheit der Frau. Lange Zeit war dies überall – und nicht nur auf der Arabischen Halbinsel – die normalste Sache der Welt. Aber wir wissen auch, daß der offenbarte Text die zwischenmenschlichen Beziehungen verbessern und die Menschen zu höheren Idealen inspirieren sollte. Dies gelang zum Beispiel in bezug auf die Sklaverei. Warum vermochte es der Koran nicht, in bezug auf das Verhältnis zwischen Männern und Frauen die Realität zu überwinden, Frauen menschlicher zu behandeln und eine gerechtere Beziehung zwischen Männern und Frauen herzustellen?

Wahrscheinlich liegt die Antwort auf diese Frage in der Politik. Eine völlig andere Einstellung gegenüber Frauen wäre bei Männern auf großen Widerstand gestoßen und hätte die Zahl der Korananhänger verringert. Dennoch ist es nicht hinnehmbar, daß Gott, der beide Geschlechter erschaffen hat, in seiner Offenbarung derart parteiisch gewesen sein und sich (jedenfalls in manchen Texten) zum Nachteil der Frau unverhohlen auf die Seite des Mannes geschlagen haben soll. Jede Frau, die sich und den Koran ernst nimmt, muß sich bei der Lektüre dieser Stellen verraten fühlen, wie gläubig sie auch sein mag.

Der Schaden, den Vers 4:34 den Frauen überall auf der Welt zugefügt hat, ist nicht zu ermessen. Es liegt nicht nur an der Tradition und der Kultur der verschiedenen muslimischen Völker, daß so mancher muslimische Ehemann seine Hände nicht unter Kontrolle hat, sondern auch an diesem Text. Zum Glück gibt es zum gegenwärtigen Zeitpunkt auch Männer, die diesen Korantext überwunden haben. Männer, denen eine ausgewogene, ebenbürtige Liebesbeziehung wichtiger ist als ein Verhältnis zwischen Herr und Sklavin. Der berühmte Dichter Nizar Kabbani tritt in einem seiner Gedichte für diese Einstellung ein. Trotz der arabisch-islamischen Mentalität, in der auch er aufgewachsen ist, schreibt er, frei übersetzt:

Kein Saatfeld, sondern unabhängige Wesen

»Denk nur nicht, daß ich im Bett allein regiere, daß es mir nichts ausmacht, ob du willst oder nicht. Du bist keine Sklavin, und ich bin kein Sklavenhändler.«[8]

Auch in der Bibel stehen ähnliche Texte über die Überlegenheit der Männer und die Unterwerfung der Frauen. Das ist nicht erstaunlich, da diese heiligen Texte von männlichen Propheten verkündet wurden, welche die Sprache ihrer Zeit sprachen. Zum Beispiel:

»Die Frauen seien untertan ihren Männern als dem Herrn. Denn der Mann ist des Weibes Haupt, gleichwie auch Christus das Haupt ist der Gemeinde, die er als seinen Leib erlöst hat. Aber wie nun die Gemeinde ist Christus untertan, so seien es auch die Frauen ihren Männern in allen Dingen.« (Epheser 5:22–24)

Kurz: Der Mann ist Herr und Gebieter, die Frau ist die Gemeinde, ihr Verhältnis sieht so aus, daß der Herr das Sagen hat und die Gemeinde ihm untertan ist, in allen Dingen, wie es so herrlich suggestiv ausgedrückt wird. Dem Mann als dem Herrn untertan sein – das ist auch die Tragweite der Koranverse, wenngleich es nicht so zugespitzt formuliert wird. Muslime würden solch einen Text sogar für eine Idolatrie halten.

In der Bibel wird den Männern anschließend nahegelegt, ihre Frauen zu lieben, was meiner Meinung nach nicht sehr schwer ist, wenn man als Mann das Sagen hat. Wenn man weiß, daß die Frau einem untertan ist, kann man sie mit Leichtigkeit lieben und liebkosen. Eine Frau liebzuhaben, die sich ebenbürtig verhält, ist wahrscheinlich viel schwerer. Dennoch ist es ein sehr schöner Text; ich wollte, im Koran gäbe es auch solch einen Vers: »Ihr Männer, liebet eure Frauen, gleichwie auch Christus geliebt hat die Gemeinde und hat sich

Eine Frage der Interpretation

selbst für sie gegeben.« (Epheser 5:25) Und weiter heißt es: »So sollen die Männer ihre Frauen lieben wie ihren eigenen Leib. Wer seine Frau liebt, der liebt sich selbst. Denn niemand hat jemals sein eigen Fleisch gehaßt; sondern er nährt es und pflegt es.« (5:28–29)

Aber auch in der Bibel sind die negativen Texte über Frauen viel zahlreicher als die positiven. Auch sie verleiht dem Mann viel mehr Macht über die Frau als ihr über ihn. Wieso werden Männer in heiligen Texten mit dermaßen vielen Vorrechten ausgestattet? Welches Motiv könnte der Schöpfer beider Geschlechter gehabt haben, das eine Geschlecht dem anderen vorzuziehen? Die folgende Sure führt dafür zwei Gründe an.

> »Die Männer stehen den Frauen in Verantwortung vor, weil Allah die einen vor den andern ausgezeichnet hat und weil sie von ihrem Vermögen hingeben.« (4:34)

Um mit dem zweiten Grund zu beginnen: Die Männer müssen den Frauen überlegen sein, weil sie eine größere finanzielle Verantwortung auf sich nehmen. Sie geben der Frau vor der Ehe die Brautgabe, sie unterhalten die ganze Familie (und eventuelle weitere Verwandte wie beispielsweise die Eltern) und müssen nach einer Scheidung Unterhaltszahlungen leisten.

Aber angenommen, ich würde bei der Eheschließung als moderne, gebildete Frau auf die Brautgabe verzichten, ich würde genausoviel wie mein Mann oder manchmal auch mehr zum Unterhalt der Familie beitragen, er bräuchte mich finanziell nicht zu unterstützen und ich würde darüber hinaus einen Teil meines Geldes Armen und Minderprivilegierten spenden und haushohe Steuern zahlen – wäre ich dann vor Gott dem Manne ebenbürtig? Diesem Vers zufolge nicht, weil Er die ei-

Kein Saatfeld, sondern unabhängige Wesen

nen (die Männer) vor den anderen (den Frauen) ausgezeichnet hat.

Und es wird nur noch schlimmer, wenn man liest, was die Koranexegeten dazu geschrieben haben: »Der Mann bekleidet eine bevorzugte Stellung, weil er der Frau überlegen ist und sie regieren, erziehen und korrigieren muß, wenn sie vom Weg abkommt. (...) Weil Männer besser sind als Frauen und ein Mann der Frau vorzuziehen ist, darum blieb das Prophetentum auf die Männer beschränkt und auch die Herrschaft.« Das schreibt Ibn Kathier in seiner klassischen Koranauslegung über diesen Vers. Und ich soll das ohne weiteres hinnehmen? Nein, diese Zeit ist für immer vorbei.

Sind wir Frauen von heute undankbar? Warum sind wir nicht mit dem Platz innerhalb der Schöpfung zufrieden, der uns den heiligen Texten zufolge zugeteilt wurde? Vielleicht ist es nicht immer dienlich, den eigenen Impulsen oder persönlichen Entscheidungen zu folgen. Diese können zu zerrütteten Familien führen, in denen Chaos herrscht, die Beziehungsprobleme, Scheidungen und unglückliche Kinder zur Folge haben – und keiner weiß, wie es weitergehen soll. Wenn schon der Schöpfer sagt, es sei für alle Beteiligten das Beste, wenn wir Frauen die zweite Geige spielen, wieso akzeptieren wir das dann nicht?

Ich glaube, für eine normale Frau mit normalem Denkvermögen ist es unmöglich, sich nicht gegen diese ungerechte Unterscheidung aufzulehnen. Ebenso bin ich davon überzeugt, daß nicht nur wir modernen Frauen uns gegen diese Diskriminierung zur Wehr setzen. Von Anfang an haben Frauen ihre Unterdrückung kritisiert. Wir wissen, daß Umm Salma, eine der Frauen des Propheten, einmal zu ihm gesagt hat: »Gesandter Gottes, Männer dürfen kämpfen, doch wir dürfen das nicht, so daß wir keine Märtyrer werden können, und wir dürfen nur die Hälfte dessen erben, was die Männer bekom-

Eine Frage der Interpretation

men.« Als Antwort wurde ein Koranvers offenbart: »Und begehrt nicht das, womit Allah die einen von euch vor den anderen ausgezeichnet hat.« (4:32)

Einer anderen Überlieferung zufolge soll als Antwort auf Umm Salmas Frage ein anderer Text offenbart worden sein, und zwar: »Seht, Ich lasse kein Werk der Wirkenden unter euch verlorengehen, sei es von Mann oder Frau; die einen von euch sind von den anderen.« (3:195) Doch nicht nur Umm Salma hatte protestiert. Einem alten Mann aus Mekka zufolge sagten viele Frauen damals: »Wären wir nur Männer, dann kämen uns auch ihre Vorteile zugute.« Sie sagten: »Wir wollen gerne für den Glauben kämpfen, dürfen aber nicht. Laß uns dann dieselbe Belohnung zukommen wie den Märtyrern.«

Eine weitere Überlieferung berichtet, daß eine Frau zum Propheten kam und ihn fragte: »Gesandter Gottes, ein Mann erbt zweimal so viel wie eine Frau im Nachlaß. Und die Zeugenaussagen von zwei Frauen sind ebensoviel wert wie die eines Mannes. Gilt für uns dann auch, daß die heilsame Tat einer Frau nur als halbe Tat belohnt wird?« Auch auf diese Frage hin wurde Vers 3:195 als Antwort genannt.

Das perfekte Gehirn, mit dem Gott uns gesegnet hat, kann es kaum akzeptieren, daß auch wir alles haben, was die Männer haben – und manchmal sogar noch ein wenig mehr –, und trotzdem minderwertig sein sollen. Wenn das wirklich Gottes Absicht gewesen wäre, hätte er uns mit einer Haltung ausgerüstet, in der die Unterwerfung unter den Mann etwas Normales und Selbstverständliches ist, wie wir es bei manchen Tierarten beobachten können. Gott hat jeder Gattung die Haltung mitgegeben, die sie im Leben braucht, ohne darunter zu leiden.

Wir Menschen aber, Frauen wie Männer, wurden mit dem Wunsch nach Unabhängigkeit erschaffen, mit Gerechtigkeitsliebe und mit einer gewaltigen Dosis Individualismus. Das

Kein Saatfeld, sondern unabhängige Wesen

sind göttliche Eigenschaften, da wir alle, ob Frau oder Mann, nach Gottes Bildnis erschaffen wurden. Wenn aber ein Text die Hälfte der Menschheit zu einer Art Besitz reduziert, zu einem Saatfeld, einem ungezogenen Kind, das korrigiert und bestraft werden muß, wie die oben angeführten Verse das tun, dann stimmt nach meinem Dafürhalten etwas mit diesen Texten nicht. Das darf ich ruhig sagen, auch wenn ich gläubig bin.

Um es ganz klar auszudrücken: Der Koran ist nicht gleichzusetzen mit Gott. Die meisten Muslime verehren den Koran und den Propheten, als wären sie Gott höchstpersönlich. Obwohl ich in ebendiesem Koran deutlich lese, daß Gott in nichts einem Menschen ähnelt. Gott hat nicht seinesgleichen, spricht nicht und benutzt keine Wörter (siehe Kapitel 8, »Geschichte des Zweifels und Unglaubens«).

Als Menschen können wir uns unmöglich ein Bild von Gott machen, was dazu führt, daß wir ihm allerlei menschliche Attribute zuschreiben, als wäre Gott ein Mensch oder würde wie ein Mensch eine bestimmte Sprache sprechen und bestimmte Wörter benutzen. Wir sagen so leicht: »Gott sagt in seiner Offenbarung«, doch woher wissen wir, daß Gott spricht und Wörter benutzt? Wenn der Koran Gott menschliche Attribute zuschreibt, müssen wir sie symbolisch oder allegorisch auffassen.

Mit gehässiger Genugtuung wiederhole ich die Texte, die mir früher sehr weh getan haben. Als wollte ich mich nach all den Jahren davon heilen und jede Zelle in meinem Gehirn vor jedem noch so geringen Einfluß behüten, den sie vielleicht ausüben könnten:

»Die Männer stehen den Frauen in Verantwortung vor, weil Allah die einen vor den andern ausgezeichnet hat und weil sie von ihrem Vermögen hingeben.«

»Und jene, deren Widerspenstigkeit ihr befürchtet: ermahnt sie, meidet sie im Ehebett und schlagt sie!«

Eine Frage der Interpretation

»Und den Frauen stehen die gleichen Rechte zu, wie sie zur Ausübung über sie haben. Doch die Männer stehen eine Stufe über ihnen. Und Allah ist allmächtig, allweise.«

»Eure Weiber sind ein Saatfeld für euch: darum bestellt euer Saatfeld, wie ihr wollt.«

Ich muß gestehen, daß es ein wunderbares Gefühl ist, diese Texte jetzt wieder zu lesen, bei deren Lektüre mir früher die Beine vor Angst geschlottert haben! Diese Verse werden einem von klein auf mit der Muttermilch eingetrichtert, so daß sie gewissermaßen eine chemische Verbindung mit dem Körper eingehen und zu dumpfer Apathie und lähmender Passivität führen.

Während ich in die tanzenden Flammen in meinem Kamin schaue, denke ich, den Laptop auf den Knien und umringt von Bücherstapeln und Koranausgaben in verschiedenen Sprachen, über mein Leben nach. Hier in meinem einfachen, aber bequemen Haus, das ich ohne mir in Verantwortung vorstehende Männer erworben habe und in dem mich jeden Tag von neuem die Gewißheit erfüllt, daß ich – soweit das überhaupt möglich ist – mein Leben selbstbestimmt lebe, lese ich immer wieder die Korantexte, die mich am meisten stören, und fühle mich kämpferisch.

Als Frau genieße ich nicht Gottes Präferenz, ich werde nicht von ihm vorgezogen und habe bei ihm auch keinen Stein im Brett. Und dennoch schaffe ich es, ein menschenwürdiges, selbständiges und unabhängiges Leben zu führen. Ich führe das privilegierte Leben, daß er ausschließlich für das von ihm bevorzugte Geschlecht, sein Lieblingsgeschlecht, reserviert hat. Ich habe mich jeder männlichen Autorität entzogen: Ich verdiene mein eigenes Geld, sorge für meine Familie, habe meine Arbeit, mein Haus, treffe Entscheidungen, ohne jemand anderen um Erlaubnis zu bitten – und es gelingt mir problemlos. Wie gefällt Dir das, Gott?

Kein Saatfeld, sondern unabhängige Wesen

In einem Augenblick der Wut und Enttäuschung über einige Korantexte habe ich dieses Fragment geschrieben. Aber ich möchte Gott für meine anmaßenden Worte um Vergebung bitten. Ich will sie allerdings auch nicht weglassen, da sie eine Gemütsverfassung wiedergeben, in der ich mich (wie Millionen anderer Muslimas auch) manchmal befinde. Ich glaube an die menschliche Evolution als Bestandteil eines göttlichen Plans für die Menschheit. Menschliche Evolution ist auch mein Wunsch, für mich und für andere Frauen und Männer. Mein Plan ist folglich nicht anders als der göttliche Plan.

Wie diese menschenunwürdigen Texte im Koran gelandet sind, weiß ich nicht, aber ich kann sie nicht akzeptieren. Das einzige, was ich zu Gott sagen kann, wenn diese Verse wirklich von ihm kommen sollten, ist: Um der Verwirklichung Deines und meines Plans willen, um des gewaltigen Potentials willen, mit dem Du den Menschen, Frau und Mann zu gleichen Teilen, ausgestattet hast, um meines Glaubens an Dich und an die Bestimmung willen, zu der Du mich erschaffen hast, will ich mich in meiner Evolution und Weiterentwicklung nicht von Texten stören lassen, die vor vierzehn Jahrhunderten vielleicht nicht anders geschrieben werden konnten (obwohl ich diesbezüglich meine Zweifel habe), die jetzt aber unmöglich die Basis meines Daseins und meines Selbstbildes sein können. Es geht mir nicht um die Verse, sondern um mein tiefes Vertrauen zu Dir, zum Leben und zu mir selbst. Ich lasse nicht zu, daß sich diese Texte zwischen mich und Gott stellen. Gott, vergib mir, daß ich Deine Verse kritisiere, und ich vergebe Dir diese beleidigenden und frauenfeindlichen Texte.

Versöhnungsbereitschaft ist sowohl eine göttliche als auch eine menschliche Tugend.

5
Das nicht entdeckte Vorspiel

Ich kann mir nicht vorstellen, daß man im Koran noch etwas entdecken kann, was nicht schon Tausende Male behandelt und hervorgehoben worden wäre. Mit Ausnahme der Bibel gibt es keinen Text, der von so vielen Menschen erforscht und kommentiert wurde wie der Koran, so daß ich wahrscheinlich lediglich wiederholen kann, was andere vor mir festgestellt haben.

Dennoch hat die Koranexegese in den vergangenen hundert Jahren große Fortschritte gemacht – einerseits, weil unsere Erkenntnisse in anderen Fachgebieten zugenommen haben, und andererseits, weil das Monopol der Schriftgelehrten auf Deutung des Korans durchbrochen wurde. Da sich auch Vertreter anderer Disziplinen mit dem Koran beschäftigen, ist die Koranexegese nicht länger auf die Geistlichkeit beschränkt.

Innerhalb des Kreises der Schriftgelehrten gibt es darüber hinaus eine Generation aufgeklärter Denker, die faktisch die Rolle von Pionieren und Reformern gespielt haben. So versuchte der revolutionäre Dschamal al-Din al-Afghani (1839 bis 1897) in seinem Buch *Tabai'h al-istebdad* (Die Art der Unterdrückung) eine islamische politische Theorie zu entwickeln, während der ägyptische Denker und Imam Mohammed Abduh (1849 – 1905) für die Abschaffung der Polygamie, vor allem aber für eine Reform der Al-Azhar-Universität eintrat.

Auch in anderen islamischen Ländern meldeten sich Mo-

Das nicht entdeckte Vorspiel

dernisten zu Wort, beispielsweise die türkischen Denker Namık Kemal (1840 – 1888) und Ziya Gökalp (1875 – 1924) sowie auf dem indischen Subkontinent unter anderem Sir Sayyid Ahmad Khan (1817 – 1898), Shibli Numani (1857 – 1914) und nicht zu vergessen der große progressive Dichter und Philosoph Mohammed Iqbal (1877 – 1938). Das sind nur einige Namen aus einer langen Liste von Personen, die gemeinsam ein Klima geschaffen haben, in dem eine Reform und Modernisierung des islamischen politischen und religiösen Denkens möglich wurde.

In der Folge konnten Säkularisten, Modernisten und Feministen öffentlich für die Abschaffung des Schleiers und des Haremsystems, für eine säkulare Regierung, für ein Verbot der Polygamie und die Eindämmung des einseitigen Verstoßens, für die schulische und berufliche Ausbildung von Mädchen, für die Teilnahme von Frauen auf dem Arbeitsmarkt, für das Frauenwahlrecht und so weiter eintreten. Diese Periode in der zweiten Hälfte des neunzehnten und zu Beginn des zwanzigsten Jahrhunderts wird als Renaissance (*Asr an-Nahda*) bezeichnet. Übrigens war diese Bewegung nicht in allen muslimischen Staaten gleich stark. Marokko beispielsweise hat bis vor kurzem wenig von der Renaissance gemerkt.

In der islamischen Welt war am Ende des zwanzigsten Jahrhunderts hingegen ein Rückfall in den Konservatismus zu beobachten. Das Rad der Geschichte wurde zurückgedreht. Der Schleier kam wieder auf und wurde in manchen Ländern (Iran, Afghanistan) zur Pflicht erhoben, während die Frauen in anderen Staaten wie Ägypten, dem Irak und Syrien den Schleier noch immer freiwillig tragen. In Saudi-Arabien war der Schleier nie ganz verschwunden. Polygamie breitete sich weiter aus, in verschiedenen Ländern wurde die Scharia eingeführt, und Körperstrafen kamen immer häufiger vor.

Außerdem hat uns das Ende des zwanzigsten Jahrhunderts

Eine Frage der Interpretation

zunehmenden Fanatismus, Terrorismus und Fundamentalismus eingebracht. Fanatische islamische Organisationen (die meisten islamischen Gruppierungen sind tatsächlich fanatisch; gemäßigte Muslime sehen keine Notwendigkeit, eine eigene Organisation zu gründen) wollen wieder einen Heiligen Krieg führen, in erster Linie gegen die Regierungen ihrer jeweiligen Länder, die sie für nicht islamisch halten, aber auch gegen den Westen, dessen Gedankengut die Welt erobert hat.

Konservative Muslime in der ganzen Welt merken, wie sich das Leben auch in ihren Staaten unter dem Druck der wirtschaftlichen und kulturellen Supermacht des Westens drastisch verändert, wenn auch nicht unbedingt in positivem Sinne. Die Modernisierung vieler islamischer Länder ist zu einer Karikatur entartet und in einem Fiasko geendet; schuld daran ist die herrschende Klasse, welche die gesamte Macht in Händen hält und alle wirtschaftlichen Mittel kontrolliert.

Muslimische Organisationen nutzen die Unzufriedenheit und Enttäuschung des Volkes dazu aus, die Bevölkerung zu mobilisieren und antiwestliche Ressentiments zu schüren. Jede Opposition gegen die Diktatoren im Inland ist verboten, so daß sich die Auflehnung gegen den Westen richtet. Zu einem Großteil erklärt dies den Fanatismus und Terrorismus in vielen muslimischen Ländern, in denen fanatische Extremisten zum Heiligen Kampf aufrufen. Dabei haben die Reformer des Islam darauf hingewiesen, daß der Dschihad in der Anfangsphase des Islam ausschließlich der Verteidigung und Ausbreitung des Glaubens diente. Zum gegenwärtigen Zeitpunkt ist dies sicherlich nicht nötig.

Für Menschen meiner Generation, die in Großstädten in mehr oder weniger säkularen Staaten des Mittleren Ostens aufgewachsen sind, in denen die Bart- und Turbanträger kaum etwas zu melden hatten, ist es sehr frustrierend, feststellen zu müssen, daß das Rad der Geschichte zurückgedreht wird. Wir

Das nicht entdeckte Vorspiel

glaubten wirklich, es würde nicht mehr lange dauern, bis wir Frauen völlig unabhängig wären, auch in den Kleinstädten und in der Provinz. Und nun sind wir wieder beim Ausgangspunkt angekommen. Obwohl ... Dies trifft nicht ganz zu. Gewiß, die Hauptströmung in islamischen Ländern ist konservativ geworden; die kleineren, liberalen Strömungen bleiben allerdings aktiv und machen stets mehr auf sich aufmerksam. Die Frauen werden sich nicht alle Errungenschaften wieder abnehmen lassen.

Auch das alleinige Recht auf Interpretation des Korans werden die Geistlichen nie mehr für sich in Anspruch nehmen können. Wissenschaftler und Akademiker wie Fazlur Rahman, Professor für Islamisches Recht, Zaghloul el-Naggar, Professor für Geologie, Nasr Hamid Abu Said, Professor für Arabistik, und viele andere kommen bisweilen zu sehr überraschenden Erkenntnissen.

Offenbar gibt es doch noch Korantexte, die noch niemand verstanden hat oder die diffus sind – was durchaus folgerichtig ist, da der durchschnittliche Schriftgelehrte damals nicht gerade über einen allzu hohen IQ verfügte. Noch langsamer von Begriff sind häufig die Scheichs, die Prediger und die Mullahs. Die Allgemeinbildung eines Imams oder Mullahs entspricht in etwa der eines Realschülers in den letzten beiden Schuljahren.

Das gleiche kann bei Texten passieren, die sich auf Frauen beziehen. Sobald sich mehr Frauen als bisher mit dem Koran auseinandersetzen, werden sie mit originellen Erkenntnissen aufwarten können, die es so noch nicht gegeben hat, davon bin ich überzeugt. Mir ist beispielsweise aufgefallen, daß der berühmte Vers über das Saatfeld (2:223) – dieser fürchterliche Text, der dem Mann im Bett die Alleinherrschaft über die Frau gibt, ohne ihre Wünsche und Gefühle berücksichtigen zu müssen, und der in der islamischen Welt (bei Männern) sehr

Eine Frage der Interpretation

beliebt ist – noch eine weitere Zeile hat, nämlich die letzte, die bisher praktisch unbemerkt geblieben ist, obwohl sie doch einen Zusatz enthält, der für Frauen von wesentlicher Bedeutung sein kann:

> »Eure Weiber sind ein Saatfeld für euch: darum bestellt euer Saatfeld, wie ihr wollt. *Doch schickt (Gutes) für euch voraus.*«

Wie sich in Kapitel 4 (»Kein Saatfeld, sondern unabhängige Wesen«) herausgestellt hat, wurde dieser Text im Anschluß an einen Sexualkonflikt zwischen Männern und Frauen offenbart, einen Konflikt, in dem der Prophet als Schiedsrichter fungieren mußte. Die Frauen kamen zu ihm, um sich über ihre Männer zu beklagen, die sie zu sexuellen Praktiken zwangen, vor denen sie sich ekelten. Der Koran stellte sich allerdings hinter die Männer und besiegelte damit die sexuelle Sklaverei der muslimischen Frauen.

Heute würde es keiner Frau mehr einfallen, sich bei einem Stammesführer oder einem Richter zu beklagen, falls ihr Mann sie zu ungehörigen Handlungen zwingt. Damals aber vertrauten die Frauen dem Propheten offenbar sehr. Rechtlos und machtlos waren sie ihrem Mann ausgeliefert. Aufgrund früherer Erfahrungen hatten die Frauen wohl gehofft, der Prophet würde sie erneut in Schutz nehmen.

Zu ihrem (und unserem) Bedauern zog der Koran es vor, den Männern auf Kosten der Frauen einen Gefallen zu tun. Im Vergleich zur vorislamischen Zeit hatte der Prophet bereits viele Verbesserungen für die Frauen durchgesetzt, woraufhin die Männer zu murren begonnen hatten, sie hätten zu viele Privilegien eingebüßt. Der Prophet, der sich im Laufe der Zeit immer mehr zu einem Politiker und Stammesführer gewandelt hatte, sah ein, daß es ihn seine Beliebtheit bei den Män-

Das nicht entdeckte Vorspiel

nern kosten könnte, wenn er die Frauen zu sehr unterstützen würde – schließlich waren es die Männer, die das neue Reich verteidigen und erweitern mußten. Es war an der Zeit, ihnen Zugeständnisse zu machen – und das tat der Koran in dieser Frage dann auch.

Die zweite Sure, zu der dieser Vers gehört, ist in der chronologischen Reihenfolge in Wirklichkeit Nummer 87. Sie ist der – wie ich sie nenne – »konventionellen Periode« im Leben des Propheten zuzurechnen, die sich an die »revolutionäre Periode« in Mekka und den Neubeginn in Medina anschloß. Was der Islam den Frauen während der revolutionären Anfangsperiode mit der einen Hand gegeben hatte, nahm er ihnen während der konventionellen Periode mit der anderen Hand nach und nach wieder ab. Unter den Ultramachos, welche die Nomaden waren, geriet der Islam als Religion für Frauen und gegen Männer allmählich in Verruf. Doch mit dieser Sure bewies der Koran, daß dem nicht so war.

Mit diesem Vers wollte der Koran die Unruhe und Unzufriedenheit unter den Männern (die zum Teil gerade erst zum Islam konvertiert waren und ihn wieder aufzugeben drohten) ausräumen und sicherstellen, daß ihr Anspruch als Herr und Gebieter im Bett nicht in Frage gestellt wurde. Das Ganze geschah natürlich auf Kosten der Frau – sie wurde dem Mann auf einem silbernen Tablett geopfert. Gott persönlich autorisierte damit den Mann, mit der Frau zu tun, was er will, und zwar wie und wann er es will.

Die arabischen Rambos waren (ebensowenig wie ihre Nachkömmlinge) im Bett nicht gerade einfallsreich oder zivilisiert. Deswegen versuchte der Koran – mit einer kurzen versteckten Zeile, die ganz unauffällig und beinahe unsichtbar war –, diesen Text zu entschärfen, um gewissen Exzessen der Männer Einhalt zu gebieten. Männer durften alles mit ihren Frauen machen, aber sie mußten sie erst einstimmen. Bevor sie in die

Eine Frage der Interpretation

Frau eindrangen, mußten sie ihr ihre Aufwartung machen. Sie durften nicht direkt und plump zur Sache kommen. Vorher mußten sie zärtlich zu der Frau sein, sie liebkosen und streicheln. Oder mit anderen Worten: erst das Vorspiel, dann der Verkehr.

Die letzte Zeile des Verses 2:223 (»Doch schickt Gutes für euch voraus«) wurde von den männlichen Theologen (die das Wort »Vorspiel« wahrscheinlich gar nicht kannten) folgendermaßen interpretiert: Bevor der Mann in die Frau eindringt, muß er zunächst »Im Namen Allahs, des Barmherzigen« sagen! Auch diese Weisheit haben wir dem werten Ibn Abbas, dem Gefährten und Zeitgenossen des Propheten, zu verdanken, der mittlerweile kein Unbekannter mehr für uns ist. »Ein auf diese Weise gezeugtes Kind wird nie dem Teufel zum Opfer fallen«, fügt Ibn Abbas hinzu.

Ist das nicht großartig? »Im Namen Allahs, des Barmherzigen«, der Frau kurz darauf vielleicht befehlen, sich auf den Bauch zu drehen, und dann noch einmal »Im Namen Allahs, des Barmherzigen«!

Einem anderen Koranexegeten zufolge war mit der letzten Zeile des Verses 2:223 ein zusätzliches Almosen oder eine Spende für die Armen gemeint. Auf die Gegenwart bezogen müßte ein Mann demnach beispielsweise erst für drei Obdachlose beim Chinesen etwas zu essen holen, bevor er mit seiner Frau schlafen darf. Diese Deutung erfreute sich keiner großen Beliebtheit und wurde schon bald nicht mehr zitiert – in der Hoffnung, daß sie schnell in Vergessenheit geraten würde. Ein Mann könnte bald Bankrott anmelden, wenn er vor jedem Geschlechtsverkehr mit einer seiner (vielen) Frauen erst diese verkappte Sexsteuer berappen müßte. Statt dessen, wie oben beschrieben, vorher Allah anzurufen war billiger.

Ich glaube, sie haben die Schlußzeile einfach nicht begriffen, die Herren Koranexegeten. Damit ist nicht gemeint, daß der

Das nicht entdeckte Vorspiel

Mann vorher etwas tun muß, um es im Jenseits schöner zu haben, sondern um es der armen Frau, die das Ganze über sich ergehen lassen muß, hier und jetzt zu erleichtern und für sie erträglicher zu machen.

Darum stimmt logischerweise auch die unklare Formulierung nicht, die wir in allen niederländischen Koranübersetzungen finden. Wenn die Bedeutung einer Zeile im dunkeln bleibt und man sich den Zusammenhang bewußt oder unbewußt zurechtbiegen muß, um den Wörtern eine anderen Sinn zu geben, muß sich die Übersetzung ja schräg anhören.

Es muß meines Erachtens nicht heißen »Doch schickt etwas für euch voraus« oder »Und tut euch etwas Gutes«, ebensowenig wie »Und schickt euch gute Werke voraus« oder »Und laßt etwas für euch vorausgehen« – obwohl dies vielleicht noch am besten abdeckt, was gemeint ist –, sondern:

»aber macht erst eure Aufwartung« oder »aber stellt euch erst vor«.

Im Gegensatz zu der vorhergehenden Zeile, die den Männern erklärt, daß ihre Frauen ein Saatfeld für sie sind – »Bestellt euer Saatfeld, wie ihr wollt« –, versucht die letzte Zeile, daran eine Bedingung zu knüpfen, eine Bedingung, die von den männlichen Theologen völlig ignoriert, nie entsprechend gewürdigt oder auch nur verstanden wurde. In ihrer Deutung reduzierten sie die Schlußzeile auf eine vorher auszusprechende Formel. Die teure Lösung einer Art Sexsteuer wurde vom Großteil der Koranexegeten recht bald abgelehnt.

Mit einer gewissen Portion Zynismus könnte man sagen, daß diese Zeile in etwa Marlon Brandos Päckchen Butter in dem berühmten Film *Der letzte Tango von Paris* entspricht. Es gab und gibt noch immer kein arabisches Wort für »Vorspiel«, und wenn wir Wittgenstein glauben können, deutet dies allein

Eine Frage der Interpretation

schon darauf hin, daß es im Sexualleben der Araber kein Vorspiel gibt. Meiner Meinung nach trifft das – mit einigen Ausnahmen – durchaus auf fromme Muslime zu, doch zum Glück ist nicht jeder Araber als »fromm« zu bezeichnen. Im Falle der frühen Koranexegeten hatte der Begriff »Vorspiel« wahrscheinlich so wenig mit ihrer täglichen Praxis zu tun, daß er ihnen schlichtweg nicht einfallen konnte.

Viele hundert Jahre später, im sechzehnten Jahrhundert, sollte Scheich Nefzaui einsehen, daß die Muslime im Bereich des Vorspiels nur über lückenhafte Kenntnisse verfügten, und mit seinem mittlerweile in den Rang eines Klassikers erhobenen Buch *Der duftende Garten des Scheich Nefzaui* versuchen, dies zu ändern, indem er den Höflingen und der Oberschicht beibrachte, wie sie lieben mußten und wie sie erst »ihre Aufwartung machen« oder »sich vorstellen« konnten. In seiner Einleitung schreibt er:

> »Lob sei Gott, der die höchste Lust des Mannes in die Frau gelegt und den Mann dazu bestimmt hat, der Frau die höchsten Freuden zu bieten. Er schenkt den Organen der Frau keine angenehmen und befriedigenden Gefühle, ehe sie vom Werkzeug des Mannes durchdrungen wurden; und ebenso kennen die Geschlechtsorgane des Mannes weder Rast noch Ruhe, bis sie in die der Frau eingedrungen sind. Der Kuß auf den Mund, auf beide Wangen, auf den Hals, ebenso wie das Saugen an frischen Lippen sind Gaben Gottes, dazu bestimmt, die Erektion im richtigen Augenblick hervorzurufen. Es war auch Gott, der den Brustkorb des Weibes mit einem Busen schmückte, der es mit einem vollen, runden Kinn ausstattete und den Wangen leuchtende Farben gab. Auch gab er ihr Augen, die Liebe erwecken, und Wimpern gleich glänzenden Klingen. Er hat sie mit gerundetem Leib, schönem Nabel und stolzen Hüften aus-

Das nicht entdeckte Vorspiel

gestattet; und all diese Wunder werden von den Schenkeln getragen. Zwischen diese hat Gott den Kampfplatz gelegt, der reich ausgestattet dem Haupt eines Löwen ähnlich ist. Er wird Vulva genannt. Oh, wie vieler Männer Tod lauert an ihrer Schwelle? Und wie viele von ihnen sind Helden!«[9]

Spätere Koranexegeten, welche die Bedeutung der letzten Zeile des Verses 2:223 mittlerweile vielleicht verstanden hatten, waren offenbar nicht gewillt, an der männlichen Alleinherrschaft auf sexuellem Gebiet zu rütteln und damit an Popularität einzubüßen. Aber vielleicht hatten sie die Schlußzeile ja doch nicht verstanden. Die Zeile, die dem Mann nahelegen sollte, darauf zu achten, daß auch die Frau etwas davon hatte, indem er sie zuvor auf den Geschlechtsverkehr vorbereitete, die Zeile, die seine uneingeschränkte sexuelle Freiheit leicht verringerte, indem sie eine Bedingung aufstellte, nämlich die »Einstimmung vor dem Verkehr« beziehungsweise das Vorspiel – sie blieb verborgen, ungelesen und unverstanden ...

Hier zeigt sich deutlich die Listigkeit des Korans. Mit der Offenbarung dieses Verses erhielten die Männer die uneingeschränkte Freiheit, die sie sich gewünscht hatten. Der Prophet genoß dafür bei den Männern große Beliebtheit und wurde von ihnen fortan uneingeschränkt unterstützt. Die einzigen Verlierer waren die Frauen. Doch für sie ist die verborgene Zeile gedacht, ein Geschenk, das erst viel später (jetzt!) hervorgeholt und ausgepackt werden kann: das Vorspiel.

Ohne Zweifel ist das dürftige und unbefriedigende Sexualleben der meisten muslimischen Frauen auf den Einfluß des Verses über das Saatfeld zurückzuführen. Die sexuelle Deprivation muslimischer Frauen läßt sich zwar nicht von heute auf morgen abstellen, doch vielleicht können wir von den Männern erwarten, daß sie die Wünsche und Gefühle ihrer Frau im Bett stärker beachten, beim Geschlechtsverkehr weniger

Eine Frage der Interpretation

plump vorgehen und sich mehr Zeit lassen, wobei sie sich darauf berufen können, sie würden sich strikt an die Regeln des Korans halten. Wenn meine Interpretation zutrifft, gehört das Vorspiel von nun an auch zu den Regeln des Korans. Auf jeden Fall erwarte ich, daß ab sofort die letzte Zeile des Verses über das Saatfeld nicht mehr unerwähnt bleibt und daß alle, die diesen Text zitieren, jeder einzelne Imam oder Prediger, mit den Männern über das Vorspiel reden.

6
Erbrecht in der Praxis

Meine Mutter konnte mich vor ihrem Tod nur ein einziges Mal hier in den Niederlanden besuchen. Ich hatte sie jahrelang nicht mehr gesehen; trotz meiner wiederholten Einladungen hatte sie die lange Reise immer abgeschreckt. Mit Auslandsreisen hatte sie nicht sehr viele Erfahrungen gemacht. Das einzige Mal, daß sie Ägypten zuvor verlassen hatte, war zu ihrer Pilgerfahrt nach Mekka gewesen.

Doch dann kam mein erster Sohn zur Welt, und Mutter freute sich so sehr darüber und war so neugierig, daß sie ihre Angst vor dem weit entfernten, fremden Europa überwand und nach Amsterdam kam. Sie war erleichtert, als sie merkte, daß die Europäer sich ganz und gar nicht als die Scheusale erwiesen, die sie erwartet hatte. Im Gegenteil: Sie waren nett und sehr höflich! Woher kamen nur all die Vorurteile über die angeblich so grauenhaften Europäer?

Eines Nachmittags ging ich mit ihr in den Vondelpark. Es war ein wunderschöner Tag. Mein sechs Monate alter Sohn lag bäuchlings auf einer Decke und spielte; Mutter saß neben ihm am Rand eines Rosenbeets. Ihr Glück war vollkommen. Es wurde noch vollkommener, als ich ihr ein Cornetto – ihr Lieblingseis – kaufte.

»Wenn mich jetzt ein Blitzschlag trifft und ich tot umfalle, könnte ich mich über mein Ende nicht beklagen«, gestand Mutter. »Wo wir gerade vom Tod sprechen: Könntest du dich

Eine Frage der Interpretation

damit abfinden, wenn das Erbe nach den üblichen Regeln verteilt wird?«

Ich mußte lachen. Mutter hatte nicht vergessen, wie aufmüpfig ich früher gewesen war. Alles mußte anders werden, fand ich damals, einschließlich der Regeln für die Verteilung einer Erbschaft. Mein Vater lebte schon lange nicht mehr, und meine Großeltern waren noch vor ihm gestorben. Da mein Vater keine anderen Frauen hatte – Polygamie kam früher in Ägypten nur selten vor –, blieb sein ganzer Besitz in unserer Familie. Außerdem hatte Mutter einen kleinen Anteil von ihren eigenen Eltern geerbt. Ihre Frage bezog sich ausschließlich auf diesen Anteil sowie das ihr zustehende Achtel aus der Erbschaft meines Vaters, wie sie mir nun ausführlich darlegte.

Mutter wußte, daß ich andere Ansichten über Männer und Frauen hatte. Sie wußte auch, daß ich eine Teilzeitstelle hatte und die Hälfte zum Unterhalt meiner Familie beisteuerte. Die Frauen meiner Brüder arbeiteten – wie die meisten ägyptischen Frauen heute – außer Haus und trugen folglich auch ihren Teil zu den anfallenden Kosten bei. Mutter war klar, daß deswegen in unserem Fall der Grund für die Bevorzugung der Söhne beim Verteilen der Erbschaft keine Rolle mehr spielte.

Trotz meiner berüchtigten Aufmüpfigkeit – ich hatte immer jedem verkündigt, daß ich das islamische Erbrecht im Rahmen unseres modernen Lebens für ungerecht hielt – lautete meine Antwort: »Natürlich kann ich mich damit abfinden, Mutter.«

Wäre dies nicht *die* Gelegenheit gewesen, meine Vorstellungen in die Praxis umzusetzen? Hätte ich nicht mindestens protestieren sollen? Nein, ich glaube nicht. Ich bin zwar dafür, diese Regeln abzuschaffen, aber ich lehne mich nicht gegen meine lieben Brüder auf. Ich war und bin noch immer ganz verrückt nach meinen Brüdern, und ich will das Verhältnis zu meiner Familie nicht wegen eines besseren Erb-

Erbrecht in der Praxis

rechts für Töchter aufs Spiel setzen. Das sollen andere machen, andere, für die der Gewinn von wesentlicher Bedeutung ist, andere, die fiese, grausame Brüder haben, andere, die Familienbande für unwichtig halten.

Ist das nicht im Grunde das Hauptproblem bei Rebellionen? Theoretisch wollen wir alles mögliche verändern, aber nicht um den Preis verschlechterter familiärer Beziehungen.

Erbrecht im Islam

Jede Religion beginnt im Grunde als Anklage gegen Benachteiligungen und Mißstände sozialer Natur. Wir können sogar noch weiter gehen und behaupten, daß die Religion in frühen Gesellschaften, in denen die Tradition so gut wie heilig war und Abweichungen nicht toleriert wurden, das einzige Mittel war, um Veränderungen auf den Weg zu bringen.

Wer heute etwas verändern will, muß eine Revolution anzetteln, einen Putschversuch unternehmen oder eine Medienkampagne starten; die Menschen früher aber klammerten sich so stark an die Tradition und hatten so viel Respekt vor ihren Vorfahren und deren Sitten, daß es immer Gott war, der aktiv werden mußte, um Reformen anzustoßen, Reformen, die in erster Linie Mißstände beseitigen sollten und die in heilige Vorschriften verpackt wurden.

So hat der Islam auch angefangen. Der Koran gab nicht nur Hinweise und erließ Richtlinien, sondern er schrieb auch Regeln und Gesetze vor, um die Gesellschaft besser zu organisieren, indem er für die Schwächeren und Armen eintrat und Mißstände beseitigte. Einer dieser Mißstände war, daß bei den frühen Arabern nur erwachsene Männer das Recht hatten, etwas zu erben – was damals auch in anderen Kulturen völlig normal war. Frauen und Kinder waren davon

Eine Frage der Interpretation

ausgeschlossen, wie von Überlieferungen aus jener Zeit illustriert wird.

Eine dieser Überlieferungen ist die einer Frau, Umm Kajja, die sich beim Propheten über ihren Schwager, den Bruder ihres Mannes, beklagte. Nachdem ihr Ehemann, Saad Ibn al-Rabia, in einer Schlacht gefallen war, hatte sein Bruder alles, was ihr Mann besessen hatte, an sich gebracht und für sie und ihre beiden Töchter nichts übriggelassen. Kein Mann würde je eine ihrer Töchter heiraten wollen, wenn sie keinen Cent besäßen. Der Prophet sagte zu ihr: »Gott wird ein Urteil fällen«, und Umm Kajja ging nach Hause. Dies war der Anlaß für die Offenbarung, die kurze Zeit später erfolgte und die unter anderem den folgenden Vers enthielt:

> »Den Männern steht ein Teil von der Erbschaft ihrer beider Eltern und Verwandten zu, und auch den Frauen steht ein Teil von der Erbschaft ihrer beider Eltern und Verwandten zu, ob es wenig oder viel sei.« (4:7)

Daraufhin ließ der Prophet der Überlieferung zufolge dem Onkel der Mädchen sofort die folgende Nachricht zukommen: »Gib den Töchtern von Saad zwei Drittel und der Mutter ein Achtel, was übrigbleibt, gehört dir.«

Ich wollte natürlich wissen, was für den habgierigen Onkel übriggeblieben war, und da ich nicht gerade ein Rechenkünstler bin, mußte ich zum Taschenrechner greifen. Für den Bruder des Mannes war, wie sich zeigte, noch immer mehr übriggeblieben als für die Ehefrau (33,3 Prozent für jede Tochter, 12,5 Prozent für die Witwe und knapp 21 Prozent für den Bruder).

Dennoch war es natürlich ein deutlich geringerer Teil des Besitzes als der, auf den der Bruder Anspruch zu haben meinte. Diese Menschen hatten vor nicht allzu langer Zeit einen neuen Glauben angenommen und mußten nun auf einmal

Erbrecht in der Praxis

ihren Besitz mit Frauen und Kindern teilen! Das rief ihren Widerstand hervor. Die Männer klagten, daß Frauen und Kinder anders als sie nicht in die Pflicht genommen wurden, wenn es um die Verteidigung der Gemeinschaft gegen Angriffe von außen ging; sie bräuchten also nicht immer wieder ihr Leben für den Glauben aufs Spiel zu setzen, wollten aber trotzdem einen Teil der Erbschaft haben.

Ohne Zweifel waren einige auch schon vor der Offenbarung von Vers 4:7 so anständig gewesen, den Frauen von sich aus einen Teil der Erbschaft zu überlassen. Wie hätte es sonst reiche Frauen wie die erste Ehefrau des Propheten, die Geschäftsfrau und Witwe Khadija bint Khuwailid, geben können? Sie waren aber mehr die Ausnahme als die Regel.

Viele Männer hatten absolut keine Lust, das Erbe mit den Frauen zu teilen. Oder sie hielten den Islam für zu frauenfreundlich. Ihr Glaube war noch nicht so gefestigt, daß sie sich den neuen Regeln widerspruchslos unterworfen hätten. Ich bin mir auch nicht so sicher, ob der moderne Mensch beispielsweise nach der Einführung eines neuen Steuersystems bereit wäre, klaglos 80 Prozent von dem, worauf er Anspruch zu haben glaubt, abzuführen. Andererseits waren die meisten Konvertiten in der Anfangsperiode des Islam Arme, die nicht viel zu erben hatten.

Das Wichtige an diesem Vers ist, daß er ohne viel Aufhebens und in klaren Worten besagt, daß Frauen ebenso wie Männer Anspruch auf einen bestimmten Teil der Erbschaft ihrer Familie und Verwandten erheben können. Ob es nun um ein großes oder ein kleines Erbe geht, Frauen haben das Recht zu erben, ein Recht, das gesetzlich verankert ist.

Ihr Anteil an der Erbschaft ist nicht immer genauso groß wie der des Mannes. Die folgenden Koranverse beschreiben detailliert, wie die Verteilung auf jeden Familienangehörigen vorzunehmen ist.

Eine Frage der Interpretation

Vorschriften für die Verteilung der Erbschaft

»Und sie soll den vierten Teil Eurer Hinterlassenschaft haben, so Ihr kein Kind habt; habt Ihr jedoch ein Kind, so soll sie den achten Teil haben von Eurer Hinterlassenschaft nach Abzug eines von Euch etwa gemachten Vermächtnisses oder einer Schuld.« (4:12)

Frau Umm Kajja aus dem obigen Beispiel erhielt folglich ein Achtel, weil sie Kinder hatte; sonst hätte sie Anspruch auf einen vierten Teil der Erbschaft ihres Mannes gehabt, nachdem alle Schulden beglichen und eine letztwillige Verfügung beziehungsweise ein Testament vollstreckt waren.

»Und euch sei die Hälfte dessen, was eure Gattinnen hinterlassen, so sie kein Kind haben; haben sie jedoch ein Kind, so sollt ihr den vierten Teil haben von ihrer Hinterlassenschaft nach Abzug eines etwa gemachten Legats oder einer Schuld.« (4:12)

»Und euch sei die Hälfte dessen ...« In den Korantexten aus der Anfangsperiode der Offenbarung wurden die Männer mit »ihr« und »euch« angesprochen und die Frauen mit »sie« (»Und sie sollen haben ...«), in der dritten Person, der Klasse der Abwesenden. Der Mann erbt also das Doppelte von dem, was seine Frau von ihm erbt: die Hälfte ihrer gesamten Erbschaft im Falle einer kinderlosen Ehe und ein Viertel, wenn Kinder da sind, wenn auch erst nach Begleichung der Schulden und Vollstreckung eines Vermächtnisses. Das ist eine Faustregel bei der Verteilung der Erbschaft: Der Mann bekommt das Doppelte von dem, was seine Frau bekommt – eine Regel mit vielen Ausnahmen, wie wir noch sehen werden, es sei denn, es liegt ein Testament vor, in dem Abweichendes festgehalten ist.

Erbrecht in der Praxis

Vor allem bei Brüdern und Schwestern, egal, ob sie zum Zeitpunkt des Ablebens ihres Vaters noch minderjährig oder bereits erwachsen sind, findet die allgemeine Regel Anwendung, wie im folgenden Vers klar zum Ausdruck kommt:

> »Allah schreibt euch vor hinsichtlich eurer Kinder, dem Knaben zweier Mädchen Anteil zu geben. Sind es aber nur Mädchen, mehr als zwei, sollen sie zwei Dritteile der Hinterlassenschaft erhalten. Ist's nur ein Mädchen, soll es die Hälfte haben. Und die Eltern sollen ein jeder von ihnen den sechsten Teil der Hinterlassenschaft haben, so er ein Kind hat; hat er jedoch kein Kind, und seine Eltern beerben ihn, soll seine Mutter den dritten Teil haben. Und so er Brüder hat, soll seine Mutter den sechsten Teil nach Bezahlung eines etwa gemachten Legats oder einer Schuld haben. Eure Väter und Eure Söhne, Ihr wisset nicht, wer von beiden Euch an Nutzen näher steht. Dies ist ein Gebot von Allah. Gott ist wahrlich wissend und weise.« (4:11)

Obwohl der Vers zu Beginn noch als Ratschlag formuliert ist, wird am Ende des Textes deutlich, daß es sich um eine Pflicht handelt. Im Prinzip bekommt ein Junge zweimal so viel wie ein Mädchen. Wie der Anteil der Kinder berechnet wird, ist recht ungewöhnlich: Zunächst werden die festen Anteile des Ehemannes (oder der Ehefrau) und der Eltern des Verstorbenen abgezogen. Der Rest wird – unter Berücksichtigung des Geschlechts – unter den Kindern verteilt.

Wenn ein Mann stirbt und seiner Ehefrau und seinen sieben Kindern, von denen vier Mädchen und drei Jungen sind, sowie seinen beiden Eltern (der Einfachheit halber) hundert Ziegen hinterläßt, dann wird dieses Erbe nach meiner Berechnung folgendermaßen in mehr oder weniger abgerundeten Ziegen verteilt:

Eine Frage der Interpretation

Mutter	16,6
Vater	16,6
Ehefrau	12,5
Jede der vier Töchter	5,5
Jeder der drei Söhne	11

Daraus geht hervor, daß der Anteil der Kinder kleiner wird, je mehr Kinder es gibt, während der Anteil der anderen gleichbleibt. Der Anteil der Ehefrau und der Eltern des Verstorbenen liegt fest, der der Kinder nicht, es sei denn, es gibt nur Mädchen: Ein Mädchen bekommt 50 Prozent, zwei oder mehr bekommen zusammen zwei Drittel. Daraus wird ersichtlich, wie sehr sich der Koran um die Eltern des Mannes kümmert. Mit 16,6 Ziegen (zusammen 33,2) bekommen sie in obigem Beispiel viel mehr, als der Anteil einer Tochter, ja sogar eines Sohnes beträgt.

Welche Spannungen diese Zeilen im Verhältnis zwischen den hochbetagten Eltern und ihrer Schwiegertochter hervorrufen können, die mit sieben Kindern zurückbleibt und nun die Aufgabe hat, sie zu kleiden und zu versorgen, bis sie heiraten oder erwachsen werden, ist offensichtlich. Dieses Argument gilt jedoch nur für unsere heutigen Lebensbedingungen.

In der Lebensform der patriarchalischen Stammeskultur, wie sie zu Zeiten der Offenbarung üblich war, war die Situation natürlich eine andere. Eine Mutter hatte nach dem Tod ihres Mannes keineswegs die Pflicht, die Kinder zu versorgen, bis sie groß waren. Das war die Aufgabe des Stammes oder der Familie des Mannes. Die Kinder blieben meistens im Haus der Familie des Mannes zurück, während die Frau – die Witwe – auszog. Daher der große Anteil für die Eltern des Mannes. Die Witwe nahm das ihr zustehende Achtel des Erbes mit zurück zu ihrer eigenen Familie oder suchte sich ein anderes Zuhause.

Das Erbrecht ist in einer völlig anderen Realität als der der modernen Frau entstanden, die nun die Verantwortung und Fürsorgepflicht für die Kinder hat. Die alten Regeln werden aber noch immer angewandt, auch in unserem heutigen urbanen Leben, in dem die Großeltern nicht mehr für ihre Enkel verantwortlich sind und in dem die Erbschaft nicht mehr aus Ziegen, Kamelen oder einem kleinen Obstgarten, sondern eher aus einer Rente oder einer Eigentumswohnung besteht.

Ich habe gehört, daß unsympathische Eltern ihrer Schwiegertochter das Leben außerordentlich sauer machen können, wenn sie ihren Anteil an der Rente ihres verstorbenen Sohnes reklamieren, aber auch, wenn sie noch zu seinen Lebzeiten von ihm erwarten, daß er sie unterhält, auch dann, wenn es ihnen finanziell gutgeht. Andererseits ist der Islam den Eltern gegenüber besonders respektvoll, wie wir in späteren Texten sehen, beispielsweise in Vers 31:14:

»Wir legten dem Menschen Güte gegen seine Eltern ans Herz. Seine Mutter trug und gebar ihn in Schwäche über Schwäche.«

Die meisten Gläubigen wurden von klein auf mit diesen Werten erzogen, so daß sie von sich aus ihren Eltern gegenüber sehr aufmerksam sind und sie in ihrem letzten Lebensabschnitt auf Händen tragen. Die Hochachtung vor älteren Menschen, auch in finanzieller Hinsicht, ist (auch wenn sie gewisse praktische Gründe hatte, wie wir oben gesehen haben) auf jeden Fall ein Verdienst des Islam, und das in einer Phase, in der die Betroffenen häufig über eine schwache Gesundheit verfügen, jedenfalls in ihrer damaligen Umgebung, die bestenfalls als karg und unwirtlich zu bezeichnen war.

Irgendwo muß das Geld aber natürlich herkommen; man kann nicht jeden zufriedenstellen. Das diesem Vers zugrun-

Eine Frage der Interpretation

deliegende Prinzip lautet, daß man mit den anderen Familienangehörigen solidarisch sein und gut füreinander sorgen muß.

In dem obigen Beispiel geht die Rechnung ja noch auf, aber in anderen hypothetischen Fällen, die ich nachgerechnet habe, stimmt sie hinten und vorne nicht (falls meine Berechnung überhaupt richtig war, meine mathematischen Kenntnisse übertreffen nämlich nicht die eines Amateurs). Wenn derselbe Mann neben seiner Frau und seinen beiden Eltern nicht sieben Kinder, sondern nur zwei Töchter hinterlassen hätte, dann würden diesen beiden Töchtern zusammen zwei Drittel zustehen, also etwa 66,6 Ziegen. Die Eltern des Mannes haben zusammen ebenfalls Anspruch auf ein Drittel (jeder ein Sechstel). Dann hätten wir bereits 100 Prozent, obwohl die Ehefrau noch ein weiteres Achtel, sprich 12,5 Ziegen, bekommen müßte.

Wie läßt sich das erklären? Sagen wir, daß es früher keine Taschenrechner gab und die Menschen nicht besonders mathematisch orientiert waren oder daß der Prophet es als Analphabet auch nicht besser konnte. Aber auch dann können wir nur hoffen, daß in den Fällen, in denen die Rechnung nicht aufgeht, ein Teil der rechtmäßigen Erben nicht mehr lebt, sonst sind böse Auseinandersetzungen vorauszusehen.

Manchmal gibt es auch Restbeträge, nämlich dann, wenn es keine Kinder männlichen Geschlechts gibt und/oder wenn manche Erben bereits verstorben sind. In diesem Fall können die anderen Familienangehörigen des Verstorbenen – seine Brüder und Schwestern, seine Onkel und Tanten und so weiter – einen Teil der Erbschaft beanspruchen, auch wenn sie nur dann erben können, wenn der Verstorbene keine Söhne hat. Hat er aber einen oder mehrere Söhne, dann sind – mit Ausnahme der Ehefrau, Töchter und der Eltern des Verstorbenen – alle anderen Verwandten vom Erbe ausgeschlossen.

Erbrecht in der Praxis

Was beim Lesen der Sure 4:11 außerdem auffällt, ist die Tatsache, daß die Verteilung für Frauen und Mädchen in der Praxis günstiger ausfallen kann, als die Grundregel erwarten ließe. Gemäß der Faustregel, nach der ein Mann immer doppelt soviel erbt wie eine Frau, könnte man erwarten, daß die alte Mutter die Hälfte dessen bekommt, was dem Vater zusteht, soll heißen ein Zwölftel der Erbschaft ihres verstorbenen Sohns und nicht ein Sechstel (im zweiten Beispiel geht die Rechnung mit 104 statt 112,5 Prozent dann etwas besser auf), aber das steht nicht im Koran – dort heißt es: »ein jeder von ihnen den sechsten Teil«.

Für Mütter ist das natürlich ein Glücksfall. Bekanntermaßen meint es der Koran mit Müttern – alten Müttern wohlgemerkt – besonders gut. Schließlich waren sie es, welche die Hauptverantwortung für die ganze Nachkommenschaft trugen, die bei ihnen im Haus wohnen blieb – aus diesem Grund steht dieser Kategorie Frau beim Ableben eines Kindes ebensoviel zu wie ihrem Mann, dem Vater des Verstorbenen. Manchmal bekamen sie sogar mehr als der Vater, nämlich dann, wenn es sich bei der verstorbenen Person um ihre kinderlose Tochter gehandelt hatte. Siehe das folgende Beispiel:

> »Und die Eltern sollen ein jeder von ihnen den sechsten Teil der Hinterlassenschaft haben, so er ein Kind hat; hat er jedoch kein Kind, und seine Eltern beerben ihn, soll seine Mutter den dritten Teil haben.« (4:11)

Es steht zwar da »er«, doch kommen diese Regeln auch zur Anwendung, wenn die verstorbene Person eine Frau ist. In diesem Fall würde der Ehemann der verstorbenen kinderlosen Frau 50 Prozent erben (siehe 4:12). Die Mutter der Verstorbenen bekommt ein Drittel (33,3 Prozent). Danach bleiben noch 16,7 Prozent für den Vater der verstorbenen Frau übrig.

Eine Frage der Interpretation

Der Koran zeigte sich besorgt, ob die Ehefrauen und Töchter wirklich den ihnen zustehenden Anteil bekamen. Deswegen wurden für sie bestimmte Prozentsätze festgeschrieben, während dies für Männer nicht immer der Fall war. Auf diese Weise bekommt ein Einzelkind männlichen Geschlechts beim Ableben seines Vaters nicht immer doppelt soviel wie ein Einzelkind weiblichen Geschlechts, und zwar dann nicht, wenn die Großeltern noch leben. Nach dem Abzug des feststehenden Anteils von Mama, Oma und Opa erbt eine Tochter als einziges Kind 50 Prozent, während ein Sohn als einziges Kind 54,2 Prozent bekommt.

Wer unter den geneigten Lesern gerne rechnet, ist herzlich eingeladen, beim folgenden Text selbst nachzurechnen, wie hoch der Anteil der einzelnen Familienmitglieder ist und ob es insgesamt noch stimmt:

> »Und so ein Mann oder eine Frau entfernte Verwandte zu Erben einsetzen, und er hat einen Bruder oder eine Schwester, so soll ein jeder von ihnen den sechsten Teil empfangen. Sind aber mehrere vorhanden, so sollen sie sich in den dritten Teil teilen nach Abzug eines von ihm etwa gemachten Vermächtnisses oder einer Schuld, ohne Benachteiligung. Dies ist eine Verordnung Allahs. Allah ist wissend und weise.« (4:12)

Ein weiterer Fall, in dem die Frau genausoviel erbt wie der Mann, liegt vor, wenn Seitenerben eingesetzt werden, wenn also der oder die Verstorbene kinderlos geblieben ist und keine Eltern mehr hat. Offizielle Erben sind in diesem Fall lediglich der Ehepartner sowie eventuelle Brüder und Schwestern (von derselben Mutter wohlgemerkt). Der Ehepartner erbt einen feststehenden Anteil, danach kommen die Brüder und Schwestern des oder der Verstorbenen an die Reihe. Ob es

Erbrecht in der Praxis

nun ein Bruder, eine Schwester oder mehrere Geschwister sind, für die Seitenerben wird ein Drittel der Erbschaft reserviert und ungeachtet des Geschlechts anteilig unter ihnen verteilt. Wenn nur ein Bruder oder eine Schwester da ist, geht das ganze Drittel an ihn oder sie.

Angenommen, ein Mann verstirbt, ohne Kinder zu hinterlassen; seine Eltern sind bereits tot, aber er hatte drei Ehefrauen und eine Schwester. Das kommt natürlich nicht so oft vor, aber dann teilen sich die drei Ehefrauen ein Viertel der Erbschaft, während die Schwester allein ein Drittel bekommt. Die Schwester muß dann allerdings von derselben Mutter sein wie der Mann. Halbbrüder und Halbschwestern von demselben Vater sind keine Seitenerben.

Wie ich schon sagte, kann man nicht jeden zufriedenstellen. Der Vorteil des einen geht nur auf Kosten des anderen – und dieser andere ist meistens die Ehefrau. Das islamische Erbrecht läßt sich als materielle Wiedergabe einer sozialen Stammesordnung beschreiben, in der nicht die Familie, sondern der Stamm im Mittelpunkt steht. Nicht nur in Erbfragen kommt die Familie vor der Ehefrau und den Kindern, sondern auch im Hinblick auf Zeit, Aufmerksamkeit und Zuneigung.

In unserem modernen Leben, in dem die Verwandten nicht mehr alle gemeinsam in einem großen Haus wohnen und die Familie den Stamm ersetzt hat, bedeutet das, daß sich der Mann ständig zwischen seiner Familie und seinen Verwandten hin- und hergerissen fühlt. In der Praxis wollen Frauen möglichst bald Kinder, unter anderem um den Erbteil der Eltern für den Fall, daß ihrem Mann plötzlich etwas zustoßen sollte, von zwei Dritteln auf ein Drittel zu reduzieren. Am liebsten hätten sie Söhne, wenigstens einen, damit die Erbschaft mit Ausnahme des Erbteils der Eltern in der eigenen Familie bleibt. Und wenn die Familie ein eigenes Haus hat, wird jede Frau sich nach Kräften darum bemühen, es auf sich über-

Eine Frage der Interpretation

schreiben zu lassen, um zu verhindern, daß nach einem plötzlichen Ableben ihres Ehemannes sogleich die Verwandten des Verstorbenen vor der Tür stehen, um ihren Anteil zu beanspruchen oder bei der Witwe einzuziehen.

Ansonsten braucht der Ehemann nach dem islamischen Erbrecht seinen Anteil nicht mit anderen zu teilen. Er ist schließlich immer der einzige Ehemann all seiner Frauen. Wenn seine verstorbene Frau keine Kinder hat, erbt er die Hälfte ihrer Erbschaft, hat sie Kinder, nur ein Viertel. Wenn er mehrere Frauen hat, die alle vor ihm sterben, dann erbt er auch von ihnen allen.

Wahrscheinlich steckt dahinter, daß der Besitz einer Frau zum größten Teil von ihrem Mann stammt und sich aus dem zusammensetzt, was er ihr als (obligatorische) Brautgabe geschenkt hat, obwohl eine Frau natürlich auch über eigenen Besitz verfügen kann – aus dem Erbe ihrer Eltern oder heute aus ihrem eigenen Einkommen.

Wenn die Frau kinderlos ist und ihre Eltern nicht mehr leben, erben ihre Geschwister ein Drittel. Leben die Eltern noch, dann erbt ihre Mutter ein Drittel, der Rest (16,7 Prozent) geht an den Vater, wie wir oben gesehen haben. So lautet zwar die offizielle Regel, aber die Herren Theologen konnten nicht verschmerzen, daß der Anteil der Frau in manchen Fällen größer war als der des Mannes, also haben manche von ihnen an dieser Regel herumgedoktert, um dem Mann trotzdem mehr zukommen zu lassen. So argumentierten sie, daß zunächst der Anteil des Ehemannes und der des Vaters der Verstorbenen abgezogen werden müsse und daß ein Drittel des Restes an die Mutter gehe.

Das weicht deutlich von der Vorschrift in dem Vers ab – wir sehen also, daß der Korantext auf einmal nicht mehr so heilig ist, wenn es den Männern besser in den Kram paßt. Sie können vom Wortlaut abweichen, ja sie können Wörter heraus-

Erbrecht in der Praxis

nehmen, die sie für »zuviel« halten, solange es dazu führt, daß die Männer gegenüber den Frauen bevorzugt werden. Mir ist auf diese Weise klargeworden, daß die Benachteiligung der Frauen im Islam sowohl in der Theorie als auch in der Praxis zum Großteil nicht der Religion an sich zuzuschreiben ist, sondern den Verdrehungen der religiösen Vorschriften zum Vorteil des Mannes und zum Nachteil der Frau. Die schlechte Position, die Frauen heute innerhalb des Islam innehaben, ist, insoweit ich das überblicken kann, auf das absolute Monopol der Männer auf dem Gebiet der Theologie zurückzuführen.

Wir müssen uns bewußt machen, daß wir von den Männern nichts geschenkt bekommen werden – schon gar nicht von den Turbanträgern. Wenn wir als Frauen etwas verändern wollen, dann müssen wir selbst damit anfangen, den Koran zu deuten.

Der Grundsatz, daß ein Mann innerhalb des islamischen Erbrechts immer zweimal soviel erbt wie eine Frau, ist demnach übertrieben. Insoweit ich das überblicken kann, gilt das in den folgenden sieben Fällen nur für die ersten beiden. 1. Die Ehefrau erbt deutlich weniger von ihrem Mann als er von ihr, und zwar die Hälfte weniger, wenn sie die einzige Frau ist, und noch weniger, wenn er noch andere Frauen hat. 2. Töchter erhalten aus der Erbschaft ihrer Eltern weniger als ihre Brüder. 3. Im Falle eines Einzelkindes macht es nahezu keinen Unterschied, ob es sich um einen Jungen oder ein Mädchen handelt, da der Anteil eines Jungen nur unwesentlich größer ist als der eines Mädchens. 4. Die Geschwister erben ungeachtet ihres Geschlechts alle gleich viel von ihrem verstorbenen Bruder oder ihrer verstorbenen Schwester. 5. Eltern, deren Sohn oder Tochter stirbt, erben gleichviel, wenn er oder sie Kinder hat. 6. Bei Eltern, deren Tochter kinderlos stirbt, erbt die Mutter viel mehr als der Vater. 7. Frauen sind stark im

Eine Frage der Interpretation

Vorteil, wenn ihr Mann stirbt und er zwei Töchter hat. Ihr Anteil beträgt dann nämlich zwei Drittel. Hätte der Mann zwei Söhne statt zwei Töchter, dann wäre ihr Anteil geringer (45,2 Prozent), aber in diesem Fall geht die Rechnung insgesamt nicht auf.

Dieses Ergebnis ist überraschend: Von den sieben Fällen erbt der Mann nur in zwei Fällen doppelt soviel wie die Frau – auch wenn das in meinen Augen noch immer zweimal zuviel ist. In zwei anderen Fällen erhalten die Frauen mehr als die Männer, und in drei Fällen ist ihr Anteil gleich groß. So entspräche das jedenfalls den Vorschriften des Korans. In der Praxis werden die Regeln allerdings so angepaßt, daß ein Mann immer mehr erbt als eine Frau.

Die stärksten Benachteiligungen erfährt dabei die Ehefrau. Für sie bleibt durchweg nur ein Achtel übrig. Da die meisten muslimischen Familien kinderreich sind, ist das Kindsteil nicht besonders groß – falls es sich nicht um sehr reiche Familien handelt –, wenn es Mädchen betrifft, sogar noch geringer. Großeltern erben in der Praxis im Vergleich mit den einzelnen Kindern am meisten; der Löwenanteil aber geht an den Mann, dessen Frau verstorben ist.

Dafür lassen sich zwei Gründe anführen. Erstens stammt der Besitz der Frau meistens von ihrem Mann, beispielsweise das, was sie von ihm als Brautgabe bekommen hat und was davon noch übrig ist. Die Brautgabe kehrt gleichsam wieder zu ihm zurück. Außerdem wird sich der Mann in der Regel schnell wiederverheiraten wollen, auch im Interesse der Kinder, sagt man (!), so daß er erneut eine Brautgabe entrichten muß. Der Grund für diese Ungleichbehandlung der Frau ist, daß der Islam von den Frauen nicht erwartet, die Familie zu unterhalten. Theoretisch gilt diese Pflicht zwar für Männer, in der Praxis aber läuft alles manchmal ganz anders.

Erbrecht in der Praxis

Die entsprechende Argumentation lautet folgendermaßen: Vom Mann wird erwartet, daß er die Familie unterhält einschließlich seiner neuen Frau und deren eventueller Kinder. Oft werden diese Stiefkinder von dem Mann schlecht behandelt. Von einer Witwe wurde früher auch erwartet, bald wieder zu heiraten. Eine Frau muß allerdings keine Brautgabe aufbringen. Im Gegenteil: Sie müßte eigentlich von ihrem künftigen Mann eine Brautgabe bekommen (was zumeist aber nicht geschieht). Und von ihm wird erwartet, daß er sowohl sie als auch ihre Kinder unterhält.

So müßte es dem System zufolge im Idealfall laufen. In der Theorie hat der Mann viel größere finanzielle Verpflichtungen als die Frau. Mittlerweile wissen wir, daß es in der Praxis häufig anders läuft, daß die meisten Männer ihren Verpflichtungen nicht oder nur in geringem Maße nachkommen und daß sie darüber hinaus versuchen, ihren Frauen, Schwestern oder Müttern deren Eigentum zu entwenden.

Angenommen, eine Frau stirbt und läßt Kinder aus einer früheren Ehe zurück, Kinder, zu denen der zweite Mann nicht besonders nett gewesen ist, was häufig der Fall ist. Dieser Mann, der auch sie nicht immer gut behandelt hat, erbt nach ihrem Ableben ein Viertel ihres Besitzes. Das ist eine bittere Pille für die Frau und außerdem unfair gegenüber den Kindern, die plötzlich niemanden mehr haben, der für sie sorgt. Diese Frau würde ihren Ehemann gerne von der Erbfolge ausschließen. Das ist möglich. Der Koran entspricht diesem Wunsch mit dem folgenden Vers:

> »O ihr, die ihr glaubt, nicht ist euch erlaubt, Weiber wider ihren Willen zu beerben. Und hindert sie nicht an der Verheiratung mit einem andern, um einen Teil von dem, was ihr ihnen gabt, ihnen zu nehmen, es sei denn, sie hätten offenkundig Hurerei begangen.« (4:19)

Eine Frage der Interpretation

Die Ausnahme hebt lediglich die zweite nicht erlaubte Möglichkeit auf. Der erste Teil behält immer seine Gültigkeit: Eine Frau kann ihren Mann allzeit von der Erbfolge ausschließen. Doch wie bringt eine Frau ihren Wunsch zum Ausdruck, daß ihr Mann sie im Falle ihres früheren Ablebens nicht beerben soll? Indem sie dies mehreren Zeugen mitteilt, am besten aber, indem sie ein Testament macht.

Kann ein Testament die feststehenden Regeln für die Verteilung einer Erbschaft ändern? Aber sicher! Mit einem Testament kann man jemand anderem als den gesetzlichen Erben einen Anteil vermachen. Manchen Koranschulen zufolge kann man mit einem Testament jemand anderem als den gesetzlichen Erben nicht mehr als ein Drittel hinterlassen. Im Koran steht das allerdings nirgendwo. Man kann die gesamte Erbschaft sogar einem guten Zweck vermachen, also kann man auch bestimmte Personen von der Erbfolge ausschließen.

Der Koran überläßt hier der Frau die völlige Verfügungsgewalt über ihr Vermögen. Sie darf es vererben, wem sie will, und davon ausschließen, wen sie will. Es ist den Männern nicht erlaubt, Frauen gegen ihren Willen zu beerben. Wieder erweist sich der Koran hier als rücksichtsvoll gegenüber Frauen und zeigt, daß er ein Auge für das hat, was in der Praxis geschieht, daß manche Ehemänner es nämlich wirklich nicht verdient haben, ihre Frauen nach deren Ableben zu beerben, nachdem sie ihnen zuvor das Leben schwergemacht hatten.

Im Gegensatz zu den Behauptungen der Imams und Prediger in den Moscheen kann das Erbe mit einem Testament, einer sogenannten letztwilligen Verfügung, anders verteilt werden, als das Erbrecht es vorsieht. In der Scharia erfolgt die Verteilung einer Erbschaft nach einer festen Reihenfolge: Hat der Verstorbene Schulden hinterlassen, müssen diese zunächst beglichen werden. Anschließend wird die letztendliche Verfügung (beziehungsweise das Testament) vollstreckt. Was übrigbleibt (oder die Erbschaft in ihrer Gänze, falls keine Schulden bestehen oder kein Testament vorliegt), wird gemäß den oben beschriebenen Regeln des islamischen Erbrechts verteilt. Eine absolut logische Reihenfolge, da wird mir, glaube ich, jeder zustimmen.

Verschiedene Juristen haben unterschiedliche Lösungsansätze entwickelt, um die Erbschaft ausgewogen verteilen zu können und einen eventuellen Rest Onkeln und Tanten und so weiter zuzusprechen. Durch die unterschiedliche Herangehensweise an diese und andere Angelegenheiten haben sich bei den Sunniten vier Rechtsschulen entwickelt: die Malikiten, die Schafiiten, die Hanefiten und die Hanbaliten.

Es würde zu weit führen, die einzelnen Lösungsansätze und deren Begründungen in diesem Rahmen zu besprechen. Für die Zielsetzung des vorliegenden Buches reicht die Feststellung, daß die Erbrechtsbestimmungen – obwohl der Anteil der Frauen in bestimmten Fällen (zwei, wie wir gesehen haben) deutlich geringer ist als der der Männer – damals, vor vierzehn Jahrhunderten, trotz allem eine wahre Revolution zugunsten der Frauen bedeuteten.

In der vorislamischen Zeit ging die gesamte Erbschaft an erwachsene männliche Erben. Frauen und Kinder hatten in dieser Beziehung keine Ansprüche. Die ältesten männlichen Erben erhielten den größten Anteil – wie in den meisten Ländern Europas auch, wo bis vor kurzem der älteste Sohn den ganzen Bauernhof oder Laden übernahm und verheiratete Frauen keinen eigenen Besitz haben durften. Ihr Besitz ging an ihren Mann über, genauso wie eventuelle Einkünfte aus diesem Besitz oder ihre Rente. Auch in Europa durften Frauen etwa bis zum ausgehenden neunzehnten Jahrhundert nicht selbst eine Vereinbarung oder einen Vertrag unterschreiben.

7
Feindliche Theologie und unzuverlässige Überlieferungen

»Frauen sind immer Freundinnen der Religion gewesen, die Religion aber hat sich selten frauenfreundlich gezeigt.«

Wer sich dieses Bonmot hat einfallen lassen, weiß ich nicht mehr, doch ich kann ihm nur aus ganzem Herzen beipflichten. Obwohl der Prophet angeblich sehr frauenfreundlich gewesen sein soll, hat er uns eine gewaltige Zahl von Texten hinterlassen, die abfällig über Frauen urteilen, beleidigend und eines Propheten unwürdig sind.

Die weitaus beliebteste Überlieferung des Propheten zum Thema Frauen ist die, in der Mohammed gesagt haben soll, daß Frauen zuwenig Verstand und zuwenig Glauben hätten. Keine Gelegenheit wird ausgelassen, um einer Muslima diese Überlieferung an den Kopf zu werfen, zu Hause, in der Schule, auf der Straße oder am Arbeitsplatz. Nahezu jede muslimische Frau hat diesen Ausspruch von ihrer frühesten Kindheit an und bei jedem Konflikt mit einem Mann schon Hunderte Male gehört. Ob es sich dabei um ihren Vater, ihren Bruder, ihren Lehrer, ihren Mann oder gar um irgendeinen Außenstehenden handelt, immer läßt er seine Kritik an ihr mit den folgenden Worten einhergehen: »Der Prophet hatte völlig recht, ihr habt wirklich zuwenig Verstand!«

Sogar traditionsverhaftete, konservative Frauen pflegen diese Überlieferung im Streitgespräch mit einer liberalen Wider-

Feindliche Theologie und unzuverlässige Überlieferungen

sacherin zu zitieren. Aus einer Debatte mit einem Mann kann eine Frau grundsätzlich nicht als Siegerin hervorgehen, denn wenn ihm nichts mehr einfällt, kann er immer noch den Propheten anführen – und gegen den hat man als gewöhnliche Sterbliche keine Chance. Der Prophet hat immer das letzte Wort und stellt sich (den Überlieferungen zufolge) hinter den Mann und nicht hinter die Frau.

Der vollständige Wortlaut dieser Überlieferung lautet wie folgt:

»Einmal besuchte der Prophet das Gebetshaus, um das Gebet für den Feiertag zu verrichten. Er kam an einigen Frauen vorbei und sagte: ›O ihr Frauen, gebt Almosen, ich habe nämlich gesehen, daß die meisten Bewohner der Hölle Frauen sind.‹ Sie fragten ihn: ›Wie kommt das, Prophet Allahs?‹ Er erwiderte: ›Ihr flucht oft, und ihr seid euren Männern gegenüber undankbar. Mir ist noch niemand begegnet, dessen Intelligenz und Glauben schwächer entwickelt sind als eure. Manche von euch können einen vorsichtigen, vernünftigen Mann völlig vom Weg abbringen.‹ Die Frauen fragten: ›O Prophet Allahs! Was ist an unserer Intelligenz und unserem Glauben schwach entwickelt?‹ Er sprach: ›Sind die Zeugenaussagen von zwei Frauen nicht ebensoviel wert wie die eines einzigen Mannes?‹ Sie erwiderten: ›Ja.‹ Er sprach: ›Das ist die Schwäche eurer Intelligenz. Und stimmt es etwa nicht, daß eine Frau während ihrer Menstruation nicht beten oder fasten kann?‹ Die Frauen bestätigten seine Worte. Er sprach: ›Das ist demnach die Schwäche eures Glaubens.‹«[10]

Die Frauen fluchen also oft – und deswegen fahren sie zur Hölle? Wenn das das einzige Kriterium sein soll, fände ich es logischer, die Männer dazu zu verdammen, zur Hölle zu fah-

Eine Frage der Interpretation

ren, da sie viel häufiger fluchen als Frauen! Weiter heißt es: »Und ihr seid euren Männern gegenüber undankbar.« Sind Männer in puncto Dankbarkeit gegenüber ihren Frauen besser? Mir ist es eigentlich nicht oft passiert, daß muslimische Männer ihren Frauen gegenüber dankbar sind.

Darüber hinaus wird die Behauptung, Frauen hätten zuwenig Verstand und zuwenig Glauben, mit Regeln untermauert, die der Islam selbst den Frauen auferlegt hat, als wäre es naturgegeben. Das ist das gleiche, als würde jemand zu einem sagen: »Ich verbiete dir ab sofort, die Schlüssel zu deinem Haus zu behalten«, um dann fortzufahren: »Das Haus kann unmöglich dir gehören, wenn du die Schlüssel nicht hast.«

Außerdem ist es nicht fair, auf der Grundlage eines Koranverses, in dem es heißt, die Zeugenaussagen zweier Frau seien ebensoviel wert wie die eines einzigen Mannes, zu behaupten, Frauen seien deswegen weniger intelligent. In dem fraglichen Koranvers geht es nicht um Intelligenz. Der zitierte Text behandelt die schriftliche Fixierung von Schulden und die Bekräftigung der Schriftstücke. Bei Arabern war es üblich, alles mündlich zu regeln. Später konnte es dann allerdings zu Meinungsverschiedenheiten über den geliehenen Betrag (oder die Waren) oder über den Zeitpunkt und die Modalitäten der Rückzahlung kommen. Darum stellt der Koran fest:

»O ihr, die ihr glaubt, wenn ihr euch mit einer Schuld auf einen benannten Termin verschuldet, so schreibet ihn auf, und es schreibe zwischen euch ein Schreiber, wie es Rechtens ist. Und nicht weigere sich ein Schreiber zu schreiben, wie Allah es ihn gelehrt hat. Er schreibe, und der Schuldner diktiere, und er fürchte Allah, seinen Herrn, und schreibe nicht zuwenig auf. Ist aber der Schuldner einfältig und krank, oder vermag er nicht zu diktieren, so diktiere sein Sachwalter für ihn. Und nehmt von euern Leuten zwei zu

Feindliche Theologie und unzuverlässige Überlieferungen

Zeugen. Sind nicht zwei Mannspersonen da, so sei es ein Mann und zwei Frauen, die euch zu Zeugen passend erscheinen, daß, wenn die eine von beiden irrt, die andere sie erinnern kann. Und nicht sollen sich die Zeugen weigern, wenn sie gerufen werden.« (2:282)

Dieser Vers gilt als längster Vers beziehungsweise längste *Aya* des Korans. Es ging hier also um die Bekräftigung geschäftlicher Vereinbarungen. Frauen wurden damals nicht über geschäftliche Angelegenheiten, Rückzahlungsmodalitäten und -fristen und so weiter informiert. Darum hätte eine Frau dem Koran zufolge später möglicherweise vergessen können, was vereinbart worden war, und darum könnte diese Frau, die Zeugin der Bekräftigung der Vereinbarung war und vielleicht vergessen hatte, wann die Rückzahlungsfrist verstrichen sein würde und auf wieviel Kilogramm Getreide sich das Darlehen bezog, von der zweiten Frau daran erinnert werden.

Dieser Text bezog sich auf finanzielle und geschäftliche Angelegenheiten, in denen die Frauen weniger Erfahrung hatten als die Männer. Er sagt nichts über ihre Intelligenz, sondern vielmehr etwas über die verschiedenen Aspekte des Erinnerungsvermögens. Bekanntermaßen ist der Bereich des Gehirns, der am stärksten aktiviert und für die täglichen Erfahrungen am meisten verwendet wird, auch derjenige, der sich am besten entwickelt. Wahrscheinlich waren bei Frauen andere Aspekte, die mehr mit *ihren* täglichen Erfahrungen zu tun hatten, besser entwickelt als der Aspekt der geschäftlichen Angelegenheiten, in denen sie sich damals nicht gut auskannten.

Eine Frau wurde so erzogen, daß sie den ganzen geschäftlichen Kram ihrem Mann oder ihrem Vater überließ. Bei den Zeugenaussagen, die sich auf andere Angelegenheiten bezogen als Geschäfte – beispielsweise auf Ehebruch, wofür vier Au-

Eine Frage der Interpretation

genzeugen erforderlich waren, die den tatsächlichen Vollzug bestätigen mußten –, wurde nicht zwischen männlichen und weiblichen Zeugen unterschieden. Das heißt, der Unterschied, den der Koran in diesem Vers zwischen Männern und Frauen macht, ist ein funktioneller und kein grundsätzlicher.

Die Zeugenaussage eines Mannes galt dafür in manchen Angelegenheiten als weniger zuverlässig als die einer Frau, nämlich wenn es um Dinge wie Menstruation, Schwangerschaft, Geburt und Stillen ging. In diesen Fragen wurde die Zeugenaussage eines Mannes noch nicht einmal anerkannt (auch nicht als halbe Zeugenaussage). Heißt das denn, daß er auch nicht so intelligent ist?

Die Existenz dieses Korantextes darf nicht als Gegenargument mißbraucht werden, die Zeugenaussagen von Frauen – wenn sich ihre Lebensbedingungen verbessern und sie an allen täglichen Erfahrungen teilnehmen können, wie es das Leben in modernen Gesellschaften erfordert – denen von Männern gleichzusetzen. Dennoch hat die Fehlinterpretation dieses Verses und der Mißbrauch des Glaubens durch die Männer mit dem Ziel, die Unterdrückung der Frauen fortzusetzen, dazu geführt, daß in vielen muslimischen Staaten die Zeugenaussage einer Frau bis auf den heutigen Tag in allen Aspekten (und nicht nur in finanziellen Angelegenheiten, wie es im Text steht) vor einem Gericht nur die Hälfte dessen wert ist, was ein Mann aussagt, selbst wenn die Frau Buchhalterin von Beruf wäre.

Die Diskriminierung von Frauen auf diesem Gebiet ist nicht mehr gerechtfertigt und darf nicht länger andauern. Diese Schieflage ist für Frauen in zweifacher Hinsicht nachteilig, da sie in einem Konflikt, in den sie verwickelt sind, auch häufig Frauen als Zeuginnen hinzurufen. Schließlich haben Frauen meistens Kontakt zu anderen Frauen und nicht zu Männern.

Wenn ein Mann in vollkommenem Vertrauen ein Schmuck-

Feindliche Theologie und unzuverlässige Überlieferungen

stück oder einen Geldbetrag von einer Frau leiht, ohne dies schriftlich festzuhalten – ob es nun ihr Bruder, ihr Vater, ihr Ehemann oder irgendein anderer Mann ist –, sind meistens keine Zeugen dabei; andere Frauen aber sind über diesen Sachverhalt informiert, weil die betreffende Frau es ihnen erzählt. In diesem Fall benennt diese Frau eine andere Frau als Zeugin, wobei der Mann, der seinerseits einen männlichen Zeugen hinzuzieht, um seine Version zu beweisen, diese Auseinandersetzung immer gewinnt. Sein Zeuge ist nämlich ein ganzer, während ihr Zeuge nur ein halber Zeuge ist.

Jetzt stellen wir uns einmal die Situation im Falle einer Mißhandlung vor. Die Mißhandlung von Frauen findet nie in Anwesenheit eines anderen Mannes statt. Falls überhaupt irgend jemand bezeugen kann, daß eine Frau von ihrem Mann oder von einem anderen Mitglied der Familie mißhandelt wurde, dann ist es ohne Zweifel ebenfalls eine Frau: die Mutter, Schwester, Tochter, Freundin oder Nachbarin des Opfers. In solchen Fällen reicht die Aussage dieser Zeugin aber nicht aus.

Dies gilt auch für alle anderen Angelegenheiten. In jedem möglichen Konflikt braucht eine Frau zwei weibliche Zeugen, wenn die Gegenpartei ein Mann ist, während er sich mit der Zeugenaussage eines einzigen anderen Mannes begnügen kann. Damit ist die Zeugin, die nur als ein halber Mensch gilt, im Nachteil, ganz sicher aber auch die Frau, die Konfliktpartei ist. Sie hat nur diese eine Zeugin, die beim Ausbruch des Konflikts zugegen war, und ist damit stark benachteiligt. Dabei haben wir noch nicht einmal über Verbrechen und Mord im eigenen sozialen Umfeld gesprochen. Für Zeugen in Mordfällen innerhalb des Familienkreises ist diese Art der Diskriminierung völlig absurd und kontraproduktiv – und sie hat für sie möglicherweise katastrophale Folgen. Die rechtliche Position von Frauen in Konflikten ist viel schwächer als die von Männern. In

Eine Frage der Interpretation

einem Konflikt mit einem Mann hat eine Frau absolut keine Chance auf Gerechtigkeit und keine Möglichkeit, Recht zu bekommen.

Wie kann man in einer Zeit, in der Frauen in muslimischen Staaten nahezu alle Berufe ausüben – von Ingenieurin über Ärztin, Anwältin und Ministerin bis hin zu Richterin und sogar Ministerpräsidentin –, noch länger behaupten, daß ihre Zeugenaussagen nur die Hälfte der eines beliebigen Mannes wert seien? Daraus entstehen dann solch absurde Situationen wie die, daß eine Frau mit Hochschulbildung, die vor einem Gericht als Zeugin aussagen muß, weniger ernst genommen wird als ein des Lesens und Schreibens unkundiger Bettler – und das nur aufgrund der Tatsache, daß er ein Mann ist. Das ist doch völlig verrückt! Meines Erachtens steht dies in krassem Widerspruch zur Absicht des Korans und des Islam; somit gehört diese Regel, ebenso wie viele andere diskriminierende Regeln in bezug auf Frauen, außer Kraft gesetzt, weil sie längst überholt ist.

Das gilt auch für die Behauptung in der oben genannten Überlieferung, wonach Frauen über einen mangelhaften Glauben verfügen sollen, nur weil sie während der Menstruation nicht beten oder fasten können. Auch das ist eine Maßnahme, die der Islam selbst eingeleitet hat. Zugleich hat er bestimmt, daß die dadurch verpaßten Tage später nachgeholt werden können, damit die Frau den Anschluß nicht verliert. Schließlich gibt es mehrere Gruppen von Menschen, die aus bestimmten Gründen vorübergehend nicht fasten oder beten können und die das später nachholen dürfen – Kranke oder Reisende beispielsweise. Aber das ist noch lange kein Grund, ihnen mangelhaften Glauben vorzuwerfen.

Der wirkliche Hammer in dem zitierten Text – der angeblichen Überlieferung des Propheten – steckt jedoch in dem folgenden Satz: »Manche von euch können einen vorsichti-

Feindliche Theologie und unzuverlässige Überlieferungen

gen, vernünftigen Mann völlig vom Weg abbringen.« Hier läßt der Koran die Katze aus dem Sack, darum dreht sich schlußendlich alles: um die Angst vor der Macht der Frauen über die Männer. Das ist im Grunde die Quelle vieler frauenfeindlicher und diskriminierender Texte, die angeblich alle vom Propheten stammen – wer könnte uns aber beweisen, daß dem so ist?

Die Gewährleistung der Authentizität der Überlieferungen, der *Hadithe* beziehungsweise der Sunna, ist ein bekanntes Problem in der islamischen Traditionswissenschaft. In den offiziell anerkannten Sammlungen der Überlieferungen des Propheten, die Sahih al-Buchari und Sahih Muslim zusammengestellt haben und von denen angenommen wird, daß sie die authentischsten enthalten, befinden sich etwa siebentausend Überlieferungen. Diese siebentausend sind den Sammlern zufolge lediglich eine Auswahl der authentischsten Überlieferungen aus einem Angebot von sechshunderttausend Überlieferungen, die sich noch alle im Umlauf befinden.

Geteilt durch die dreiundzwanzig Jahre, in denen Mohammed Prophet war, hätte er bei acht Stunden Schlaf pro Nacht täglich sechzehn Stunden lang mit einer Frequenz von vier Überlieferungen in der Stunde reden müssen – was kaum vorstellbar ist. Und daß sich die Leute hundert Jahre oder mehr nach seinem Tod, als sie damit begannen, die *Hadithe* schriftlich festzuhalten, buchstäblich und authentisch an alle sechshunderttausend Überlieferungen erinnern konnten, ist in meinen Augen ein Wunder – oder besser gesagt, eine Fabel!

Von jeher gab es Schriftgelehrte, die ihr Leben lang nichts anderes taten, als die Überlieferungen sorgfältig miteinander zu vergleichen und die Quellen (*Isnad*) zu überprüfen – und das geschieht noch immer. Noch immer tauchen offenbar neue Überlieferungen auf. Sie müssen auf ihre Authentizität geprüft werden, wobei man sich nicht auf Text und Inhalt

Eine Frage der Interpretation

verläßt, sondern vor allem auf die Quellen, über die sie weitergegeben wurden, die Kette der Erzähler.

Man muß wissen, daß erst im Laufe des achten und neunten Jahrhunderts mit der Aufzeichnung der Überlieferungen des Propheten begonnen wurde – und damit frühestens gut einhundertdreißig Jahre nach seinem Tod. Der Text wurde folglich über mindestens vier oder fünf Generationen hinweg mündlich überliefert, bevor er die Sammler der Überlieferungen erreichte. Und wer kann schon die Authentizität und Texttreue von Geschichten garantieren, die über vier Generationen hinweg nur mündlich überliefert wurden? Meine Mutter ist vor gerade mal fünfzehn Jahren gestorben, und ich kann Ihnen versichern, daß ich einige Überlieferungen von ihr gewiß nicht buchstäblich wiederholen könnte, ganz zu schweigen davon, daß meine Urenkel und ihre Generation sich an sechshunderttausend oder mehr ihrer Worte und Geschichten würden erinnern können.

Natürlich sind die Aussagen eines Propheten etwas anderes – aber dennoch! Bei allem, was wir heute über die Funktionsweise des menschlichen Gedächtnisses wissen, müssen wir als vernünftige und gebildete Muslime diese Texte mit einem großen Fragezeichen versehen, jedenfalls angesichts der Tatsache, daß sie sich häufig widersprechen und darüber hinaus auch oft vom Koran abweichen, eine Unstimmigkeit, die zu Zerwürfnissen unter den Muslimen geführt hat.

> »Was die Überlieferungen des Propheten betrifft, so wurden diese Zerwürfnisse dadurch verursacht, daß für die Generationen, die auf die erste Muslimgeneration folgten, mittlerweile viel Zeit vergangen war. Andere Gründe waren die zu hohe Zahl von Menschen, welche die Aufgabe übernahmen, Erzähler der Überlieferungen zu sein, und die vielen falschen Überlieferungen.«[11]

Feindliche Theologie und unzuverlässige Überlieferungen

Und:

»Die Zurückweisung der Überlieferungen und die Zweifel bezüglich ihrer Authentizität markierten den Beginn von *Al-Rayye*, des ›Selbständigen Urteils‹ [als Rechtsgrund und Quelle der Gesetzgebung]. Die zahlreichen Ereignisse [in verschiedenen Überlieferungen], die einander widersprachen, weil weder Zeit noch Ort stimmen konnten, sowie die Tatsache, daß in Koran und Sunna nichts darüber geschrieben stand, führten dazu, daß man sich stets mehr des ›Selbständigen Urteils‹ bediente.«[12]

Es ist die reinste Verschwendung, daß wir Frauen unser Leben von diesen diskriminierenden Texten, die wahrscheinlich noch nicht einmal vom Propheten stammen, beherrschen lassen. Jeder kann seinen Standpunkt mit einer »Überlieferung des Propheten«, die mehr oder weniger authentisch »klingt«, untermauern – und tut das auch. Niemand weiß heute genau, welche und wie viele Geschichten und Überlieferungen des Propheten im Umlauf sind. Von allen Muslimen, die ich kenne, hat keiner die Gesammelten Werke der Überlieferungen des Propheten Mohammed. Doch auch die wenigen, die Zugang zu einer Sammlung haben, können unmöglich bei jeder ihnen unbekannten Überlieferung prüfen, ob es sich tatsächlich um eine korrekte Überlieferung handelt, die auch in der Sammlung vorkommt. Es sind wohlgemerkt acht dicke Bände mit (möglicherweise) sechshunderttausend *Hadithen*.

Es wäre wohl auch eine zeitraubende und wenig ergiebige Aufgabe, da neben dieser Sammlung noch viel mehr Überlieferungen im Umlauf sind und Imams beispielsweise ebensogut aus anderen Sammlungen und unzuverlässigen Werken zitieren. Wir dürfen auch nicht vergessen, in welchem Maße der Islam in den ersten Jahrhunderten nach seiner Gründung

Eine Frage der Interpretation

– und noch immer – vor den Karren der Politik gespannt wurde.

Manchmal stoße ich auf Texte, die schlicht und einfach absurd zu nennen sind und von denen trotzdem behauptet wird, daß sie auf den Propheten zurückgehen. Eine sehr unwahrscheinliche Überlieferung über Gott lautet wie folgt:

> »Kraft Meiner Gnade kommt dieser Mensch in den Himmel, und es interessiert Mich nicht. Der hier kommt in die Hölle, und es interessiert Mich nicht.«

Dieser Text ist nicht mit einer Fundstelle (in der Sammlung) oder der Angabe einer mündlichen Quelle versehen. Der Prophet soll mit diesen Worten Gott zitiert haben, der gerade dabei war, über die Menschen im Jenseits zu urteilen. Aufgrund der nihilistischen Tendenz in Kombination mit der Doktrin der Prädestination halten viele Muslime dieses Zitat für einen seltsamen, unglaubwürdigen Text. Ob es im Jenseits wirklich so zugeht? Bei einer wörtlichen Interpretation gemäß der orthodoxen Doktrin wäre dies der Gipfel der Willkür und Gleichgültigkeit Gottes.

Der Islam ist von Gottes Gerechtigkeit – einer Eigenschaft, auf der für viele der Glauben an sich beruht und die von Hunderten von Korantexten hervorgehoben wird – in hohem Maße überzeugt. Zum Beispiel: »Wer Böses tut, dem wird es vergolten werden; und er wird für sich außer Allah weder Freund noch Helfer finden. Diejenigen aber, die handeln, wie es recht ist, sei es Mann oder Frau, und dabei gläubig sind, werden ins Paradies eingehen und nicht im geringsten Unrecht erleiden.« (4:123–124) »Da erhörte sie ihr Herr und sprach: ›Seht, Ich lasse kein Werk der Wirkenden unter euch verlorengehen, sei es von Mann oder Frau; die einen von euch sind von den anderen‹.« (3:195) »Allah ist es aber, der rein-

Feindliche Theologie und unzuverlässige Überlieferungen

spricht, wen Er will, und ihnen wird kein Fädchen Unrecht getan.« (4:49) »Dies ist für das, was deine Hände vorausgeschickt haben: denn Allah ist nicht ungerecht gegen seine Diener.« (22:10) Diese und viele andere Texte – zu viele, um sie alle aufzuzählen – zeugen von Gottes Gerechtigkeit.

Niemandem würde es demzufolge besonders schwerfallen, die Authentizität der obigen Überlieferung anzufechten. Dennoch wird sie von niemand Geringerem als Al-Ghazali (1058 bis 1111) zitiert, der als größter Jurist und Theologe des Islam gilt.[13] Aber auch die Zitate und Behauptungen Al-Ghazalis dürfen wir durchaus in Frage stellen, wenn er Dutzenden von klaren Koranversen mit derart seltsamen Überlieferungen widerspricht, es sei denn, er möchte damit ausdrücken, daß die Idee von Belohnung und Strafe im Jenseits Blödsinn ist. Es gibt in der Tat muslimische Mystiker, die der Meinung sind, Belohnung und Strafe dürften nicht wörtlich aufgefaßt werden und das Seelenleben des einzelnen sei der eigentliche Himmel und die eigentliche Hölle – ein Standpunkt, der mir persönlich auch zusagt. Doch das hätte der Prophet wahrscheinlich nicht offen zu sagen gewagt, und auch Al-Ghazali war meiner Meinung nach dafür zu orthodox.

Muslime verehren ihre Vorfahren sowie anerkannte Persönlichkeiten über die Maßen. Nur zu gern sprechen sie alles heilig, was diese Autoritäten von sich gegeben haben. Ich bin die letzte, die großen Theologen den ihnen gebührenden Respekt verweigert, allein schon wegen der Anstrengungen, die sie erbracht, sowie wegen der Hingabe und Selbstdisziplin, die sie bei ihren Studien an den Tag gelegt haben.

Eine kritische Einstellung gegenüber dem kulturellen Erbe tut diesem Respekt jedoch keinen Abbruch. Jede Generation begreift den Glauben in Abhängigkeit von den jeweils geltenden Normen und Werten, von dem verfügbaren Wissen und von ihrem jeweils erreichten Entwicklungsstand. Die vorheri-

Eine Frage der Interpretation

gen Generationen haben ihr Bestes gegeben und oft überragende oder jedenfalls bewundernswerte Arbeiten hinterlassen. Das befreit uns jedoch nicht von der Aufgabe, unser eigenes Scherflein zum komplexen Ganzen des islamischen Gedankenguts beizutragen.

Die Einstellung, die bei Muslimen schon seit praktisch zehn Jahrhunderten vorherrscht – es gibt nichts mehr zu tun, jetzt können wir uns zurücklehnen und ganz den klassischen Werken vertrauen –, ist nicht gerechtfertigt. Unsere Generation muß die Arbeiten der vorherigen Generationen erneut an dem jetzt verfügbaren Wissen und an den Beobachtungen in unserer Zeit messen. Das kritische Studium der Korantexte wird uns Muslimen außerdem vom Koran empfohlen. Er ermutigt uns, über diese Texte nachzudenken und uns eine eigene Meinung zu bilden.

> »Es ist ein Buch voll des Segens, das Wir zu dir hinabgesandt haben, auf daß sie über seine Verse nachdenken und auf daß diejenigen ermahnt werden, die verständig sind.« (38:29)

Warum sollte das Nachdenken über die angeblichen Überlieferungen des Propheten und die Ansichten der Theologen verboten sein? Es gibt Dutzende, vielleicht sogar Hunderte sehr zweifelhafter Überlieferungen über Frauen, solche wie diese: »Eine gute Frau unter den Frauen zu finden ist genauso schwer, wie einen weißen Raben (Krähe) unter hundert Raben (Krähen) zu finden.« Eine diskriminierende Äußerung, die eines Propheten unwürdig ist! Natürlich stimmt es, daß gute Menschen im allgemeinen in der Minderheit sind, aber gilt das nicht genausogut für Männer? Oder müssen wir vielleicht sagen, daß sich unter Tausenden kaum ein guter Mann finden läßt?

Feindliche Theologie und unzuverlässige Überlieferungen

Ich glaube eigentlich nicht, daß die Güte der Menschen von ihrem Geschlecht abhängig ist. Sie hängt ganz davon ab, was die Menschen selbst für gut oder tugendhaft halten. Außerdem wird unter Tugend in jedem Zeitalter etwas anderes verstanden. Was früher bei Frauen als tugendhaft galt – Passivität, Unterwürfigkeit und Dummheit –, ist es heute nicht mehr. Die Moderne verlangt von einem Individuum, egal ob Mann oder Frau, ganz andere Tugenden, zum Beispiel Selbständigkeit, geistige Flexibilität, Fleiß und Kreativität. Dabei darf nicht zwischen den Geschlechtern unterschieden werden.

Noch eine vermeintliche Überlieferung: »Das Ehebündnis ist eine Art Sklaverei für Frauen.« Das entspricht absolut nicht dem, was uns der Koran über die Beziehung zwischen Mann und Frau innerhalb der Ehe vermittelt: »Und unter seinen Zeichen ist dies, daß Er Gattinnen für euch aus euch selber schuf, auf daß ihr Frieden bei ihnen fändet; und Er hat Zuneigung und Barmherzigkeit zwischen euch gesetzt. Hierin liegen wahrlich Zeichen für ein Volk, das nachdenkt.« (30:21)

»Für euch aus euch selber« verweist auf die Ebenbürtigkeit von Männern und Frauen. Wie könnte es zwischen Ehegatten Zuneigung, Ruhe und Barmherzigkeit geben, wenn ihr Ehebündnis auf Sklaverei beruhen würde? In nicht gleichwertigen Verbindungen findet man absolut keine Ruhe, und Gefühle wie Liebe und Verständnis beziehungsweise Zuneigung und Barmherzigkeit, wie der Koran sie nennt, kann ein Mann für seine Sklavin nicht aufbringen. Wenn er diese Gefühle hegt, ist die betreffende Frau nicht mehr seine Sklavin, sondern seine Geliebte. Umgekehrt kann eine Frau, die wie eine Sklavin behandelt wird, niemals Liebe oder Zuneigung zu ihrem Mann empfinden, sondern höchstens Haß und Abscheu. Sie würde auf eine Gelegenheit warten, um Rache zu nehmen.

Außerdem war es das größte Verdienst des Islam, daß er die Menschen von allen Formen der Sklaverei zu befreien ver-

Eine Frage der Interpretation

suchte. Dem Koran zufolge sind alle Menschen gleich. Das einzige, was den einen über den anderen erhebt, sind seine Taten und sein Glaube. »Diejenigen aber, die handeln, wie es recht ist, sei es Mann oder Frau, und dabei gläubig sind, werden ins Paradies eingehen und nicht im geringsten Unrecht erleiden.« (4:124)

Eine weitere unzuverlässige frauenfeindliche Überlieferung, die zu Unrecht dem Propheten zugeschrieben wird, während sie zu der Kampagne gehört, die kurz nach dem Tod des Propheten organisiert wurde, um den Frauen alle Errungenschaften, die sie mit Hilfe des Islam erworben hatten, wieder abzunehmen und sie in die vorislamische Position zurückzudrängen, ist die Feststellung: »Wenn von irgend jemandem verlangt werden kann, sich vor jemand anderem als vor Gott niederzuwerfen, dann könnte von der Frau verlangt werden, sich vor ihrem Ehemann niederzuwerfen.«

Und: »Selbst wenn der Körper des Ehemannes mit Eiter bedeckt wäre und seine Frau würde diesen mit ihrer Zunge ablecken, hätte sie noch nicht genug getan, um ihre Schuld vor ihrem Mann abzutragen.« Eine sehr geschmacklose Überlieferung, die eines Propheten unwürdig ist. Von den drei zitierten Texten (die ich frei übersetzt habe) wird behauptet, daß sie in den Sammlungen von Al-Buchari und von Muslim vorkommen, wenn auch ohne Angabe der Fundstellen. Ohne diese Angabe kann ich sie allerdings nicht überprüfen – und ich habe Wichtigeres zu tun, als acht dicke Bände auf banale, gehässige Texte gegen Frauen zu durchstöbern, die zu zitieren oder nachzuerzählen man sich eigentlich schämen müßte. Hiermit möchte ich mich bei den Lesern entschuldigen.

Selbst wenn diese Texte in den Sammlungen vorhanden sein sollten, ist das noch lange keine Garantie für ihre Authentizität. Das Kriterium, das die Sammler und Redakteure der Traditionen für Überlieferungen festgelegt haben, um als

Feindliche Theologie und unzuverlässige Überlieferungen

authentisch anerkannt zu werden, war, daß ein und dieselbe Überlieferung von mehr als einer Person bekräftigt werden mußte und daß diese Personen als zuverlässige Gläubige galten. Dennoch waren Fälschungen nicht besonders schwer. »Die zweite Textgrundlage [des Islam] ist die Sunna (die Gesamtheit der Überlieferungen) des Propheten. Sie umfaßt Texte, die im Rahmen der politischen und sozialen Meinungsunterschiede zwischen den einzelnen Sekten gewissen Verdrehungen, Entstellungen und Fälschungen ausgesetzt waren, zu denen sie ihrerseits auch wieder Anlaß gaben.«[14]
Wer hätte sie auch verifizieren wollen? Niemand war dazu in der Lage, ausgenommen vielleicht die Personen, die dem Propheten sehr nahestanden, kurz nach dessen Tod, wie Frau Aischa, seine Gattin. Oft ertappte Aischa andere bei derartigen Fälschungen, wie sich klar aus der folgenden Überlieferung ergibt, in der sie erzählt:

> »Die Dinge, die das Gebet annullieren, wurden in meiner Anwesenheit genannt. Man sagte: ›Ein Gebet wird durch einen Hund, einen Esel und eine Frau annulliert [wenn diese an dem Betenden vorbeigehen].‹ Ich sagte: ›Setzt ihr uns [die Frauen] mit Hunden gleich?‹ Ich sah, wie der Prophet sein Gebet verrichtete, während ich normal im Bett lag, zwischen ihm und der *Kibla* [der Gebetsrichtung]. Wenn ich etwas brauchte, schlich ich mich leise zur anderen Seite davon, weil ich mich nicht [während seines Gebets] zu ihm umdrehen wollte.«[15]

Daß es zu diesen Entstellungen kam, lag bestimmt nicht immer an der Integrität der Schriftgelehrten. Häufig versuchten sie, die Quellen gründlich zu untersuchen, und nicht selten erhielt eine angebliche Überlieferung von ihnen die Qualifikation »schwach«, »seltsam« oder »von anderen Quellen nicht

Eine Frage der Interpretation

überliefert«. Trotz dieser Bewertungen haben die Schriftgelehrten allerdings auch unzuverlässige Überlieferungen fixiert. So flossen die (falschen) Überlieferungen in die Literatur ein; sie wurden wiederholt zitiert und konnten somit – des abwertenden Urteils der Schriftgelehrten zum Trotz – weiterhin ihren verhängnisvollen Einfluß ausüben. Doch selbst bei anerkannten Texten gibt es keine einzige Garantie dafür, daß sie wirklich vom Propheten persönlich erzählt wurden.

Einzelne Gelehrte haben es sich zur Aufgabe gemacht, derartige Entstellungen aus der Sunna zu entfernen, haben sich dabei aber vor allem auf eine kritische Untersuchung der Art der Überlieferung konzentriert, indem sie die Zuverlässigkeit der Überlieferer überprüften und der Frage nachgingen, ob ein bestimmter Überlieferer einen anderen gekannt haben konnte. Bekanntermaßen ist jedes Urteil über die Zuverlässigkeit oder Unzuverlässigkeit der Überlieferer relativ, da es nicht auf vollkommen objektiven Maßstäben beruht. Das könnte die Erklärung für die unterschiedlichen Meinungen in den Biographiesammlungen sein; bestimmte Überlieferer wurden sogar gegensätzlich bewertet. Beispielsweise waren die Überlieferungen des ehrwürdigen Gefährten des Propheten, Abu Huraira, häufig der Kritik ausgesetzt und wurden sowohl von einigen anderen Gefährten – angeführt von Aischa, der Ehefrau des Propheten – als auch von Angehörigen der darauffolgenden Generation mit Skepsis aufgenommen.[16]

Auch wenn es allmählich eintönig wird – Bücher, Zeitungen, Zeitschriften, Funk und Fernsehen strotzen vor derartigen feindseligen Überlieferungen, die in noch höherem Maße als Korantexte für das Bild der Frau und ihrer Entwicklungsmöglichkeiten sowie für das Verhältnis zwischen Männern und Frauen in Familie und Gesellschaft prägend waren und sind. Eine dieser Überlieferungen wurde erzählt von Ibn Abbas,

Feindliche Theologie und unzuverlässige Überlieferungen

dem Mann, der das Wort »Schmuck« in Vers 24:31 – in dem es heißt, daß Frauen ihren Schmuck nicht zur Schau tragen sollen – interpretierte als »ihren gesamten Körper mit Ausnahme von Gesicht und Händen«, weswegen heute Millionen muslimischer Mädchen und Frauen in schwerer Tarnkleidung herumgehen. Eine andere Überlieferung, ebenfalls von Ibn Abbas, lautet (in meiner freien Übersetzung):

Der Prophet sagte: »Ich durfte einen kurzen Blick aufs Höllenfeuer werfen und sah, daß die meisten Bewohner undankbare Frauen waren.« Man fragte ihn: »Glaubten sie nicht an Allah?« [oder: Waren sie Allah gegenüber undankbar?] Er erwiderte: »Sie waren ihren Männern gegenüber undankbar, trotz der Gunst und der guten Taten, die ihnen erwiesen worden waren. Wenn du zu einer von ihnen immer gut warst und sie etwas an dir sieht [was ihr nicht gefällt], dann sagt sie: ›Ich habe nie etwas Gutes von dir bekommen.‹«[17]

Obwohl diese Überlieferung aus einer offiziellen Sammlung stammt, ist mir klar, daß es eindeutig die Absicht des Erzählers ist – wer auch immer es gewesen sein mag –, Frauen einzuschüchtern und sie zu einer untertänigen Haltung gegenüber ihrem Mann zu zwingen. Ich muß ehrlich zugeben, daß ich nach seinem Schnitzer im Schmucktext absolut kein Vertrauen mehr in die Worte des verehrten Herrn Ibn Abbas habe. Als Text kommt mir diese Überlieferung im Vergleich mit der Redegewandtheit des Propheten in manchen anderen Texten recht banal vor. Ein (muslimischer) Freidenker hatte recht, als er diese Texte »Altweibergeschwätz« nannte.

Derartige Texte sind meines Erachtens weit unter dem Niveau eines Propheten. Und selbst wenn der Prophet solche Worte – vielleicht nach einer enttäuschenden Erfahrung –

Eine Frage der Interpretation

wirklich gesagt haben sollte, wären sie nicht dafür geeignet, in einer Sammlung mit Überlieferungen verewigt zu werden. Er hat bestimmt auch mal Dinge gesagt, die seine Privatangelegenheit waren. Neben seiner Rolle als Prophet war Mohammed auch ein normaler Mann. Er hat nie behauptet, ein Gott zu sein, und normale Menschen können, abhängig vom Augenblick und von den jeweiligen Umständen, schon mal widersprüchliche Aussagen machen. Wir alle wissen, daß sich der Prophet bisweilen mit seinen Ehefrauen, die einen ausgeprägten eigenen Willen hatten, überwarf. Außerhalb der Offenbarungen hat er sich bestimmt manchmal als normaler Mann geäußert und Dinge gesagt wie »Ich ziehe mich schnell um« oder »Ich muß mal aufs Klo«. Solche Äußerungen sind doch nicht für die Ewigkeit gedacht!

Anläßlich der oben zitierten angeblichen Überlieferung verfaßte ein englischer Cyber-Imam im Internet den folgenden Kommentar: »Es sieht demzufolge danach aus, daß gläubige Frauen, die ihren Ehemännern gegenüber undankbar sind, zum Höllenfeuer verurteilt werden.« Auf diese Weise werden gläubige Muslimas ständig eingeschüchtert und indoktriniert, um sie mit einem wörtlich verstandenen orthodoxen Glauben und mit falschen Überlieferungen in ihrer untertänigen Position zu belassen. Und das, obwohl Korantexte eine andere Botschaft verkünden, nämlich die, daß Allah barmherzig ist und er einem Menschen alles vergeben kann, solange dieser gläubig bleibt, alles, außer wenn er andere mit Allah gleichsetzt:

> »Wahrlich, Allah wird es nicht vergeben, daß ihm Götter zur Seite gestellt werden; doch Er vergibt das, was geringer ist als dies, wem Er will. Und wer Allah Götter zur Seite stellt, der hat wahrhaft eine gewaltige Sünde begangen.« (4:48)

Feindliche Theologie und unzuverlässige Überlieferungen

Jemanden so zu verehren, daß dieser einem Gott gleichkommt, wie es die vorigen Überlieferungen von den Frauen in bezug auf ihre Männer verlangen, ist genau das, was Allah nicht vergibt. Alles andere durchaus, wie uns der Korantext sagt. Außerdem: Warum sollten wir das tun? Ist der Mann etwa ein Gott? Ein Ehemann ist auch nur ein Geschöpf Allahs, genau wie wir!

Ein anderer schöner Korantext drückt dies noch deutlicher aus. Allen Gläubigen (und zwar Männern wie Frauen) verspricht Allah, ihnen alle Missetaten zu erlassen, wenn sie keine großen Sünden begehen:

»So ihr die großen Sünden meidet, die euch verboten sind, so bedecken Wir eure Vergehen und führen euch ein in Ehren.« (4:31)

In einem Interview in einer arabischen Zeitschrift erklärte einer der einflußreichsten palästinensischen Geistlichen im Jahre 2002, die Palästinenserin, die bei einem Selbstmordanschlag mehrere Israelis mit in den Tod gerissen hatte und dafür mit Ausnahme dieses Scheichs von allen zur Heldin und Märtyrerin erklärt worden war, werde nicht als Märtyrerin anerkannt und auch nicht in den Himmel kommen, weil sie zur Durchführung ihrer Aktion zwei Tage von zu Hause weg gewesen sei. Seiner Meinung nach dürfe eine Frau – ungeachtet des Ziels ihrer Reise – nicht mehr als vierundzwanzig Stunden wegfahren, andernfalls gelte sie nicht als gläubige Muslima.

Abgesehen von der Tatsache, daß ich Selbstmordanschläge verurteile, halte ich das Argument des Scheichs für reichlich merkwürdig. Sogar dann, wenn eine Frau sich gemäß ihrer eigenen Auffassung und der des Scheichs als Kämpferin aufopfert, wird sie noch immer diskriminiert. Der Scheich berief

Eine Frage der Interpretation

sich dabei auf eine angebliche Überlieferung des Propheten, die folgendermaßen lautet:

> »Der Prophet sagte: ›Eine Frau darf nie länger als drei Tage verreisen, wenn sie nicht ein *Mahram*-Verwandter begleitet.‹«[18] [*Mahram*-Verwandte sind Verwandte des anderen Geschlechts, die eine Frau nicht heiraten kann, beispielsweise ihr Bruder, Vater, Großvater und so weiter, sowie der eigene Ehemann.]

Diese Überlieferung stammt von Ibn Omar (in meiner eigenen freien Übersetzung). Einem anderen Erzähler, Abu Huraira, zufolge, dessen Zuverlässigkeit nicht ganz unstrittig ist, war es einer Muslima verboten, ohne einen *Mahram*-Verwandten länger als einen Tag und eine Nacht hintereinander zu verreisen.[19] Ein weiterer Erzähler, Qaza, der freigelassene Sklave von Siad, hatte über drei Ecken vernommen, daß der Prophet gesagt haben sollte, eine Frau dürfe nicht länger als zwei Tage verreisen, wenn kein *Mahram*-Verwandter sie begleite.[20]

Folglich darf eine Frau auch nicht allein ins Ausland, wenn eine Universität ihr ein Stipendium erteilt, sondern muß einen *Mahram*-Verwandten mitnehmen. Diese Vorschrift kam früher in Ägypten nicht zur Anwendung, aber ich habe über den Fall einer saudi-arabischen Frau gelesen, der ein Stipendium für ein Postgraduiertenstudium in den USA verliehen worden war, das sie ablehnen mußte, weil sie ledig war. Ihr Vater war bereits verstorben, und ihr Bruder hatte eine feste Stelle in Riad. Niemand konnte sie begleiten, um sie im Ausland ein paar Jahre lang zu beaufsichtigen – ade Traumreise und ade Karriere.

Noch nicht einmal zur Pilgerfahrt nach Mekka darf eine Frau ohne männliches Familienmitglied fahren. Aber auch

Feindliche Theologie und unzuverlässige Überlieferungen

von der Teilnahme an einer Konferenz oder einer Versammlung im Ausland oder in einer anderen Stadt, an Sportwettkämpfen, Klassenfahrten und unzähligen anderen Veranstaltungen sind Frauen ausgeschlossen, und das aufgrund eines Textes, den vor vierzehn Jahrhunderten irgend jemand – Gott weiß, wer – in die Welt gesetzt hat. Es ist merkwürdig, daß sogar liberale muslimische Staaten wie Ägypten, die sich früher nicht strikt an derartige Regeln gehalten hatten, seit der islamischen Revolution im Iran immer konservativere Gesetze erlassen.

Auch Theologen und geistliche Führer scheinen sich in puncto Frauenhaß gegenseitig überbieten zu wollen. Manchmal sieht es so aus, als würde ihr Ansehen in religiösen Kreisen steigen, je frauenfeindlicher ihre Aussagen sind. Obwohl Frauenfeindlichkeit dem Geist des Korans völlig widerspricht. In den vergangenen fünfzig Jahren hat es eine starke Wiederbelebung fanatischer muslimischer Bewegungen gegeben, in deren Folge sich die zeitgenössische Theologie als besonders frauenfeindlich positioniert. Angelegenheiten wie Absonderung und Frauenkleidung haben sich zu einer nationalen Frage entwickelt.

Die Frauen sind das Schlachtfeld geworden, auf dem sich so mancher machtversessene Mann austobt. Geistliche, die eine größere Anhängerschaft suchen, Journalisten und Schriftsteller mit Ambitionen sowie politische Gruppierungen, die schnell bekanntwerden wollen – sie alle haben gemerkt, wie leicht man mit dem Thema Frau Erfolg haben kann. Sie bemühen sich nach Kräften, in den Zeitungen und im Fernsehen jeden Quadratzentimeter eines Frauenkörpers zu verhüllen. Als Politiker müßte man doch verrückt sein, sich mit ohnehin undurchführbaren Verbesserungsmaßnahmen wie der Bewässerung der Wüste, dem Beschäftigungsstand oder der Bekämpfung der Korruption im Verwaltungsapparat abzugeben,

Eine Frage der Interpretation

wenn man viel leichter und schneller zum Erfolg kommen kann, indem man stumpfsinnige Leute, die in unserer Gesellschaft leider die Mehrheit bilden, anstachelt, noch dominanter, noch opportunistischer und noch ungerechter mit Frauen umzuspringen![21]

Die Texte im Koran selbst lassen sich hingegen meistens als human bezeichnen. Bis auf vier oder fünf Verse ist der Koran frauenfreundlich; er enthält sogar wunderschöne Verse, in denen hohe Wertschätzung und großes Mitgefühl Frauen gegenüber zum Ausdruck kommen, wie die folgenden Beispiele zeigen: »(...) zur Ehe und nicht in Hurerei.« (4:24) »... seid freundlich zu ihnen.« (4:19) »... auf daß ihr bei ihr zur Ruhe kommt, und Er hat zwischen euch Liebe und Barmherzigkeit gesetzt.« (30:21) »Sie sind euch ein Kleid, und ihr seid ihnen ein Kleid.« (2:187) »Und so ihr Abscheu wider sie empfindet, empfindet ihr vielleicht Abscheu wider etwas, in das Allah reiches Gut gelegt hat.« (4:19) Trotz dieses Verses hat sich in bezug auf die Abscheu vor Frauen in muslimischen Gesellschaften nichts geändert. Oder: »Treibt sie nicht aus ihren Häusern noch lasset sie hinausgehen, es sei denn, sie hätten eine offenkundige Schandbarkeit begangen.« (65:1)

Worauf ist die frauenfeindliche Theologie eigentlich zurückzuführen? Die negativsten Texte über Frauen finden wir, wie wir bereits festgestellt haben, in den Überlieferungen, der Sunna, den Traditionen und Geschichten des Propheten und anderer wichtiger Personen in der Geschichte des Islam. Die Sunna umfaßt nicht irgendwelche Geschichten, für Muslime stellt sie die zweite Quelle des Glaubens dar – sie ist somit ebenso heilig wie der Koran.

Zweifel an der Authentizität der Überlieferungen wird von Orthodoxen als grober Verstoß gewertet, ist aber sicherlich kein neuzeitliches Phänomen. Gleich nach dem Tod des Propheten, als allerlei Geschichten über ihn in die Welt gesetzt

Feindliche Theologie und unzuverlässige Überlieferungen

wurden und seine Worte ein eigenes Leben zu führen begannen, waren unter den Gefährten in seiner direkten Umgebung einige, die ebenso wie seine Frau (und diese in erster Linie) deren Wahrheitsgehalt leugneten und ihnen widersprachen. Und das ging so weiter.

Mehrere Jahrhunderte später beschränkte sich die Kritik an der Zuverlässigkeit der Überlieferungen nicht länger auf deren religiösen und ethischen Inhalt; aus wissenschaftlichen Kreisen wurde auch auf historische Fehler und Unwahrheiten hingewiesen, insbesondere von dem bedeutenden Gelehrten Ibn Khaldun (Tunis 1332 – Kairo 1406), dem Stolz eines jedes Muslim und in den Augen vieler der Begründer der modernen Gesellschaftslehre.

Ibn Khaldun geht in seiner Kritik an der Zuverlässigkeit der Überlieferungen jedoch weiter als seine Vorgänger. Viele Historiker, so stellt er fest, machten sich der Unwahrheit schuldig, weil sie sich auf Berichte stützten, die von als zuverlässig geltenden Informanten stammten, obwohl das, was diese mitteilten, faktisch unmöglich sei.[22]

Ich weiß wirklich nicht, wie wir in diesem Chaos, welches das Ergebnis aller Manipulationen an der Sunna in den vergangenen vierzehn Jahrhunderten ist, die Spreu noch vom Weizen trennen sollen. Als Frauen leiden wir am meisten unter der Unzuverlässigkeit der Überlieferungen – aus diesem Grund dürfen wir auch am lautesten mitreden, wenn es darum geht, mögliche Rezepte zur Behandlung dieses schon viel zu lange anhaltenden Übels zu formulieren, des Übels der bewußten Religionsfälschung.

Da in der – von Männern dominierten – islamischen Kultur die Tendenz besteht, Frauen zu benachteiligen, und bestimmte Überlieferungen eindeutig zu Unrecht dem Propheten zugeschrieben worden sind, läßt sich der überwiegende Teil der

Eine Frage der Interpretation

Überlieferungen über Frauen mit Fug und Recht in Zweifel ziehen, jedenfalls wenn sich zeigt, daß ein offensichtlicher Widerspruch zwischen diesen Texten und anderslautenden Koranversen besteht.

Jetzt, fast vierzehn Jahrhunderte nach dem Tod des Propheten, ist wirklich niemand in der Lage, die Authentizität derartiger Äußerungen, Traditionen und Überlieferungen festzustellen oder zu überprüfen. Aufgrund der begründeten Zweifel an der Authentizität dürfen die Überlieferungen nach meinem Dafürhalten nicht zu den unfehlbaren Quellen der islamischen Vorschriften und Regeln oder gar der islamischen Moral und Ethik gezählt werden. Um eine Richtschnur für die individuelle Moral zu finden, müssen die Menschen doch selbst nachdenken und lernen, ihrem eigenen Urteil zu vertrauen. Schließlich hat Gott uns dieses prachtvolle Denkinstrument nicht ohne Grund gegeben. Also sollten wir es auch benutzen!

Wer kann, sollte lieber den Koran lesen. Er ist viel zuverlässiger als die Sunna. Die Sunna und die Überlieferungen werden immer bedeutsam bleiben, um die Entwicklung des Islam und die islamische Geschichte zu erforschen. Zweifelsohne werden manche Überlieferungen ihre Bedeutung als weise Worte, als inspirierende Gedanken und Geschichten behalten. Im Privatleben steht es schließlich jedermann frei, seiner eigenen Überzeugung treu zu bleiben. Aber als Grundlage für juristische oder offiziell bindende Regeln darf die Sunna meiner persönlichen Meinung nach nicht mehr herangezogen werden. Jedenfalls nicht in bezug auf Frauen.

Sogar ein bekannter Jurist wie Malik Ibn Anas (ca. 715 bis 796), der Gründer einer der vier wichtigsten Rechtsschulen im Islam und einer der Erzähler, welche die Quellen für zahlreiche Überlieferungen darstellten, machte sich derartiger frauenfeindlicher Auffassungen und Äußerungen schuldig.

Feindliche Theologie und unzuverlässige Überlieferungen

»[Malik sagte:] ›Das Recht, einen Eid zu leisten, steht ausschließlich dem Ehegatten der Frau und dem Herrn und Gebieter eines Sklaven zu.‹«[23]

Ich frage mich, wie ein gelehrter Jurist wie Herr Malik, der den Koran sicherlich auswendig kannte, so etwas behaupten konnte, während im Koran doch folgendes steht:

»O Prophet, wenn gläubige Frauen zu dir kommen und dir geloben, Allah nichts an die Seite zu stellen und weder zu stehlen noch zu huren oder ihre Kinder zu töten oder mit einer Verleumdung zu kommen, die sie zwischen ihren Händen und Füßen ersonnen haben, noch gegen dich im Geziemenden widerspenstig zu sein, so nimm ihren Treueid an und bitte Allah um Verzeihung für sie. Siehe, Allah ist verzeihend und barmherzig.« (60:12)

Wieso dürfen die Frauen keinen Eid leisten, werter Herr Malik? Zu Lebzeiten des Propheten leistete jede Frau bei ihm persönlich einen Eid – und zwar nicht irgendeinen. Jede Frau, die zum Islam übertrat, ging zum Propheten, um ihm dies persönlich mitzuteilen und den entsprechenden Eid zu leisten. Manchmal kam der Prophet auch selbst, wenn eine Gruppe von Frauen gleichzeitig übertreten wollte. Mit ihrem Eid schworen die Frauen, bestimmte Bedingungen zu akzeptieren, die im Text genannt werden. Der Prophet fragte in diesen Fällen: »Versprichst du, diese Bedingungen zu erfüllen?« Wenn sie zustimmte, sagte er: »Ich schließe einen Bund mit dir.«

Dabei handelte es sich nicht nur um einen Eid, den jedermann leisten darf, sondern um einen Bund zwischen jeder einzelnen Frau und dem Propheten persönlich. Damit erkannte der Islam bereits in einem sehr frühen Stadium die

Eine Frage der Interpretation

politischen Rechte der Frau an. Wenn wir uns diesen Text von einer politischen Warte aus ansehen, stellen wir fest, daß Frauen damit zum ersten Mal in der prophetischen Geschichte das Stimmrecht erteilt wird. Ihnen wurde ein Programm, eine ethische Agenda vorgelegt, und sie gaben ihre Stimme ab. Damit wurden sie, wie die Männer, persönliche Verbündete des Propheten.

Es reichte also nicht aus, Herr Malik Ibn Anas, daß der Ehemann einer Frau zum Propheten ging, um in ihrer beider Namen den Eid zu leisten. Jede Frau legte höchstpersönlich ihren Eid vor dem Propheten ab – und dieses Wissen haben wir aus einem Korantext.

Zeitgenössische muslimische Geistliche stehen der alten Garde in verabscheuungswürdigen Äußerungen über Frauen in nichts nach, wobei der iranische Ayatollah Khomeini mit seinem bekanntesten Buch *Tahrir-ol Vasileh*, in dem er die Frauen auf eine Daseinsstufe unterhalb der eines Sklaven degradiert, dieser Diskriminierung die Krone aufsetzt. Im Kapitel über die Reinlichkeit erklärt er, Frauen seien unrein und müßten sich deshalb vor dem Gebet zweimal waschen, während ein Mann das nur einmal zu tun brauche.

Wenn wir dem noch die *Fatwas* Khomeinis hinzufügen, in denen die Hinrichtung von außerehelich schwangeren Frauen legalisiert und die Tatsache gutgeheißen wird, daß zum Tode verurteilte Frauen, die noch Jungfrau sind, zuerst vergewaltigt werden, dann wird uns klar, was für ein unauslöschlicher Frauenhaß sich hinter diesem Zerrbild eines Geistlichen versteckt. Auch sein Schüler Rafsandschani propagierte die Apartheid von Frauen. Er sagte beispielsweise:

Feindliche Theologie und unzuverlässige Überlieferungen

»Gerechtigkeit heißt noch nicht, daß alle Gesetze für Männer und Frauen gleich sein müssen. Einer der Irrtümer des Westens ist, daß er dies vergißt. Die Unterschiede in Vitalität, Stimme, Entwicklung, Muskelqualität und Körperkraft zeigen, daß Männer stärker sind als Frauen und in jeder Hinsicht besser. Das Gehirn des Mannes ist größer als das der Frau. Diese Unterschiede müssen auch Folgen für die Frage der Verantwortung sowie für die ihrer Rechte und Pflichten haben.«[24]

Der *Majles* oder islamische Konsultativrat beziehungsweise das iranische Einkammerparlament vertreten ähnliche Meinungen. Der Konsultativrat schrieb beispielsweise: »Frauen müssen unwissend gehalten werden.«[25] »Frauen müssen akzeptieren, daß sie von Männern dominiert werden. Die Welt muß sich bewußt machen, daß Männer überlegen sind.«[26] Der iranische Oberrichter schrieb: »Deine Frau, die dein Besitz ist, ist faktisch dein Sklave.«[27]

Aus Theologen und Juristen wie Malik Ibn Anas, der Frauen mit Sklaven gleichsetzte, insbesondere aber aus den Ayatollahs sind Systeme wie die der Taliban hervorgegangen. Ihnen haben wir den Frauenhaß in der ganzen muslimischen Welt zu verdanken. Doch wie wir gesehen haben, spielen auch alle falschen Überlieferungen sowie diejenigen, die sie verbreitet haben, eine Rolle. Hingegen hat der Prophet des Islam, in dessen Namen sie sprachen, die Frau als freies, vollwertiges, ehrenwertes Individuum betrachtet, das ein eigenes, unabhängiges Leben führt, das ökonomisch und juristisch selbständig ist, mit dem Vereinbarungen getroffen werden können, das einen Eid leisten kann und mit dem ein Bund eingegangen werden kann.

Der Prophet sah die Frauen als seine Verbündeten – Malik und die Ayatollahs sehen sie als Sklavin. Der Prophet lud die

Eine Frage der Interpretation

Frauen dazu ein, an der neuen Ordnung teilzunehmen, die der Islam den Arabern brachte, einer Ordnung, in der alle Menschen gleich waren ungeachtet ihres Geschlechts, ihrer Hautfarbe oder ihrer Stammesherkunft.

Vielleicht halten wir Muslime viel zuviel von unseren berühmten Juristen, Theologen und Geistlichen und verlassen uns ausschließlich auf ihren Ruf. Es wird höchste Zeit, daß wir ihre Meinungen kritisch durchleuchten und uns fragen, warum Malik und die Ayatollahs die Frauen um jeden Preis in der Position von Sklaven halten wollten.

Ich würde zu gern einmal eine unabhängige Studie über muslimische Geistliche und Ayatollahs sehen, in der ihre Einstellung zu Frauen untersucht und veröffentlicht wird. Die Liste ist noch nicht vollständig, aber Ibn Abbas, Khomeini, Rafsandschani (sowie die anderen Ayatollahs) und, wenn man mich fragt, Malik Ibn Anas sind auf jeden Fall dabei. Es würde mich interessieren, wie viele Namen noch übrigbleiben, wenn man alle sexistischen Theologen durchstreichen würde. Ich fürchte, nicht sehr viele.

Um so besser, dann fangen wir noch mal von vorne an, bei einer neuen Theologie, für die Frauen Seelenverwandte des Mannes sind und die sie auch als solche behandelt, die eine Gesellschaft auf der Grundlage universeller humanistischer Grundsätze errichten will, welche im Islam deutlich vorhanden sind – universelle humanistische Grundsätze, die von den Frauenhassern unter den Theologen vernachlässigt werden. Sie haben uns nur wenig Brauchbares hinterlassen, nur wenige Arbeiten, die uns in der heutigen Zeit noch etwas zu sagen haben. Sie waren zu sehr damit beschäftigt, was sie für ihre Hauptaufgabe hielten: die Frauen zu unterdrücken.

8
Geschichte des Zweifels und Unglaubens

Bei der Sicherheit, mit der so gut wie jeder Muslim erzählt, daß der Koran buchstäblich das Wort Gottes sei und nichts anderes als das Wort Gottes, drängt sich mir die Frage auf, wie gut so jemand den Koran kennt und mit welcher Haltung er die Texte liest. Wie ehrlich sind Sie als Muslim, wenn Sie sagen, daß ein Buch mit einhundertvierzehn Texten und Zehntausenden von Zeilen, die ein ganzes Spektrum von Ideen und Meinungen über praktisch jeden Gegenstand umfassen, keinerlei Fragen aufwirft oder keinerlei Anflug von Zweifel bei Ihnen weckt?

Meiner Ansicht nach ist ab und zu ein bißchen Zweifel gar nicht schlecht. Im Gegenteil, es beweist gerade eine gesunde Haltung, es zeigt, daß man die Texte, die man liest, ernst nimmt und darüber nachdenkt, aber außerdem noch, daß man auch sich selbst ernst nimmt. Ich bin davon überzeugt, daß jemand, der wirklich den ganzen Koran gelesen hat, nicht anders kann, als zumindest hinter einige der Verse ein Fragezeichen zu setzen. Einige der Fragezeichen, die mir anläßlich meines Koranstudiums kamen, möchte ich auf den nächsten Seiten gern dem Leser beziehungsweise der Leserin mitteilen.

So fiel mir oft auf, daß Gott Mitleid mit dem Propheten hat, an dessen Adresse im Koran viele Komplimente gemacht werden: »Es sind wahrlich die Worte eines ehrwürdigen Gesandten.« (69:40) »Und du verfügst wahrlich über großartige

Eine Frage der Interpretation

Tugendeigenschaften.« (68:4) Sehr wahrscheinlich hatte der Prophet tatsächlich einen edlen und ehrenhaften Charakter, (fast) alles, was man darüber liest, scheint dies zu bestätigen. Aber die Ermutigung und der Trost an seine Adresse – die der Prophet in seinem Kampf für die neue Religion zweifellos bitter nötig hatte – sind in solchem Übermaß zu finden, daß man sich gelegentlich fragen kann, ob dies nicht eine der Hauptabsichten des Korans war ...

Manchmal konnte der Prophet nicht warten, bis die Offenbarung fertig war, wie zum Beispiel folgender Text beweist: »Bewege deine Zunge nicht mit ihm, um dich damit zu übereilen.« (75:16) »Und überhaste dich nicht mit dem Koran (O Mohammed), ehe seine Offenbarung dir nicht vollständig zuteil geworden ist, sondern sprich: ›O mein Herr, mehre mein Wissen.‹« (20:114) Es ist also nicht undenkbar, daß der Prophet mit bestimmten Texten zu hastig gewesen ist. Vielleicht ließ er auch Dinge weg, die ihm offenbart wurden; er wurde zumindest, so erzählt es der Koran, gelegentlich in Versuchung gebracht: »Vielleicht wirst du nun einen Teil von dem aufgeben, was dir offenbart wurde.« (11:12)

Normalerweise erfolgte eine Offenbarung aus Anlaß eines bestimmten Vorfalls, den der Text anschließend kommentierte. In Büchern zur Koraninterpretation sind solche Vorfälle ausführlich beschrieben. Es gibt ein sehr nützliches Buch, in dem alle Ereignisse, die zur Offenbarung der Koranverse geführt haben, gesammelt und ausführlich besprochen wurden. Das Buch trägt den Titel *Asbab an-Nuzul* oder auch »Ursachen der Offenbarung«. Aber auch in der klassischen vierbändigen Koraninterpretation von Ibn Kathier (geboren 701, gestorben 774 der islamischen Jahreszählung) werden eine Menge dieser Vorfälle oder Anlässe für die Offenbarung von Korantexten berichtet. Die Korandeutung ist begreiflicherweise ziemlich summarisch bezüglich der Verse 75:16, 20:114

und 11:12 und nennt keinen genauen Anlaß zur Kritik am Propheten.

Bei manchen Gelegenheiten scheint der Prophet die Offenbarung vorwegzunehmen, als wisse er schon im voraus, was offenbart werden wird, wie etwa im Fall der Veränderung der Gebetsrichtung *(Kibla)*. Genau wie die Christen und die Juden mußten sich die Muslime in den Anfangszeiten des Islam beim Gebet gen Jerusalem richten. Nach ungefähr sechzehn oder siebzehn Monaten bekam der Prophet durch einen Koranvers von Gott den Befehl erteilt, sich beim Gebet nach Mekka zu wenden. Das deutet an, wie enttäuscht der Prophet war, daß ihn die beiden anderen Religionen nicht als Propheten Gottes anerkannt hatten. Aber offenbar war Mohammed schon dabei, eine neue Richtung zu suchen, bevor er den Befehl bekam, die Gebetsrichtung nach Mekka zu ändern:

> »Wir sehen, wie dein Gesicht sich dem Himmel suchend zukehrt, und Wir werden dich nun zu einer *Kibla* wenden, mit der du zufrieden sein wirst. So wende dein Gesicht in Richtung der heiligen Moschee.« (2:144)

Auch die Art und Weise, in der sich der Koran in persönliche Konflikte des Propheten mit seiner Umgebung einmischt, gibt zu denken. Es entsteht der Eindruck, daß der Koran auch dazu diente, Druck auszuüben. Ein Beispiel:

> »Und es ziemt sich nicht für einen gläubigen Mann oder eine gläubige Frau, daß sie – wenn Allah und Sein Gesandter eine Angelegenheit beschlossen haben – eine andere Wahl in ihrer Angelegenheit treffen. Und der, der Gott und Seinem Gesandten nicht gehorcht, geht wahrlich in offenkundiger Weise irre.« (33:36)

Eine Frage der Interpretation

Als Anlaß für diesen Text ist bekannt – obwohl auch andere Geschichten mit derselben Tendenz erzählt werden –, daß der Prophet eine Frau für seinen freigelassenen Sklaven und Adoptivsohn Zaid Ibn Haritha suchte. In dieser Absicht ging der Prophet zu einer Frau namens Zainab bint Dschahsch, eigentlich eine Nichte des Propheten.[28] Er bat für seinen Schützling um ihre Hand. Frau Zainab weigerte sich jedoch und sagte zum Propheten: »Ich heirate ihn nicht. Meine Herkunft ist höher als die seine.« »Nun, du mußt ihn heiraten«, soll der Prophet gesagt haben, »ich befehle es dir.« Aber Frau Zainab war beleidigt, daß er sie bat, einen (freigelassenen) Sklaven zu heiraten und blieb bei ihrer Weigerung. Sie argumentierte weiter: »Wird mir etwa befohlen, gegen meinen Willen zu heiraten?« Und während sie so miteinander zankten, bekam der Prophet prompt die oben erwähnte Offenbarung 33:36.

Frau Zainab hatte natürlich ein starkes Argument in der Hand. Der Islam hatte der Frau ja das Recht zugesprochen, einen von ihrer Familie ausgesuchten Heiratskandidaten abzulehnen. Zumindest ist es ein Zufall, daß so schnell eine Offenbarung von oben kommt, die dem Propheten in seiner Argumentation gegen seine Nichte den Rücken stärkt. Nun mußte Frau Zainab wohl oder übel heiraten. Es war ja ein Befehl von Gott höchstpersönlich. Und dann erhebt sich zu Recht die Frage, ob sich der Prophet gelegentlich nicht einen Scherz mit der Offenbarung erlaubte.

Wie können wir es sonst erklären, daß der Koran plötzlich eine Regel einführt, die völlig dem gesunden Menschenverstand und einer anderen Regel widerspricht, nämlich daß eine Ehe nicht ohne die Zustimmung der Frau als gültig angesehen werden kann?

Dem Islam zufolge darf eine Frau nicht gezwungen werden, einen Mann zu heiraten, den sie nicht will. Ihre Zustimmung ist eine Bedingung für die Gültigkeit der Ehe. Ist es in einem

Geschichte des Zweifels und Unglaubens

solchen Fall abwegig zu denken, daß dieser Text eigentlich sehr merkwürdig ist? Ist dies nicht ein logischer Gedanke angesichts der Widersprüche und der Umstände, unter denen dieser Text offenbart wurde?

Darüber hinaus kann man sich fragen, warum der Koran so eng mit dem Privatleben des Propheten und seiner Familienmitglieder verknüpft wurde, und warum die Texte als eine Art Schiedsrichter in den Konflikten des Propheten mit anderen dienten. Um ihm recht zu geben?

Manche Teile des Korans sind, ohne die persönliche Geschichte des Propheten zu kennen, nicht einmal zu verstehen, wie zum Beispiel: »Diejenigen, welche die große Lüge vorbrachten, bilden eine kleine Gruppe von euch. Glaubt nicht, dies sei übel für euch; im Gegenteil, es gereicht euch zum Guten. Jedem von ihnen soll die Sünde, die er begangen hat (vergolten werden); und der von ihnen, der den Hauptanteil daran verschuldete, soll eine schwere Strafe erleiden.« (24:11) Dieser Vorfall ist als »Ifk« oder auch als große Lüge in die Geschichte eingegangen.

Im Gegensatz zu den heutigen Lebensbedingungen in strengen, orthodoxen Ländern nahmen die Frauen zu Lebzeiten des Propheten an allen Bereichen des öffentlichen Lebens teil; sogar in den Krieg oder auf Feldzüge zogen Frauen mit, um die Verwundeten zu versorgen. Es wird berichtet, daß Frau Aischa, die geliebte Frau des Propheten[29], bei einem Feldzug versehentlich zurückgeblieben war. Stunden, womöglich sogar einen Tag später wurde sie von einem jungen Soldaten, einem gewissen Safwaan, nach Medina nach Hause gebracht. Daraufhin wurden sie beide von einer Anzahl Menschen – Scheinheiligen, wie sie der Koran nennt – des Ehebruchs bezichtigt.

Der Klatsch und Tratsch hielt an und wurde von immer mehr Menschen in Medina verbreitet. Frau Aischa war völlig außer sich. Der Prophet natürlich auch. Für ihn war dies eine

Eine Frage der Interpretation

der schweren Krisen seines Lebens als Prophet. Seine Ehre als Araber stand auf dem Spiel. Einen Monat lang wartete Aischa im Haus ihrer Eltern auf seine Entscheidung. Entsprechend dem früher offenbarten Korantext 4:15, der die Strafe für Ehebruch festlegt, sollte sie bis zu ihrem Tod in ihrem Elternhaus eingeschlossen werden, falls sie des Ehebruchs für schuldig befunden würde.

Der Prophet war sich nicht sicher, ob er dem Klatsch glauben sollte oder nicht. Außerdem wußte er auch nicht recht, wie er Aischa überzeugend und ohne der Öffentlichkeit gegenüber das Gesicht zu verlieren, zurückbekommen könnte. Denn manch einer aus der nächsten Umgebung des Propheten, darunter Ali Ibn Abi Talib, sein Vetter und Vertrauter, meinte, ihr guter Ruf sei in jedem Fall befleckt, ob die Geschichte nun stimmte oder nicht. Er war der Meinung, daß »die Frau des Propheten« einen unbescholtenen Namen haben mußte.

Diesem Vers (24:11) und den zehn darauffolgenden Texten, die allesamt anläßlich dieses Vorfalls »eingegeben« worden waren und ihre Unschuld bewiesen, ist es zu verdanken, daß die Ehre des Propheten und seiner Frau gerettet wurde. Für Frau Aischa war das natürlich phantastisch, aber ist das nicht vielleicht doch ein sehr großer Zufall?

Die Offenbarung diente offenbar auch als Kommunikationsmittel zwischen dem Propheten und seinen Anhängern. Wenn der Prophet ihnen etwas sagen wollte, was ihm schwerfiel oder wofür er zu schüchtern war, teilte es die Offenbarung mit:

»O ihr, die ihr glaubt! Betretet nicht die Häuser des Propheten, es sei denn, daß euch zu einer Mahlzeit Erlaubnis gegeben wurde. Und wartet nicht erst auf deren Zubereitung, sondern tretet zur rechten Zeit ein, wann immer ihr eingeladen seid. Und wenn ihr gespeist habt, dann geht auseinander und lasset euch nicht aus Geselligkeit in eine weitere Unterhaltung verwickeln. Das verursacht dem Propheten Ungelegenheit, und er ist scheu vor euch, jedoch Allah ist nicht scheu vor der Wahrheit. Und wenn ihr seine Frauen um irgend etwas zu bitten habt, so bittet sie hinter einem Vorhang. Das ist reiner für eure Herzen und ihre Herzen.« (33:53)

Dieser Text führte die Absonderung der Frauen des Propheten ein. Sie durften nicht mehr mitessen, sobald Außenstehende dabei waren, sie durften nicht mehr mit den Männern sprechen, außer hinter einem Vorhang oder einer anderen Abtrennung. Wenn die Männer während eines Essens bei dem Propheten noch ein Stück Brot oder Salz haben wollten, durften sie nicht einfach in die Küche gehen, um die Frauen darum zu bitten, sondern mußten ihre Bitte hinter der Tür oder hinter dem Vorhang äußern. Gott fand das so besser.

Zum Propheten kamen Männer jeder Couleur, gute und schlechte. Der Koran wollte den Frauen damit auch ein wenig Intimsphäre geben und verhindern, daß Männer krankhafte Phantasien entwickelten oder die Frauen – neun Frauen, die sich einen Mann teilen mußten – zu oft mit anderen Männern in Kontakt kamen. Darüber hinaus durften die Männer nicht absichtlich um die Essenszeit herum darauf warten, daß sie mitessen könnten, außer sie waren ausdrücklich eingeladen. Nach dem Essen sollten sie gleich wieder gehen und sich nicht endlos im Haus des Propheten unterhalten. Andernfalls hätte der Prophet gar kein Privatleben mehr gehabt.

Aus den Verboten erweist sich bereits, wie es im Hause des Propheten vor der Offenbarung meistens zuging. Verständlich, daß er diesen Zustand lästig fand. Wenn wir dann noch wissen, daß der Prophet nicht so wohlhabend war, um all diese Men-

Eine Frage der Interpretation

schen jedesmal zum Essen einzuladen, wird alles um so einleuchtender. Dies mußte den Menschen durch einen Korantext mitgeteilt werden, weil der Prophet dazu zu schüchtern war. Er wollte nicht unfreundlich zu seinen Jüngern sein, deshalb half ihm Gott kurz aus der Klemme, denn »Gott schämt sich nicht der Wahrheit«.

Neben diesen praktischen Absichten, denen die Offenbarung diente, und mit denen meiner Ansicht nach von den heiligen Texten zweckwidrig Gebrauch gemacht wurde, drängt sich der Eindruck auf, daß mit Hilfe des Korantextes auch bestimmte Ereignisse abreagiert und verarbeitet wurden:

> »Verlorengehen mögen die Hände von Abu Lahab, und möge er ebenfalls verlorengehen. Sein Besitz und was er anhäufte, nutzen ihm nicht. Er wird in einem Flammenmeer brennen und auch seine Frau, die Herbeischafferin des Brennholzes. Um ihren Hals ein Strick.« (111)

Wenn wir die Geschichte des Propheten nachlesen, sehen wir, daß dieser Abu Lahab ein Halbonkel des Propheten war, ein Halbbruder vom Vater des Propheten. Sein richtiger Name lautete Abd al-Uzza. Als Entstehungsanlaß für diese Sure wird berichtet, daß Mohammed einmal auf dem Markt in Mekka zu einer Menschenmenge sprach, in der auch sein Onkel stand. Dieser rief dem Propheten zu: »Fahr zur Hölle, Mohammed.« Der Anfang der Sure beschimpft daher Abu Lahab mit den Worten: »Laß ihn zur Hölle fahren, Abu Lahab und seine Hände«, so die wörtliche Übersetzung der ersten Zeile.

Abu Lahab war ein gefürchteter Gegner des Propheten und hatte ihn in den Anfangsjahren des Islam oft verletzt. Aber mußten er und seine Frau deshalb im Koran verewigt werden?

Geschichte des Zweifels und Unglaubens

Mußte eine persönliche Fehde zwischen dem Propheten und seinem Gegner durch eine Offenbarung bereinigt werden? Tut mir leid, aber von einer göttlichen Offenbarung erwarte ich wirklich nicht, in eine Schimpfkanonade hineingezogen zu werden.

Nach vierzehn Jahrhunderten weiß man als Koranleser nicht, ob man die Sure sozusagen als historische Information zur Kenntnis nehmen muß. (Dadurch wissen wir beispielsweise, daß Frauen auch damals die meiste Arbeit verrichteten, für das Kochen Zweige suchten und sie mit einem Strick um den Nacken trugen, etwas, was die Männer wahrscheinlich nicht taten.) Oder muß man als Muslim auch auf diesen unverbesserlichen Abu Lahab fluchen und genau wie der Koran auf ihn und seine Frau böse werden? Die Offenbarung ist so schwer mit den Gefühlen des Propheten beladen, daß der Abstand zwischen dem Text im Koran und seinen persönlichen Erlebnissen sehr gering wird. Das läßt doch manchen Zweifel aufkommen.

Von einigen Texten habe ich stark den Eindruck, daß sie dazu gedacht sind, den Propheten in Schutz zu nehmen und Druck auf andere Parteien auszuüben, etwa:

> »Und es geziemt euch nicht, den Gesandten Allahs zu belästigen, noch geziemt es euch, seine Frauen jemals nach ihm zu heiraten. Wahrlich, das würde vor Allah eine Ungeheuerlichkeit sein.« (33:53)

Die Männer durften den Propheten nicht verletzen. Das können wir als Muslime wegen unserer Sympathie für den Propheten leicht akzeptieren, aber daß Gott persönlich seinem Propheten mit einer Offenbarung beistehen soll? Man könnte fast sagen, daß Gott ein Freund vom selben Schrot und Korn und in diesem Konflikt ebenfalls parteiisch ist, und das ist natürlich ziemlich bedenklich.

Im Falle einer Scheidung durften die Frauen, die den Propheten geheiratet hatten, keine anderen Männer mehr heiraten. (Aus den Überlieferungen wissen wir, daß es nur einmal vorgekommen ist, daß sich eine Frau von ihm scheiden ließ. Eine zweite war kurze Zeit von ihm geschieden, worauf er sie wieder zurücknahm.) Und nach seinem Tod blieben sie auch ohne Mann. Die zugrundeliegende Vorstellung war, neben der persönlichen männlichen Eifersucht des Propheten, daß ein Mann durch eine Ehe mit einer Exfrau oder Witwe des Propheten im Prinzip einen Anspruch auf die Leitung der muslimischen Gemeinde erheben könnte. Man könnte einen solchen Nachfolger des Propheten bei dieser Frau auch als Nachfolger des Propheten in religiöser und politischer Hinsicht sehen. Auch die Frauen, die sich dem Propheten geschenkt haben – und von denen niemand genau weiß, wie viele es waren –, durften danach keinen anderen Mann mehr heiraten.

Aber fast alle Ehefrauen des Propheten hatten vor ihrer Ehe mit ihm andere Männer gehabt. Sie waren allesamt verwitwet oder geschieden und hatten oft Kinder. Frau Aischa war als einzige noch Jungfrau, als der Prophet sie heiratete. Sie mußte, weil sie soviel jünger war, sehr lange als Witwe leben, ohne sich wieder verheiraten zu dürfen. Wenn wir dann noch wissen, daß Frau Aischa kinderlos war, verstehen wir, warum gerade sie nach dem Tod des Propheten so starke politische Ambitionen hatte, die bedauerlicherweise für sie und für uns nicht in Erfüllung gingen.

Aus dem Koran vernehmen wir, daß das Verhältnis des Propheten zu seinen Frauen bisweilen eine große Plage für ihn war:

»O Prophet! Sprich zu deinen Frauen: ›Wenn ihr das Leben in dieser Welt und seinen Schmuck begehrt, so kommt, ich will euch eine Gabe reichen und euch dann auf schöne Art entlassen. Doch wenn ihr Allah und Seinen Gesandten und die Wohnstatt des Jenseits begehrt, dann wahrlich hat Allah für die unter euch, die Gutes tun, einen herrlichen Lohn bereitet.‹« (33:28–29)

Wie wir im Kapitel über die Brautgabe sehen werden, war ein Hochzeitsgeschenk Pflicht für jeden Mann, der eine Frau heiratete. Daran hielt sich auch der Prophet (jedesmal), und als er vorhatte, ein weiteres Mal zu heiraten, führte dies zum Widerstand seiner Ehefrauen. Wie eine Mauer standen ihm seine neun Frauen gegenüber und äußerten ihren Unmut über die schwierigen Bedingungen, unter denen sie leben mußten, in absoluter Knappheit. Es war gar kein Geld da, um noch einmal zu heiraten und noch einmal einen Brautpreis zu bezahlen, fanden seine Frauen. Dies war der Anlaß für diesen Text.

Es war bekannt, daß der Prophet sehr einfach lebte und es in seinem Haus gelegentlich an Kleidung und anderen Lebensnotwendigkeiten fehlte. Der Prophet nahm sogar von Gläubigen Almosen an, um seinen Haushalt (und auch die Besucher, die am liebsten alle zum Essen blieben) zu versorgen. Für alle Frauen des Propheten, insgesamt dreizehn und maximal elf gleichzeitig, muß es ihn ein Vermögen gekostet haben, die »vom Koran selbst« als Verpflichtung eingeführten Brautgaben zu bezahlen.

Daneben mußte eine Frau auch noch standesgemäß unterhalten und ihr genügend Nahrung und Kleidung zur Verfügung gestellt werden, eine Verpflichtung, die der Koran ebenfalls für den Ehemann eingeführt hat. Männer haben dem Islam zufolge dafür zu sorgen, daß ihre Frauen und Kinder

Eine Frage der Interpretation

ausreichende Mittel zum Leben haben, je nach den finanziellen Möglichkeiten des Mannes. Deshalb bekommen Männer und Frauen bei der Verteilung einer Erbschaft auch einen ungleichen Anteil. Der Mann bekommt zweimal soviel wie seine Schwester, weil er nach diesem System eine Familie unterhalten muß und sie nicht. Eine Hand wäscht die andere, und versorgt und mit Schmuck, Gaben und Geschenken überhäuft zu werden, ist nach islamischen Normen der Preis für die Gehorsamkeit der Frau gegenüber ihrem Mann.

Offenbar darf man als Prophet so viele Frauen heiraten, aber die Regel schreibt vor, daß ein Mann seine vielen Frauen auch unterhalten können muß, und das konnte der Prophet diesem Text zufolge nicht. Das Problem konnte gelöst werden, falls ihn einige seiner Ehefrauen verlassen und sich aus eigenem Entschluß scheiden lassen würden. Diese Möglichkeit bietet ihnen der Text ebenfalls. Es wäre nach islamischem Recht eine völlig legitime und berechtigte Entscheidung gewesen und für eine Frau ein triftiger Grund, sich scheiden zu lassen.

Aber die Formulierung des Textes ist einschüchternd. Man hat den Eindruck, als würden sich die Frauen, falls sie diese legitime und berechtigte Entscheidung träfen, gegen Gott, gegen seinen Gesandten und gegen das Jenseits wenden: »Doch wenn ihr Allah und Seinen Gesandten und die Wohnstatt des Jenseits begehrt, dann wahrlich hat Allah für die unter euch, die Gutes tun, einen herrlichen Lohn bereitet.« Mit anderen Worten, diejenigen – von den neun Ehefrauen –, die sich für eine Scheidung entscheiden, würden damit zu erkennen geben, daß sie sich nicht für Gott, den Propheten und das Jenseits entscheiden.

Aus dem Text lesen wir auch heraus, daß es keine gute Entscheidung wäre; es könnte auf eine amoralische, antireligiöse, womöglich gar feindliche Haltung gegenüber Gott, sei-

Geschichte des Zweifels und Unglaubens

nem Propheten und dem Jenseits hinweisen. Und welche Frau würde es wagen, sich ganz allein gegen solch mächtige Symbole der Autorität und des Glaubens zu entscheiden?

Der erste Teil des Textes qualifiziert den Protest der Frauen als irdische Habgier. Er erweckt den Eindruck, als würden die Frauen unbillige Forderungen stellen und nach allerlei Luxusartikeln verlangen. »O Prophet! Sprich zu deinen Frauen: ›Wenn ihr das Leben in dieser Welt und seinen Schmuck begehrt.‹« Wir waren natürlich nicht dabei, wir wissen nicht, wie drückend die materielle Not war und inwieweit die Frauen diese Not ausnutzten, um ihre tiefe Unzufriedenheit über den polygamen Lebensstil des Propheten zu äußern.

Andererseits wissen wir aus den Überlieferungen, daß der Prophet und seine Frauen in einer bestimmten Phase ziemlich knapp bei Kasse waren. Deshalb führte der Prophet auf Anraten seines Vetters Ali Ibn Abi Talib die Regel ein (natürlich nach einer Offenbarung), daß die Gläubigen ihm für individuelle Beratungen einen finanziellen Beitrag schuldig wären. Jeder Gläubige, der nunmehr den Propheten um einen persönlichen Rat bat, mußte eine bestimmte Summe bezahlen, ich glaube, zehn Dirham. Bereits sehr schnell bat niemand mehr um eine individuelle Beratung. Herr Ali erzählte später, daß er als einziger diese Vorschrift befolgt habe, indem er einen Beitrag zahlte, bevor diese Verpflichtung einige Tage darauf durch einen anderen Korantext wieder aufgehoben wurde.

Wir sehen hier, daß Theorie und Praxis der Scharia begannen, sich auseinanderzubewegen, und daß das System, welches der Frau theoretisch enorme Vorteile einbrachte, in der Praxis ganz und gar nicht gut funktionierte. Nicht einmal einem Propheten gelang es, gänzlich entsprechend den Regeln des Korans zu leben. Das vom Glauben geschenkte Recht zu nutzen, um viele Frauen heiraten zu können, ohne damit in die

Eine Frage der Interpretation

Rechte seiner anderen Ehefrauen einzugreifen oder ihnen Gewalt anzutun, erwies sich als unmöglich. Der Prophet war für jeden Muslim das Vorbild schlechthin, und wenn es nicht einmal ihm gelang, die Vorschriften zu seinem und zum Vorteil seiner Frauen nebeneinander gelten zu lassen, wie sollte es dann erst dem Rest der Gläubigen ergehen?

Dazu muß angemerkt werden, daß die Polygamie des Propheten Mohammed ein Nichts war verglichen mit anderen (biblischen) Propheten. So hat Salomo dem Alten Testament zufolge siebenhundert Frauen gehabt, und außerdem noch dreihundert Nebenfrauen:

»Aber der König Salomo liebte neben der Tochter des Pharaos viel ausländische Weiber: moabitische, ammonitische, edomitische, sidonische und hethitische.« (I Könige 11:1) Und kurz darauf fährt die Bibel fort: »An diesen hing Salomo mit Liebe. Und er hatte siebenhundert Weiber zu Frauen und dreihundert Kebsweiber; und seine Weiber neigten sein Herz.« (I Könige 11:2–3)

Es ist doch merkwürdig, daß solche Dinge nicht einfach miteinander besprochen und entschieden werden konnten, und daß immer wieder die Intervention einer Offenbarung nötig war, um die Privatangelegenheiten des Propheten zu regeln. Wurde die Offenbarung nicht in einem Konflikt des Propheten mit seinen vielen (mündigen und streitbaren) Frauen, der keinen anderen etwas anging, im Grunde als Druckmittel eingesetzt? Einige Verse weiter heißt es:

»O Frauen des Propheten! Wenn eine von euch eine offenkundige Schändlichkeit begeht, so wird ihr die Strafe verdoppelt. Und das ist für Allah ein leichtes. Doch welche von euch Allah und Seinem Gesandten gehorsam ist und

Geschichte des Zweifels und Unglaubens

Gutes tut – ihr werden Wir ihren Lohn zweimal geben; und Wir haben für sie eine ehrenvolle Versorgung bereitet.« (33:30–31)

Gott kommt seinem Propheten immer gegen dessen Frauen zu Hilfe. »Das ist für Gott einfach.« Sie waren auch so viele, und eine wie die andere waren es kluge und mündige Frauen; vor allem wenn sie sich zusammentaten und eine Front bildeten, um ein gemeinsames Interesse zu verteidigen, war der Prophet allein nicht imstande, ihren Widerstand zu brechen. Was hätte der Prophet ohne Gottes Hilfe mit seinen Frauen anfangen sollen? Aber vernünftige Menschen können bei solchen Texten nicht anders als annehmen, daß es sich hier um Erpressung und einen zweckwidrigen Gebrauch der Offenbarung handelt.

Gleichzeitig finde ich diese Texte in einer gewissen Weise auch rührend, denn sie zeigen, daß der Prophet sich seinen Frauen gegenüber absolut nicht wie ein Tyrann benahm, sondern eher sanftmütig und respektvoll mit ihnen umging. Er brach ihre Persönlichkeit nicht, im Gegenteil. Er scheint ihnen die Gelegenheit gegeben zu haben, ihren Charakter zu entwickeln. Dadurch war er trotz seiner Prophetenrolle gegenüber so vielen starken Frauen in einer schwachen Position. Deshalb brauchte er so oft die Macht der Offenbarung, um die Oberhand über sie behalten zu können.

Kein einziger Muslim nach ihm verfügte über dieses Instrument. Offenbar beschlossen die muslimischen Männer damals, den Widerstand der Frauen kräftig und definitiv zu brechen, indem sie mit ihrer Haltung gegenüber Frauen eine völlig andere Richtung einschlugen als die, in welche ihr Prophet gegangen war ...

Eine Frage der Interpretation

> »Es ist dir nicht erlaubt, künftig andere Frauen zu heiraten, noch sie gegen andere Frauen einzutauschen, auch wenn ihre Schönheit dir gefällt; davon sind nur die Sklavinnen ausgenommen, die du von Rechts wegen besitzt. Und Allah wacht über alle Dinge.« (33:52)

Dieser Vers wurde als Belohnung für die Frauen des Propheten offenbart, weil sie im oben erwähnten Konflikt die richtige Entscheidung getroffen hatten und bei ihrem Mann (dem Propheten) geblieben waren, trotz seiner Genügsamkeit und Armut, wie wir in Vers 33:28 gesehen haben. Abgesehen von einer Frau, die um die Scheidung bat, blieben die anderen bei ihm.

Nach der Offenbarung dieses Verses hatte der Prophet (von Gott!) keine Erlaubnis mehr, andere Frauen zu heiraten oder seine Frauen auszutauschen – Partnertausch war ein häufig vorkommender Brauch bei den Arabern in der vorislamischen Zeit. Beim Partnertausch vereinbarten zwei Männer, ihre jeweilige Frau abzutreten und sie dem anderen zu übertragen. Ob sie dies nach Rücksprache mit den Frauen taten oder ohne sie einzubeziehen, wird nicht gesagt, aber in Anbetracht des niedrigen Rangs von Frauen in der vorislamischen Zeit läßt sich die Antwort leicht erraten. Allerdings gibt es auch die Ansicht, daß Frauen bei einigen Stämmen vor dem Islam im Gegenteil eine sehr starke Position innehatten.

Wie dem auch sei, der Islam hat mit diesem Vers diesen Brauch verboten. Die Frauen des Propheten waren natürlich froh über den Text, der ihnen die Sicherheit bot, daß künftig keine neuen Konkurrentinnen mehr hinzukommen würden. Jede der Ehefrauen war nur eine von neun, das heißt, jede konnte sich nur (plus minus) drei Tage pro Monat verheiratet fühlen und mit ihrem Mann intim sein. Den restlichen Monat wartete sie darauf, an die Reihe zu kommen. Mit der Verteilung der Lebensmittel ging es ebenso. Und trotzdem drohte die Situation jeden Tag noch schlimmer zu werden, falls der Prophet nicht aufhörte, immer wieder neue Ehefrauen zu heiraten.

Mit diesem Vers hatten die Frauen die Gewißheit, daß das Schlimmste hinter ihnen lag und es niemals schlimmer werden konnte, daß sie keine neuen Konkurrentinnen zu fürchten hatten, auch wenn es in bezug auf Sklavinnen keinerlei Beschränkungen gab. Vielleicht verdient es eine Mitteilung, daß der Koran gelegentlich den Eindruck erweckt, als hätte der Prophet eine ganze Heerschar von Sklavinnen gehabt, während es in Wirklichkeit wahrscheinlich nur eine Sklavin gab. Doch wegen aller Widersprüche in den Überlieferungen bleibt es schwierig, etwas mit Sicherheit zu wissen. Vom Standpunkt der Ehefrau aus argumentiert, durfte sich eine Sklavin außerdem nicht an der wechselseitigen Verteilung der Tage beteiligen, sie durfte keine Forderungen an ihren Lebensunterhalt stellen, sie half als Dienstmagd in dem großen Haushalt mit.

Auf jeden Fall setzte der Korantext der Polygamie des Propheten eine Grenze und machte zugleich klar, daß sie nicht ausschließlich auf soziologischer und politischer Notwendigkeit beruhte, wie die Befürworter der Polygamie des Propheten immer behaupten, sondern bestimmt auch auf dessen Empfänglichkeit für die körperlichen Vorzüge von Frauen. Für seine Polygamie gab es viele Gründe, zum Beispiel den Frauenüberschuß wegen der vielen Kriege und Konflikte, wodurch die Frauen und Kinder von Märtyrern auf die Haushalte verteilt werden mußten (eigentlich der wahre Grund für die Polygamie im Islam), damit sie ein Dach über dem Kopf hatten; oder die Notwendigkeit, Bündnisse mit Stammesführern zu besiegeln und mächtige Personen durch eine Heirat mit deren Töchtern für den Glauben zu gewinnen (so wurde die Pazifizierung vieler Stämme erreicht). Das alles sind sicher sehr einleuchtende Mo-

Eine Frage der Interpretation

tive, aber das der physischen Anziehungskraft (»auch wenn ihre Schönheit dir gefällt«) gilt nicht weniger.

Dennoch dauerte es nicht lange, bis der Prophet eine neue Frau heiratete, die koptische Maria, die er als Geschenk aus Ägypten bekam und die ihm einen Sohn schenkte, Ibrahim. Wie konnte das sein? War es ihm nicht mit dem vorherigen Text verboten worden, neue Ehefrauen zu nehmen? Die Freude seiner Frauen über ihre Belohnung, nämlich Vers 33:52, in dem es dem Propheten verboten wurde, neue Ehefrauen zu nehmen, hat nicht lange gewährt – einigen Überlieferungen zufolge nur einen Tag oder nicht einmal einen Tag. Schon bald, am Ende des Tages, kam eine andere Eingebung, nämlich Vers 33:50 und weitere, mit einer völlig anderen Botschaft. Die Verkündung dieses Textes machte der Belohnung der Ehefrauen ein unerwartet schnelles Ende, und Text 33:52 wurde aufgehoben. Der neue Vers lautete wie folgt:

»O Prophet, Wir erlaubten dir deine Gattinnen, denen du ihre Brautgabe gegeben hast, und jene Sklavinnen, die du von Rechts wegen aus der Zahl derer besitzt, die Allah dir als Kriegsbeute gegeben hat, und die Töchter deines Vaterbruders und die Töchter deiner Vaterschwestern und die Töchter deines Mutterbruders und die Töchter deiner Mutterschwestern, die mit dir ausgewandert sind, und jedwede gläubige Frau, die sich dem Propheten schenkt, vorausgesetzt, daß der Prophet sie zu heiraten wünscht; dies gilt nur für dich und nicht für die Gläubigen. Wir haben bereits bekanntgegeben, was Wir ihnen bezüglich ihrer Frauen und jener, die sie von Rechts wegen besitzen, verordnet haben, so daß sich daraus keine Verlegenheit für dich ergibt. Und Allah ist allverzeihend, barmherzig. Du darfst die von ihnen entlassen, die du zu entlassen wünschst, und du darfst die behalten, die du zu behalten wünschst; und wenn du eine, die du entlassen hast, wieder aufnehmen willst, dann trifft dich kein Vorwurf. Das ist dazu angetan, daß ihre Blicke Zufriedenheit ausstrahlen und sie sich nicht grämen und sie alle zufrieden sein mögen mit dem, was du ihnen zu geben hast. Und Allah weiß, was in euren Herzen ist; denn Allah ist allwissend, nachsichtig.« (33:50–51)

So. Wie viele Frauen sind es insgesamt, die der Prophet nach diesem Vers besitzen durfte, fragte sich ein Theologe, denn er hatte den Überblick verloren. Es waren so ungefähr alle weiblichen Mitglieder seines Stammes! Die einzigen, die nicht eingeschlossen waren, waren seine Töchter und seine Tanten. Kurzum, fast alle Frauen, die mit ihm aus Mekka nach Medina gezogen waren. Man zähle dazu jede Frau, die sich ihm schenken wollte, und dann noch die Sklavinnen ...

Auch wenn es dreihundert Frauen waren, schrieb ein anderer Theologe, für den Propheten war kraft dieses Verses jede Beschränkung der Polygamie aufgehoben. Die männlichen Theologen gönnen ihm natürlich alle Frauen des Universums. Warum auch nicht? Seine uneingeschränkte Autorität stärkt ihnen als Männern nur noch den Rücken bei ihrem Anspruch auf die totale Verfügungsgewalt über die Frauen, auch wenn sie dann in einer etwas eingeschränkteren Form stattfindet. Ich merke, daß ich mich bei diesem Text schwer beherrschen kann. Ein überaus befremdlicher Text, dessen tiefere Weisheit nicht zu erkennen ist.

Vielleicht ist es der Traum eines jeden Mannes, so viele Frauen zu haben, wie er sich nur wünscht, zu sich kommen zu lassen, wen er haben will, und Aufschub zu gewähren, wenn er es wünscht. Sollte dann noch viel Zeit zum Beten bleiben, wenn man Prophet ist? Der Islam hat frommen Männern die Verwirklichung dieses Traums als Belohnung im Jenseits verspro-

Eine Frage der Interpretation

chen. Warum entschied Gott nun, daß Mohammed nicht auf das Jenseits warten mußte, daß der Männertraum schlechthin schon zu seinen Lebzeiten wahr wurde? Ich merke, daß ich jedesmal, wenn ich diese Stelle lese, einfach wütend werde. Kommt es, weil ich keine Theologin bin, oder kommt es einfach daher, weil ich eine Frau bin?

Um zu sehen, ob andere meinen Zorn teilten, blätterte ich eines Tages allerlei Kommentare durch. Ich war neugierig, wie die Frauen des Propheten auf diesen Text reagiert hatten. Und da stand es: »Dein Gott ist aber sehr entgegenkommend und schnell in der Erfüllung deiner Wünsche«, sagte Frau Aischa, als sie diesen Vers von Mohammed hörte, und damit hat sie mich nicht enttäuscht. Ich habe sie immer für die erste islamische Feministin gehalten, und diese Annahme erweist sich erneut als richtig. Sie wagte als einzige, dem Propheten gegenüber ein kritisches Wort zu äußern über eine ausschweifende, habsüchtige Phantasie, die als Offenbarung präsentiert wurde. Auch sie konnte offenbar hinter diesem Text keine Weisheit entdecken.

Es ist meine persönliche Überzeugung, daß dieser Vers auch mit dem Machtspiel zwischen Mohammed und seinen Frauen zu tun hatte. Jedesmal, wenn die Frauen ihm zu mächtig wurden, versuchte er sie mit Hilfe einer Offenbarung einzuschüchtern und wieder unter Kontrolle zu bringen. Man darf jedoch nicht vergessen, daß der Prophet diese Erlaubnis nicht dazu mißbraucht hat, sich der gesamten weiblichen Weltbevölkerung zu bemächtigen. Außer der koptischen Maria, die ihm aus Ägypten als Geschenk gesandt wurde, nahm er keine neuen Frauen mehr. Frau Hafsa hat er einmal verstoßen, nahm sie jedoch kurz darauf wieder auf. Er hatte vor, sich von Frau Sawda zu scheiden (weil zu sie alt geworden war!), aber sie gab ihren Tag freiwillig Frau Aischa und gehörte dadurch weiterhin zum Harem.

Geschichte des Zweifels und Unglaubens

Es kommt nicht von einem anderen Glauben, daß wir Frauen solche Korantexte anders erleben als Männer, es kommt daher, daß wir ein anderes Geschlecht haben. Diese Verse stehen chronologisch nach 33:52 (der dem Propheten verbot, neue Frauen zu nehmen) und machen diesen Text ungültig. Aber um das Durcheinander und die Widersprüchlichkeit zu verschleiern, hat man sich offenbar entschieden, die Reihenfolge der beiden Verse im redigierten Koran umzudrehen.

Dennoch sollten wir nicht vergessen, daß der Prophet ins politische und gesellschaftliche Leben der Araber ein völlig neues und revolutionäres Konzept eingeführt hat, nämlich daß die Autorität des Gesetzes über jeder anderen Autorität steht, sogar über seiner eigenen – also die Vorstellung, ein Anführer oder Oberhaupt habe ebenfalls Regeln einzuhalten. De facto übertrat der Prophet die Regeln nicht. Er sorgte gelegentlich dafür, daß sie verändert und durch andere ersetzt wurden, und wir sind nicht immer mit der Art und Weise einverstanden, wie das vor sich ging.

Entsprechend einem über jedem, auch über den Anführern, stehenden Gesetz zu regieren, war im politischen und ethischen Denken der sich ständig befehdenden Stämme ein gewaltiger Fortschritt. Die Achtung vor einem Gesetz, das auch für Stammesführer gilt, war die höchste Entwicklung, die bis dahin in der politischen Geschichte der arabischen Kultur erreicht worden war. Mit anderen Worten, der Prophet hat die Idee des Rechtsstaats bei den arabischen Stämmen eingeführt, die sich davor an keinerlei höheres Gesetz oder Regeln hielten. Vielleicht war dies die Quelle der Kraft, welche die Araber aus dem Islam bezogen haben.

Obwohl Muslime es nicht gewohnt sind, finde ich es keineswegs falsch, mir Korantexte kritisch vorzunehmen und zu zweifeln, wenn mir etwas nicht logisch oder nicht richtig er-

Eine Frage der Interpretation

scheint. Die Zweifel sollen nicht die Religion insgesamt ablehnen oder Muslime brandmarken, sondern im Gegenteil die starken, positiven Aspekte der Religion herausstellen und die weniger starken disqualifizieren. Der Islam spornt die Muslime ja in zahllosen Texten und Worten dazu an, selbst den Koran zu lesen und darüber nachzudenken. Nur dann können wir die allgemeingültigen Werte, die den Glauben so groß gemacht haben, herausdestillieren und den Rest über Bord werfen.

An sich ist es nicht so merkwürdig, daß ich einige Texte in Zweifel ziehe. Das tun die meisten Menschen gelegentlich, nur sind sie nicht ehrlich genug, es zuzugeben. Sogar der Prophet zweifelte gelegentlich: »Sei daher darüber nicht im Zweifel. Dies ist die Wahrheit von deinem Herrn; jedoch die meisten Menschen glauben es nicht« (11:17), und noch unverkennbarer in: »Und falls du im Zweifel über das bist, was Wir zu dir niedersandten, so frage diejenigen, die vor dir die Schrift gelesen haben. Wahrlich, die Wahrheit ist von deinem Herrn zu dir gekommen; sei also nicht einer der Zweifler.« (10:94)

Bestimmt teilen einige Gelehrte und Philosophen den Zweifel am eigenen Anteil des Propheten an der Offenbarung. Von einigen ist auch allgemein bekannt, daß sie Zweifel hatten. Ein bekanntes Beispiel ist Ibn al-Mukaffa (wahrscheinlich im Jahr 142 der islamischen Jahrzählung ermordet), der in seinem berühmten Buch *Kalila wa dimna* (Kalila und Dimna) das folgende über Religion schrieb (in der freien Übersetzung der Autorin):

»Auf der Welt gibt es viele Religionen und Glauben. Menschen haben sie oft von ihren Ahnen übernommen, andere haben Angst und wurden zum Glauben gezwungen, wieder andere benutzen sie als ein Mittel, um hohes Ansehen zu erwerben und ein angenehmes Leben zu führen. Aber alle behaupten, daß sie recht hätten und die gute Führung genießen

Geschichte des Zweifels und Unglaubens

würden, während jeder, der ihren Glauben nicht teilt, sich im Irrtum befinde.

Die Unterschiede zwischen all diesen Menschen über Fragen wie den Anfang und das Ende der Schöpfung und andere Themen sind sehr groß. Jede Gruppe hat eine Überzeugung und ist der anderen Gruppe spinnefeind. Deshalb beschloß ich, die Gelehrten eines jeden Glaubens aufzusuchen und ihnen in dem zu folgen, was sie beschreiben und was sie anführen, um herauszufinden, was denn nun wahr ist und was nicht. Erst dann könnte ich auf der Grundlage von Sicherheit und Überzeugung die Wahrheit finden, und nicht einfach blindlings etwas glauben, was ich nicht wußte.

So geschah es. Ich schaute gut hin und ließ mich gut informieren. Aber bei fast allen Religionen war man damit beschäftigt, den eigenen Glauben in den Himmel zu loben und den Glauben anderer schlechtzumachen. Da wurde mir klar, daß das, was sie erzählen, Erfindungen sind und keine Gerechtigkeit. Rein rational betrachtet, fand ich bei keiner Gruppe Gerechtigkeit oder Wahrheit.«[30]

Andere Freigeister, die dem rationalen Denken als einziger Methode vertrauten, wie Ibn al-Rawandi (830 – 910) und Mohammed bin Zakkeria al-Razi (865 – 923), leugneten sogar schlichtweg das Prophetentum. Als Argument für seine Ablehnung des Prophetentums führt Ibn al-Rawandi folgendes an (in der Übersetzung der Autorin):

»Die Vernunft ist die höchste Gabe, die Gott uns geschenkt hat ... Durch die Vernunft ist der Mensch imstande, Gott und die Gunst Gottes kennenzulernen. Nur durch die Vernunft dürfen Gebote und Verbote, Ermutigung und Entmutigung gerechtfertigt werden. Wenn dann ein Prophet mit einer Bestätigung der Gebote und Verbote der Vernunft kommt, brauchen wir ihm nicht zu folgen und seine

Eine Frage der Interpretation

> Botschaft nicht anzunehmen. Denn uns reicht die Vernunft, und wir brauchen ihn (den Propheten) nicht. Kommt dagegen ein Prophet mit etwas, das im Widerspruch zu dem steht, was die Vernunft empfiehlt oder verbietet, dann verfällt damit sein Anspruch auf sein Prophetentum und wir erkennen ihn nicht als solchen an.«[31]

Also hat Al-Rawandi zufolge in beiden Fällen das Prophetentum keinen Nutzen, da die Vernunft die Grundlage von Wissen, Wissenschaft und Verhalten ist. Auf der Grundlage des Primats, den er dem Verstand zuerkennt, kritisiert Al-Rawandi den Islam und sieht die Scharia im Widerspruch mit dem Verstand. So sagt er:

> »Der Prophet kam mit Dingen, die dem gesunden Menschenverstand widersprechen, beispielsweise dem Gebet, den rituellen Waschungen, dem Werfen von Steinen (auf der Wallfahrt), dem im Kreis um einen bestimmten Ort laufen (um den schwarzen Stein), dem nichts Sehen und nichts Hören (auf der Wallfahrt), dem Rennen zwischen zwei Felsen (auf der Wallfahrt), was im Grunde nichts anderes ist als die Rituale bei anderen (Götzen-)Tempeln.«[32]

»Wenn es wahr ist, daß der Prophet erklärt hat, er lasse dem Verstand einen Ehrenplatz zukommen, warum kam er dann mit Dingen, die dazu im Widerspruch stehen, wenn er die Wahrheit sprach?« fragt sich Al-Rawandi.[33] Am Ende folgert er, daß die Vernunft niemals das Prophetentum anerkennen könne: Erstens, weil die Schöpfung keinen Anfang hat, zweitens, weil der Mensch, mit Hilfe seines Verstandes, alles entdeckt und erfunden hat, was das menschliche Leben erleichtert, ohne dazu Propheten zu brauchen. »Sag mir einmal, warum ein Prophet Dinge begreifen und wissen sollte, welche die Gemein-

Geschichte des Zweifels und Unglaubens

schaft nicht weiß und begreift? Durch Offenbarung? Auch das Wissen der Gemeinschaft ist Offenbarung. Durch Auserkorensein? In der Vernunft gibt es kein Auserkorensein.«[34]

In seiner radikalen Leugnung des Prophetentums stand Ibn al-Rawandi nicht allein. Seine Standpunkte stimmten völlig mit denen der Brahmanen überein, gelegentlich auch »die Leugner des Prophetentums« genannt.

Ein anderer berühmter Freigeist und Leugner des Prophetentums ist Mohammed bin Zakkeria al-Razi (um 864 – 930). Er schrieb eine Streitschrift, deren Titel an Deutlichkeit nichts zu wünschen übrigläßt: »Über den Betrug derjenigen, die sich Prophet nennen, oder die Tricks der Propheten.« Al-Razi machte kein Geheimnis daraus, daß er Propheten für Bauernfänger und Urheber von unnötigem Streit hielt. Ihm zufolge wird das unabhängige Denken durch offenbarte Religionen nichts als behindert: »Wie kann jemand philosophisch denken, wenn er an solche Ammenmärchen glaubt, die nur so strotzen von Widersprüchen, hartleibiger Unwissenheit und Dogmatismus?«[35]

Nichtsdestotrotz lehrt uns der Koran, daß die Aussagen Mohammeds Offenbarungen *(Wahi)* gewesen seien, die ihm ins Herz eingegeben worden waren. Die Offenbarung stammte also vollständig von Gott. Aber zugleich war der Ort der Offenbarung das Herz des Propheten, das in einer bestimmten Geschichtsepoche verankert war und von einer geographischen und historischen Wirklichkeit und, nicht zu vergessen, vom Analphabetismus des Propheten geformt war.

All diese Faktoren machen es wahrscheinlich, daß der Prophet bei den Offenbarungen eine wichtige Rolle spielte, bei den späteren sogenannten Medina-Suren und vor allem bei den Suren vom Ende seines Lebens, in denen sich viele Ideen und Prinzipien finden, die den Idealen aus der Anfangszeit des Islam regelrecht widersprechen. In dieser Zeit ging es allein

Eine Frage der Interpretation

um eine Religion, und der Islam war noch kein politischer Staat geworden, der genau wie jedes andere politische System seine Macht festigen wollte. Die Frage ist nur noch, wie groß der Anteil des Propheten denn genau gewesen ist.

Der Koran versucht jeden Zweifel, sei es der Vergangenheit oder der Gegenwart, zu beseitigen: »Und dieser Koran hätte nicht ersonnen werden können außer von Allah.« (10:37) Auf die logische Frage Warum nicht? gibt der Koran in Form einer Herausforderung Antwort: »Oder wollen sie etwa sagen: ›Er hat ihn erdichtet?‹ Sprich: ›Bringt denn eine Sura gleicher Art hervor und ruft an, wen ihr nur könnt, außer Allah, wenn ihr ehrlich seid.‹« (10:38)

Im Arabischen deutet man diese Herausforderung des Korans mit dem Begriff *Idschas* an, will heißen, »die nicht zu imitierenden literarischen Qualitäten des Korans«. Diese *Idschas* wird vom Koran als ein Wunder vorgeführt und zugleich als Beweis für die heilige Herkunft des Korans. Aber Freigeister wie Ibn al-Rawandi brachten Einwände dagegen vor. In seiner Veröffentlichung *Kitab al-Damigh* (der Unwiderlegbare oder der Totschläger) scheint der Philosoph versucht zu haben, den Koran zu widerlegen. Die nicht zu imitierenden literarischen Qualitäten des Korans konnten ihm zufolge rational erklärt werden: Es war durchaus möglich, daß ein Araber zufällig ein viel größeres literarisches Talent besaß als alle anderen. Zudem fand er das Kriterium des unimitierbaren Korans völlig belanglos für die Völker, die nicht Arabisch sprechen.[36]

Daneben hielt Ibn al-Rawandi die Verse des Korans nicht für die schönsten, die in Arabisch geschrieben sind. Ihm erschienen beispielsweise die Gedichte Aktham bin Saifis schönere Zeilen zu enthalten als die Sure 108:1 (die allgemein als ein schöner Korantext gesehen wird).

Die Antwort des Philosophen Al-Razi auf die Unimitierbarkeit des Korans war, er könne, linguistisch gesehen, aus

Geschichte des Zweifels und Unglaubens

dem Nachlaß von Dichtern und Rednern wohl tausend Beispiele von gleicher Qualität anführen, oder die sogar besser und kompakter formuliert seien, als es der Koran getan hatte. Aber die Kritik Al-Razis galt zusätzlich noch dem Inhalt des Korans:

»Wenn Bücher als Beweis der Göttlichkeit gelten könnten, dann seien es eher die Bücher über die Prinzipien der Architektur, Technik und Astrologie, Bücher, die uns helfen, die Bewegung der Sterne und Planeten kennenzulernen, oder Bücher über Logik und Bücher über Medizin, die für den Körper nützlich sind. Diese Bücher wären eher ein Beweis (der Göttlichkeit) als die, die nichts bringen, weder Nutzen noch Schaden, und die nichts Neues enthüllen.«[37]

Die Brahmanen haben vergleichbare Einwände gegen das Prophetentum formuliert. Al-Scharistani erarbeitete eine Zusammenfassung ihrer Auffassungen in vier Punkten, wovon die ersten drei mit den oben angeführten Argumenten übereinstimmen. Der vierte Punkt war:

»Das allerschlimmste am Prophetentum ist, daß man einem Mann folgen muß, der nicht anders ist als man selbst, weder vom äußeren Ansehen noch in der Seele, noch im Verstand. Er ißt dasselbe wie das, was man selbst ißt, trinkt dasselbe – trotzdem ist man ihm gegenüber ein Ding. Er bestimmt über dich, er kann dich nach oben oder unten, nach links oder rechts kommandieren, als ob man ein Sklave oder ein Tier wäre. In welcher Hinsicht ist er besser als man selbst? Welche Tugend gibt ihm das Recht, einen so zu benutzen? Welchen Beweis führt er für die Wahrheit seiner Botschaft an? Wenn ihr euch nur von seinem Reden einschüchtern laßt: Kein Sprechen ist besser als ein anderes.«[38]

Eine Frage der Interpretation

Bemerkenswerterweise führt keiner der Freigeister und der Leugner des Prophetentums die Ungleichheit von Männern und Frauen als Kritikpunkt an. Das kommt natürlich in erster Linie daher, daß sie alle Männer waren. Frauen vom gleichen Denkniveau hätten das garantiert angesprochen. Ich habe es immer sehr bedauerlich gefunden, daß keine der Frauen des Propheten schreiben konnte. Wenn Aischa oder Umm-Salma oder Hafsa gebildet gewesen wären und sie ihre Gedanken hätten aufschreiben können, hätten wir Muslimas wahrscheinlich heute eine völlig andere Position.

Die Freigeister und die Leugner des Prophetentums, die seit Beginn des achten Jahrhunderts (der christlichen Jahrzählung) ihre Aufwartung machten, bildeten natürlich nur eine kleine Minderheit und gingen durch ihren öffentlich gemachten Unglauben große Risiken ein. Die meisten Muslime waren und sind noch immer nicht kritisch, aber eine wachsende Anzahl Gläubiger setzt doch hinter die Beziehung des Korans zum Propheten Fragezeichen. Sie denken darüber nach, ob der Koran ausschließlich das Wort Gottes ist oder ob der Prophet dabei nicht auch eine Rolle spielte und wenn ja, wie groß sein Anteil daran war. Neben der orthodoxen Auffassung, der Koran sei wortwörtlich das Wort Gottes, entstehen bei manchen Theologen und Mystikern auch andere Interpretationen.

Zweifellos hat die Frage nach dem Ursprung des Korans die Muslime zu allen Zeiten beschäftigt, und mehrere muslimische Denker und Mystiker haben sich auch darüber ausgelassen. Aber auch in unserer Zeit gibt es muslimische Gelehrte, die nach anderen Wegen suchen als den festgefahrenen orthodoxen Dogmen. Eine sehr plausible Erklärung für den Prozeß der Offenbarung stammt van Fazlur Rahman, einem pakistanischen Islamgelehrten, der die Theorie der doppelten Bewegung entwickelte.[39]

Anhand philosophischer, psychologischer und anthropologischer Argumente folgert Fazlur Rahman, daß wir die Offenbarungen am besten als eine Wechselwirkung zwischen der offenbarten, transzendenten, göttlichen Weisheit und der Person des Propheten mit all seinen Charaktereigenschaften, seinem Lebenslauf und seinen Lebensumständen sehen können. Unter einer doppelten Bewegung können wir uns einen Prozeß vorstellen, der aus zwei Schritten besteht: im ersten Schritt geht der Pfeil mit der göttlichen Botschaft in Richtung Herz des Propheten. Danach wird das Offenbarte mit dem Wesen des Propheten verbunden, um anschließend in Schritt zwei in Form von Texten wieder herauszutreten.

Diese Theorie nähert sich sehr stark meiner persönlichen Vorstellung von der göttlichen Herkunft des Korans, daß die Offenbarung zuerst Gottes Weisheit und Inspiration ist, die dann vom Propheten formuliert und als Text produziert wurde. Der Koran besteht aus den formulierten Worten des Propheten, die auf der göttlichen Offenbarung basieren. Die göttliche, ewige Offenbarung wurde in menschliche Worte und Formulierungen gegossen, wie sie innerhalb einer bestimmten Sprache, einer bestimmten Zeit und an einem bestimmten Ort und für eine bestimmte Mentalität galten. Die allgemeingültigen Werte wurden vom Propheten innerhalb einer sozialhistorischen Wirklichkeit übersetzt. Das Wesen des Korans ist göttlich, von Gott stammend, aber die Worte sind die Worte des Propheten Mohammed in verschiedenen Graden der Ekstase und Authentizität. Dies kann eine Erklärung für alle Zweifel bieten, die ich im Vorangegangenen angeführt habe.

9

Die schönste Gestalt

Kinder nehmen die Welt mit ihren Geschmackspapillen wahr. Früher in der Grundschule war Religion für mich die bei weitem langweiligste Unterrichtsstunde. Wir mußten hauptsächlich Koranverse auswendig lernen. Anders als Gedichte und Reime, die wir auch auswendig lernen mußten und von denen manche sehr schön waren, hielt ich die Koranverse immer für schwer, einschläfernd und beklemmend. Außerdem war es eine Katastrophe, wenn man beim Aufsagen einen Fehler machte, jedenfalls in den Augen unseres dicken, strohdummen Religionslehrers, der sich dann jedesmal fürchterlich aufregte. Um das Risiko eines Fehlers zu minimieren, suchten wir uns oft kurze und einfache Texte aus.

Die Tatsache, daß ich dabei einmal einen Vers fand, der so heißt wie meine Lieblingsfrucht, die Feige, ließ mir den Koran menschlich erscheinen. Mit einem Schlag verwandelte sich das trockene, schwere Buch in Lesestoff, in dem auch leckere Dinge zu finden waren, wenn man nur gut suchte. Dazu kam, daß im Text von »Die Feige« noch eine andere leckere Überraschung verborgen war: Oliven!

Feigen und Oliven im Koran – mein Gott, was für ein herrlicher Vers! Damals mochte ich – im Gegensatz zu anderen Kindern meines Alters – überhaupt keine Süßigkeiten, sondern war ganz verrückt nach Früchten wie Oliven, Feigen und Limonen. Ich konnte mir gut vorstellen, daß ich es nur mit

Die schönste Gestalt

Feigen und Oliven ganz lange aushalten würde. Ich muß wohl etwa neun oder zehn Jahre alt gewesen sein, als ich die Sure mit dem Titel »Die Feige« entdeckte. Niemand hatte mir diese Sure zuvor jemals vorgelesen, und mir ist noch immer nicht klar, wieso solch ein schöner, poetischer Text so unbekannt bleiben konnte. Für mich stellte »Die Feige« damals den deutlichsten Beweis für die Echtheit des Korans dar. Gott hatte nicht nur guten Geschmack bewiesen, indem er Feigen und Oliven in seinem Text versteckte, sondern er benutzte sie auch noch für einen Eid.

Wenn wir Menschen unseren Worten Nachdruck verleihen wollen, schwören wir bei Gott, beim Propheten, manchmal auch beim Kopf unserer Mutter oder unseres Vaters. In dieser Sure (95:1-4) beruft sich Gott auf Feige und Olive, um einen Eid zu leisten. Er sagt:

»Bei der Feige und der Olive
Und dem Berge Sinai
Und dieser sicheren Stadt (...).«

Kinder zweifeln nicht an dem, was ihre Umgebung ihnen als Wahrheit präsentiert. Das tat ich zwar auch nicht, aber der Koran wurde damit trotzdem ein Stück realer. Wahrscheinlich habe ich etwa so gedacht: Ein Gott, der in unserem trockenen, heißen Klima solche Köstlichkeiten wachsen läßt und sie in seinem heiligen Text zu etwas erhebt, auf das man einen Eid leistet, das muß ein netter Gott sein! Natürlich ist es nicht einfach, nach so vielen Jahren meinen Gedankengang von damals präzise nachzuvollziehen, aber ich weiß genau, daß der Vers mich beeindruckte. Er brachte den Koran mit einemmal meiner Welt näher. Bis dahin war es mir nicht weiter aufgefallen, aber ich wußte, daß unser Land hauptsächlich aus Wüste bestand und das Leben in der Wüste ohne Feigen und

Eine Frage der Interpretation

Oliven viel schwerer gewesen wäre. Eigentlich fehlte nur noch ein einziges Element in diesem Text, und das waren die Datteln, das wichtigste Grundnahrungsmittel der Wüstenvölker.

Auch die Tatsache, daß Gott in diesem Text einen Eid ablegt, kam mir damals als etwas ganz Besonderes vor. Die Mystiker erzählen uns, daß es gut ist, wenn wir Gottes Verhaltensweisen und Qualitäten nachzuahmen versuchen – Qualitäten wie Geduld, Barmherzigkeit, Freigebigkeit, Gerechtigkeit. In diesem Text versucht Gott, das Verhalten der Menschen nachzuahmen, um ihnen auf diese Weise näherzukommen, indem er einen Eid ablegt. Für den Menschen ist Gottes Name das Allererhabenste, für Gott sind dies die Feige, die Olive, ein Berg und eine sichere Stadt, in der Frieden herrscht (mit der Stadt ist Mekka gemeint; zur Zeit der Offenbarung wurde überall außer in Mekka viel gekämpft).

Jetzt, da ich ein Stück älter bin, verstehe ich den Vers besser. Er bedeutet nicht, daß auch Gott den Geschmack der Feige und der Olive mag, sondern daß diese die Basis einer ganzen Kultur im Mittleren Osten bilden. Nahrungsmittel wie Feigen und Oliven haben es den Menschen ermöglicht, an Orten zu leben und zu überleben, die ansonsten wegen der Dürre zu unwirtlich gewesen wären. Es hat sich nicht nur als möglich erwiesen, *mit* Feigen und Oliven zu leben – nein, auf dieser Basis sind sogar hochwertige Zivilisationen entstanden. Feigen, Oliven, Datteln und alle darauf basierenden Erzeugnisse wie Olivenöl enthalten darüber hinaus gesundheitsfördernde Elemente von unschätzbarem Wert.

Der Berg Sinai und die Stadt Mekka sind besondere Orte, weil sie mit Frieden assoziiert werden und weil sich an ihnen eine göttliche Offenbarung sowohl für Juden als auch für Muslime vollzogen hat. Außerdem: Was ist, um für einen heiligen Eid herangezogen zu werden, im Leben realer, konkreter und wertvoller als ein Feigenbaum, ein Ölbaum, ein Berg und

Die schönste Gestalt

eine sichere Stadt? Gilt nicht das höchste Streben jeder Zivilisation der Sorge um die Natur (Baum und Berg), der Wahrung des Friedens und der Sicherheit der Städte? Propheten wurden zu uns gesandt, heilige Texte wurden uns offenbart, um uns Menschen auf dem Weg zu diesen Zielen zu begleiten. Es handelt sich nicht nur um die höchsten Ziele einer Zivilisation, sondern auch – und vor allem – um die Voraussetzungen jeder menschlichen Zivilisation und Entwicklung. Bessere Objekte für einen heiligen Eid gibt es meines Erachtens nicht.

Ironischerweise werden seit Jahr und Tag eben diese Heiligtümer für allerlei Abstraktionen geopfert, mit Füßen getreten und zerstört. Es werden Kriege geführt, Terroranschläge verübt, Städte unsicher gemacht – und das alles für Gott, in seinem Namen und für seine Religion! Für welchen Gott, fragt man sich manchmal. Für denselben Gott, der bei der Feige und der Olive, beim Berg Sinai und bei dieser sicheren Stadt schwört? Ich weiß es wirklich nicht. Ich bin mir nur sicher, daß die Dinge, die in dieser Sure als Heiligtümer bezeichnet werden – denn in der Regel schwört man nur bei Heiligtümern –, auch für mich die heiligsten Dinge im Leben sind. Eine Zivilisation kann sich nur dank dieser Symbole herausbilden. Frieden und Sicherheit sind die Hauptgaranten für die Entwicklung und Fortsetzung jeder Zivilisation. Im Grunde steht noch nicht einmal ein Text, wie heilig er auch immer sein mag, über einem Feigenbaum, einem Ölbaum, einem Berg und einer sicheren Stadt. Kein Dogma kann sich damit messen.

Der Koran zeigt in dieser kurzen Sure, was im Leben wirklich wichtig und ethisch vertretbar ist. Es sind die kleinen Dinge des Alltags, die das Leben lebenswert machen, die schönen Dinge, die unsere Wertschätzung und unseren Schutz verdient haben. Aber was wollte Gott diesem Text zufolge schwö-

Eine Frage der Interpretation

ren? Worauf will Gott einen Eid leisten? Was sollen wir nach Gottes Willen glauben?

> »Bei der Feige und der Olive
> Und dem Berge Sinai
> Und dieser sicheren Stadt,
> Wahrlich, Wir erschufen den Menschen in schönster
>   Gestalt.
> Alsdann machten Wir ihn wieder zum Niedrigsten
>   der Niedrigen:
> Außer denen, die da glauben und das Rechte tun;
> Ihnen wird ein unverkürzter Lohn.« (95:1–6)

Der Koran stellt fest: Wir haben den Menschen in schönster Gestalt erschaffen. Wie ist es eigentlich um die schönste Gestalt des Menschen bestellt? Heute ist die halbe Menschheit darauf fixiert. Auf der einen Hälfte der Erdkugel finden die Menschen ihre Gestalt nie schön genug. Sie muß immer schöner, perfekter, dünner oder voller werden. Ständig sind irgendwelche Eingriffe erforderlich – Korrekturen, Verkleinerungen, Vergrößerungen, Straffungen. Auf der anderen Hälfte der Erde geraten Menschen eben wegen ihrer schönsten Gestalt in Schwierigkeiten; ihr Körper wird auf Betreiben von Bart- und Turbanträgern, die behaupten, Gottes Wort umzusetzen, entstellt, verhüllt, versteckt, verleugnet oder an den Pranger gestellt.

Ich schaue mir mit meinen beiden Kindern oft Zeichentrickfilme an, in denen sich die Zeichner mit großer Kreativität ein neues Äußeres für den Menschen haben einfallen lassen und neue Wesen – diverse Kreuzungen aus Menschen, Maschinen, Insekten, Pflanzen und Tieren – fabriziert haben, aber ehrlich gesagt finde ich, daß die Menschen so, wie sie in Wirklichkeit erschaffen wurden, die schönste Gestalt haben. Gottes Phan-

Die schönste Gestalt

tasie ist offenbar der des Menschen weit überlegen. Trotzdem wollen die Menschen ihr Äußeres ständig verändern: eine kleinere Nase, einen größeren Busen, keine Klitoris oder keine Vorhaut, dicker, dünner, ein anderes Geschlecht. Oder sie wollen ihre schönste Gestalt unter Tüchern und Lappen verstekken: Kopftüchern, Schleiern, *Niqab*, *Tschador* und so weiter.

Die einfachste – und gewiß nicht schlechteste – Art, diesen Text zu verstehen, ist, ihn wörtlich zu nehmen: Der Mensch, Mann wie Frau, hat von Gott ein großes Geschenk bekommen – die schönste Gestalt. Bemerkenswerterweise wußte der Koran schon vor vierzehn Jahrhunderten, daß uns unser Äußeres einmal großes Kopfzerbrechen bereiten würde, und gab uns dafür eine goldene Regel: Wir alle, Männer und Frauen, jung und alt, wurden »in schönster Gestalt« erschaffen. Wir dürfen durchaus zufrieden, vielleicht sogar stolz auf unsere schöne Gestalt sein und sie angemessen und innerhalb bestimmter Grenzen genießen.

Unser Körper, unsere natürliche schöne Gestalt, ist ein Ausdruck unserer inneren schönsten Gestalt, die wiederum ein Teil Gottes ist. Wir dürfen ihn ruhig als ein Gottesgeschenk betrachten, ohne die Exzesse der heutigen Mode, die uns Frauen trotz all unserer Entwicklungen und Fortschritte glauben machen will, daß es unsere Hauptaufgabe im Leben sei, unter allen Umständen, rund um die Uhr, sieben Tage die Woche, »sexy« zu sein und bis ins Grab zu bleiben.

Aber dann, nachdem Gott den Menschen in der schönsten Gestalt erschaffen hat, macht er ihn zum Niedrigsten der Niedrigen. Noch nie war dem Menschen ein so endlos langes Leben beschert gewesen wie heute. Bevor jemand endlich stirbt, ist er oder sie völlig verbraucht. Demenz und Verfall in jeder Bedeutung des Wortes scheinen unvermeidlich zu sein. Was Wunder, wenn ein moderner Greis dann ungeduldig wird und, manchmal mit Hilfe eines Arztes, seinem Leben lieber

Eine Frage der Interpretation

ein Ende setzt, um diesem schrecklichen Verfall zu entkommen?

Ist Euthanasie für einen gläubigen Muslim akzeptabel? Meiner Meinung nach nicht, ebensowenig wie für einen gläubigen Christen oder Juden. Aber ein gläubiger Muslim zögert den Tod nicht möglichst lange hinaus, zieht das Leben nicht um jeden Preis in die Länge, fordert keine drei Hüftoperationen, will Nieren, Leber und Lunge nicht ersetzen lassen, um sich dann zu beschweren, daß das Leben ein unerträgliches Leiden sei. Dennoch steht auch ein gläubiger Muslim vor einem Dilemma, wenn er mit dem möglichen Tod einer geliebten Person konfrontiert wird.

Bei meiner Arbeit als Dolmetscherin habe ich miterlebt, wie Krankenhausärzte einem tiefgläubigen Muslim mitteilten, daß sie das Beatmungsgerät, an das sein Sohn angeschlossen war, ausschalten würden, weil eine Weiterbehandlung ihrer Meinung nach keinen Sinn mehr habe. Der Vater versuchte alles mögliche, dies zu verhindern, bis die Ärzte ihn an seinen Glauben erinnerten: »Ist es in Ihrem Glauben nicht Gott, der den Zeitpunkt des Todes bestimmt, und nicht das Beatmungsgerät?« Kurz darauf starb das Kind, und der Vater vergaß in seiner unermeßlichen Trauer, daß er als Muslim Gottes Willen akzeptieren mußte, und nannte den Arzt einen Mörder. Jedenfalls war es dem Kind erspart geblieben, »zum Niedrigsten der Niedrigen« zu verfallen.

Der orthodoxen Doktrin zufolge ist mit der Zeile über den Verfall zum »Niedrigsten der Niedrigen« etwas ganz anderes gemeint, nämlich das Jenseits. Es gibt jedoch auch die Auffassung, die unter anderem von bekannten muslimischen Philosophen und Mystikern vertreten wird, daß das Jenseits symbolisch zu verstehen sei. »Himmel und Hölle sind der Ausdruck angenehmer und unangenehmer Gedanken«, schrieb der 1927 verstorbene Sufimystiker Inayat Khan. Seine Erklärung sagt mir

Die schönste Gestalt

persönlich sehr zu; ich halte sie durchaus für plausibel. Was der Koran mit dem Jenseits meint, ist »die Ewigkeit«, und aus einer bestimmten Perspektive ist jeder Augenblick gleichbedeutend mit der Ewigkeit, da die Zeit die größte Erfindung des menschlichen Geists ist.

Wenn in dieser Sure jedoch mit dem allerniedrigsten Verfall Alter und Demenz gemeint sind, finden wir hier auch den Hinweis, wie man ihnen entkommen kann. Dieses schreckliche Schicksal, das die Menschen erwartet – der Verfall und der Absturz ins Allerniedrigste –, wird offenbar einer bestimmten Gruppe nicht zuteil, und zwar »denen, die da glauben und das Rechte tun«. Das Alter macht sich mit Gebrechen bemerkbar, sagt ein niederländisches Sprichwort. Doch wenn das Alter sehr lange dauert, hat das viel schlimmere Folgen als »Gebrechen«. Dann verfallen wir zum »Niedrigsten der Niedrigen«.

Die Belohnung, die der Koran dem Menschen in Aussicht stellt, bezieht sich meines Erachtens mehr darauf, daß uns der Verfall des Alters erspart bleibt und auf welche Weise wir das Leben verlassen. Das Leid des Sterbenden ist ein Geheimnis, das nur denjenigen, die es zu tragen haben, offenbart wird. Die beiden wichtigsten Momente in einem Menschenleben sind der Moment, in dem das Leben beginnt, und der Moment, in dem es endet. Beginn und Ende müssen nicht unbedingt mit großem Leid einhergehen, aber es ist auch nicht ausgeschlossen. Wovon dies abhängt, ist ein Bestandteil des Mysteriums des Lebens an sich.

Zwischen diesen beiden Polen verläuft das Leben eines Menschen in verschiedenen Phasen. Jede einzelne Phase kann als separates Leben betrachtet werden. Der Mensch scheint sich in jeder Phase zu einem völlig anderen Wesen entwickeln zu können, das kaum etwas mit den anderen Personen gemeinsam hat, die er zuvor gewesen ist. Vieles im Leben hängt jedoch, wie die Mystiker behaupten, von der Art ab, wie der

Eine Frage der Interpretation

Mensch in das Leben eintrat beziehungsweise wie er geboren wurde, während vieles von dem, was nach dem Tod geschieht, von der Art abhängt, wie er es verläßt.

Im Alter wird dem Menschen die Rechnung für sein Leben präsentiert: Jedes Stück Torte zuviel, jedes überflüssige Glas Bier, jede Zigarette, jede schlaflose Nacht, alle Momente höchsten Glücks und tiefster Verzweiflung sind darauf verzeichnet. Vereinfacht gesagt ist das Alter gleichsam die Summe aller Posten, die sich aus der Art und Weise errechnet, wie die betreffende Person ihr Leben gelebt hat (oder nicht), eine Anhäufung all dessen, was sie in ihrem Leben zustande gebracht beziehungsweise nicht geschafft hat, sowohl in körperlicher als auch in seelischer Hinsicht.

Selbst wenn meine Deutung dieser Sure zutrifft, weiß ich nicht, wie ein Mensch, indem er glaubt und das Rechte tut, dem allerniedrigsten Verfall des Alters entkommen soll, aber ich bin davon überzeugt, daß dann, wenn man über einen starken Glauben verfügt, der körperliche Verfall mit einer gewissen spirituellen Reife einhergehen kann, einer Reife, die den Schmerz erträglicher macht. Gläubige Menschen akzeptieren den Tod als natürliches Ende ihres Lebens, sie fürchten sich nicht davor und empfinden keine Bitterkeit.

Möglicherweise stimmt meine romantische Vorstellung vom Alter nicht mit der Wirklichkeit überein und muß ich sie revidieren, wenn ich selbst ein hohes Alter erreicht habe; aber von meiner jetzigen kerngesunden Verfassung aus kann ich glauben, daß einem die Demenz erspart bleibt, wenn das Leben wunschgemäß verlaufen ist, wenn man den Gang der Dinge nicht bedauert – wie es einem gläubigen Muslim geziemt – und wenn man das Rechte getan hat. Ich bin davon überzeugt, daß es jemanden fertigmachen kann, wenn er sich im fortgeschrittenen Alter – wenn es zu spät ist, etwas daran zu ändern – über den Verlauf seines Lebens ärgert und grämt.

Die schönste Gestalt

Wahrscheinlich ist nur das Leben ganz weniger Menschen genau so verlaufen, wie sie es selbst gewollt haben; das ist auch nicht nötig, solange sie keine Gewissensbisse haben. Sobald man den Tod als das normale Ende eines Lebens akzeptiert, das man anständig gelebt hat, kann man seinem Tod zufrieden entgegensehen. Ich glaube, nichts kann einem mehr Kraft und Seelenruhe geben als diese beiden Faktoren, um das Alter zu ertragen. Allein deswegen lohnt es sich schon zu glauben.

Was kann einem Menschen in seiner letzten Lebensphase mehr Zufriedenheit schenken und ihn den Tod leichter akzeptieren lassen als die Überzeugung, daß er alles getan hat, was er wollte, und daß sein Leben darüber hinaus sinnvoll war und er stets »das Rechte« tat? Dann haben Kummer, Bedauern oder Bitterkeit keine Chance. Vielleicht ist das der »unverkürzte Lohn«, der in der Sure versprochen wird. Die letzten Verse der Sure (95:7–8) lauten wie folgt:

»Und was macht dich hernach das Urteil leugnen? Ist nicht Allah der gerechteste Richter?«

Tja, was für eine Frage. Natürlich ist Allah der gerechteste Richter! Doch wie findet man als Mensch heraus, was genau Gottes Urteil ist? Wenn man sich dessen sicher sein könnte, würde niemand es leugnen wollen, nehme ich an. Das Problem ist, daß es sich nicht so leicht herausfinden läßt, wie Gottes Urteil lautet. Alle behaupten, es zu wissen, doch jeder erzählt etwas anders.

Ist es Gottes Urteil, daß die Hälfte seiner Untertanen – die Frauen – auf Erden ein Hundeleben führt und unter Zuhilfenahme seiner Texte praktisch weltweit diskriminiert und verachtet wird? Frauen wird im Namen Gottes das Leben zur Hölle gemacht, nur weil sie Frauen sind. Ist das Gottes Urteil?

Eine Frage der Interpretation

Oder ist es Gottes Urteil, daß Menschen uneingeschränkt Kinder bekommen, für die sie selbst nicht sorgen können? Daß sie die Welt bevölkern mit einer unglücklichen, chancenlosen Nachkommenschaft ohne Existenzmöglichkeiten? Ist es das, was Gott will?

Ist es Gottes Urteil, daß weltweit achtzig Millionen Menschen unterhalb der Hungergrenze leben, obwohl überall Feigen, Oliven, Trauben, Äpfel und noch viel mehr köstliche Früchte wachsen und an noch viel mehr Orten wachsen könnten?

Ist es Gottes Urteil, daß verheerende Landminen hergestellt und überall im Boden vergraben werden, die sogar noch fünfzig Jahre nach dem Ende eines Krieges detonieren, sobald ein Mensch drauftritt, und sein Leben zerstören oder ihn zum Krüppel machen?

Ist es Gottes Urteil, daß Menschen einander im Namen ihres Glaubens, ihrer Abstammung oder ihres Vaterlands auf abscheuliche Art und Weise ums Leben bringen, wie es in Ruanda, Algerien, Bosnien, Israel, Afghanistan, im Sudan oder in den USA geschehen ist?

Ist es Gottes Urteil, daß seine Schöpfung manipuliert wird, indem wir mit den Genen lebender Zellen herumspielen, sie verändern, selektieren, vervielfältigen, klonen, indem wir menschliche Embryonen für Arzneimittel verwenden, um Krankheiten zu bekämpfen?

Ist das alles das Urteil des Menschen oder das Urteil Gottes? Wer weiß es schon? Der Mensch hat einen analytischen Verstand. Und den menschlichen Fortschritt haben wir der Wissenschaft und der Experimentierfreude zu verdanken. Menschliche Evolution und Entwicklung ist schlußendlich Ziel der Schöpfung. Gott hat den Menschen nicht ohne Grund erschaffen und mit einem gewaltigen Denkvermögen ausgestattet, welches das Ebenbild Gottes ist. Falls wir uns

Die schönste Gestalt

überhaupt eine Vorstellung von Gott machen können, ähnelt die meines Erachtens am ehesten dem Denkvermögen des Menschen, das nach der Befruchtung die konkreteste schöpferische Kraft in unserer Welt ist.

Müssen wir als Muslime in diesem Fall nicht glauben, daß der Wille des Menschen ein Bestandteil von Gottes Willen ist? Daß es dann, wenn der Mensch etwas will, bedeutet, daß Gott es auch will? Wenn dem nicht so wäre, wie kann Gott dann allmächtig sein, solange die Menschen wollen und tun, was Gott nicht will? Ein Teil der Muslime hat immer geglaubt, der Wille des Menschen könne nichts anderes sein als ein Bestandteil von Gottes Willen. Doch ist damit auch gesagt, daß alle Ergebnisse des menschlichen Denkvermögens gut sind? Nichts geschieht ohne Gottes Willen, sagt uns der Koran, und das könnte bedeuten, daß diese Frage mit Ja zu beantworten ist. Und damit sind wir beim größten Dilemma in der islamischen Theologie angekommen: der Kollision des göttlichen und des menschlichen Willens.

Große Theologen haben sich den Kopf über diesen Zwiespalt zerbrochen. Sie debattieren nun schon seit vierzehn Jahrhunderten und haben noch immer keine Antwort gefunden. Ich behaupte wirklich nicht, daß meine Wenigkeit die Lösung parat hat. Wahrscheinlich verkünden alle ihre jeweils eigene Meinung und behaupten, es sei Gottes Meinung. Und wahrscheinlich haben sie alle recht. Jeder Wille ist ein Bestandteil von Gottes Willen. Sie dürfen demnach wollen, was Sie wollen, und brauchen sich dafür nicht zu schämen, noch nicht einmal, wenn es dem Willen der anderen widerspricht, da Ihr Wille auch ein Bestandteil des göttlichen Willens ist.

Was Sie aber tun sollten, jedenfalls als Muslima, ist, selbst nachzudenken. Sie sollten sich den Freiraum verschaffen, einen eigenen Willen zu entwickeln. Ihr Denkvermögen ist das Göttlichste, was Sie haben. Sie lernen zwar, Ihr wichtigster

Eine Frage der Interpretation

Besitz – Ihre Jungfräulichkeit – befinde sich zwischen Ihren Beinen, ich glaube aber, daß er sich zwischen Ihren Ohren befindet.

Es ist schon sehr lange her, als ich in der Grundschule Koranverse auswendig lernen mußte, Verse, die ich zum größten Teil bereits wieder vergessen habe, mit Ausnahme einiger Suren wie »Die Feige«. Doch jedesmal, wenn ich diesen Vers aufsage, denke ich wieder, daß ich als Kind, als er mir wegen seiner Schönheit auffiel, völlig recht hatte. Ich weiß nur nicht, ob mir die Menschen glauben werden, wenn ich mich beim Schwören auf die Feige und die Olive berufe und nicht auf Gott und den Propheten.

Teil Zwei

Frauen im Koran

Einleitung

Ich wäre lieber Kind geblieben

»Wie hat man ihn damals geschlagen, Mutter?« fragte ich an einem heißen Nachmittag meine Mutter, ohne den Blick von meiner Stickarbeit zu heben. Normalerweise konnte ich Stikken nicht ausstehen, aber jetzt half ich Mutter, indem ich kleine Figuren auf die Pullover stickte, die sie strickte. Wir befanden uns auf dem Westbalkon, der Veranda genannt wurde. Wir hatten bereits warm gegessen und Siesta gehalten. Die schlimmste Hitze des Tages war schon vorüber und die Stunden, die uns bis zum Abendessen blieben, liebte ich besonders. Meist kam Besuch vorbei, oder wir gingen irgendwohin. Sonst saßen wir auf der Veranda und stickten und unterhielten uns. Jetzt gerade hatten meine Mutter und ich jede einen Pullover auf dem Schoß liegen. Ich nutzte die Gelegenheit, daß kein anderer dabei war, um mit meiner Mutter über etwas zu reden, das mir im Magen lag. Ebenfalls ohne von ihrer Arbeit aufzusehen, fragte meine Mutter:
»Wen meinst du?«
»Du weißt schon, den Verbrecher. Wie wurde der damals von seinem Vater geschlagen?«
»Das habe ich dir schon zwanzigmal erzählt, mein Kind.«
»Bitte erzähl es noch einmal«, ließ ich nicht locker. Ich konnte einfach nicht genug davon bekommen. Die Person, die ich den Verbrecher nannte, war ein Kind in meinem Alter oder ein wenig älter. Ich war damals fast vierzehn Jahre und

hatte im Lauf meines dreizehnten Lebensjahrs eine schlimme und demütigende Erfahrung gemacht, über die ich maßlos wütend gewesen war. Man hatte mir ein paar Monate lang einen Anstandswauwau zur Seite gestellt.

In unseren Kreisen war eine solche Maßnahme höchst ungebräuchlich. Weder meine beiden Schwestern noch irgendein anderes Mädchen, das ich kannte, hatte sich je von einem Sittenwächter begleiten lassen müssen. Für mich kam dieser Beschluß wie ein Blitz aus heiterem Himmel. Ein Jahr zuvor, als ich ungefähr zwölf Jahre alt war, hatte meine sorglose Kindheit ein abruptes Ende gefunden. Als Kind verbrachte ich die Sommerferien immer mit meinen Geschwistern bei meinem Onkel und meiner Tante in Alexandria, wo auch eine Menge anderer Onkel, Tanten, Cousins und Cousinen von uns wohnten. Das ganze Jahr über sahen wir diesem Besuch sehnsüchtig entgegen.

Alexandria hatte damals noch einen schönen Strand, den einzigen Strand, den ich bis vor kurzem in Ägypten kannte. Wenn wir in Alexandria waren, verbrachten wir dort den ganzen Tag. Mit Körben voller Essen und Getränke gingen wir mit einer großen Gruppe von Menschen verschiedensten Alters zu einer sogenannten Strandkabine. Das war eines von einer ganzen Reihe von Zimmern mit einer eigenen Terrasse am Strand, versehen mit einem WC, fließend Wasser, Tischen und vielen Strandkörben. Im Sand und im Wasser zu spielen war meine größte Wonne. Unter anderem deswegen hatte ich in meiner Kindheit immer einen wunderbaren Sommer. Bis zum Jahr 1965.

Auf einmal durfte ich nicht mehr ins Wasser und keinen Badeanzug mehr tragen. Der Befehl kam von oben, von meiner Tante oder meinem Onkel, wahrscheinlich auf Betreiben meiner Mutter. Darüber war keine Diskussion möglich. Ich fand es schrecklich. Vor allem weil meine kleinen Brüder und andere Jungen aus der Familie wie immer alles durften. Tagelang starrte ich mit tränennassen Augen aufs Meer. Allmählich begriff ich, daß ich womöglich bis ans Ende meines Lebens nie mehr ins Meer durfte. Ich sprach mit niemandem und hatte an nichts mehr Vergnügen. Der Kummer war unbeschreiblich groß. In meiner Seele gähnte eine große Leere. Ich hatte etwas verloren oder, besser gesagt, mir war etwas genommen worden, das mir sehr lieb war – meine Kindheit.

Ein halbes Jahr davor hatte ich schon andere Verbote kennengelernt: Damals durfte ich nicht mehr im Freien spielen, auf der Straße nicht mehr mit Jungen reden, nicht mehr rennen oder laut etwas rufen. Von nun an sollte ich nur noch ruhig und bedächtig gehen, den Blick ausschließlich nach vorn richten, beim Gehen nicht nach links oder rechts sehen, nicht antworten, wenn ich auf der Straße von einem Mann angesprochen wurde, nicht laut lachen und noch vieles mehr. Die Verbotsliste kam mir endlos vor.

Um die Zeit war mir bereits aufgefallen, daß meine Brüste anzuschwellen begannen, und es hörte einfach nicht auf. Diesen Prozeß hatte nicht ich in Gang gesetzt, und ich hatte absolut keinen Einfluss darauf. Nur zu gern hätte ich den Vorgang angehalten, aber das ging nicht. Zu allem Unglück hatte ich auch noch meine erste Regel. Normalerweise sollte ein Mädchen beim ersten Zeichen ihres Frauwerdens vor Freude jauchzen, aber nichts war weniger wahr. Für mich war es eine Katastrophe. Am liebsten trug ich nun die weiten, weißen Hemden, die zu meiner Schuluniform gehörten, auch am Nachmittag. Auf der Straße hielt ich die Schultasche an mich gepreßt, um die biologische Explosion den Blicken zu entziehen.

Aber die Versuche, meine Kindheit noch ein Weilchen hinauszuzögern, fruchteten nicht. Eines Tages ist es so weit, und du mußt daran glauben. Die Zeichen sind nicht mißzuverstehen, du bist äußerlich kein Kind mehr. »Du bist jetzt eine junge Dame geworden und gehörst nun zur Welt der Frauen«, bekam ich zu hören. Aber was ist das, die Welt der Frauen? Eine endlose Abfolge von Kochen, Waschen und Spülen? Eine Welt, die sich um nichts anderes als um Hochzeiten, Geburten und Begräbnisse zu drehen scheint? Dicke Bäuche, die nach der Geburt kaum die Chance bekommen, sich wieder zu erholen, bevor sie sich erneut aufblähen? Muttermilch, Windeln und Olivenöl?

Nein, das war nicht meine Welt, und ich wollte ganz entschieden nicht dazugehören. Das alles war meilenweit von meinen Kindheitserlebnissen und von meinen eigenen Ambitionen entfernt. Bewunderung für die Frauenwelt, die ich um mich herum beobachtete, konnte ich damals nicht aufbringen, eher Verachtung für ein Leben, das aus nichts als Verpflichtungen, Einschränkungen und Selbstaufopferung zu bestehen schien, ohne daß es für eine Frau dabei auch nur das geringste Schöne zu erleben gab.

Noch kaum wieder erholt von den Folgen dieser Veränderung, wurde ich mit einemmal einem Sittenwächter ausgeliefert. Ich protestierte mit aller Macht und verlangte, die Gründe für diese demütigende Maßnahme zu erfahren. Zunächst wollte Mutter nichts verraten, holte aber irgendwann einen Brief aus der Schublade, der an mich adressiert war. Beim Lesen der ersten Zeilen stieg mir das Blut in den Kopf. Ich wurde wütend. Wer war diese unverschämte Person, die es wagte, mir solche ungehörigen Dinge zu schreiben?

Mutter fragte, ob ich denn wisse, von wem der Brief käme, aber ich hatte wirklich keine Ahnung. Rasch stellte sich heraus, daß noch mehr Mädchen in unserem Viertel solche Briefe bekommen hatten. Immer ohne Absender, denn der Feigling wagte es nicht, seine Identität preiszugeben, immer unter der Haustür durchgeschoben, nur mit dem Namen des Mädchens

Ich wäre lieber Kind geblieben

auf dem Umschlag, ohne Briefmarke und Adresse, und immer mit demselben schockierenden Inhalt in der Art von: »Mein Schatz, das Ficken war herrlich, jetzt mach Dir bloß keine Sorgen wegen dieser Schwangerschaft. Wann sehen wir uns wieder?«

In allen Tonarten versuchte ich mich von dem Inhalt des Briefs zu distanzieren. Ich konnte fast keine Worte finden, die meine Wut und Abscheu ausdrücken würden. Am allerschlimmsten fand ich, daß meine Mutter mir nicht glaubte, so kam es mir wenigstens vor. »Wir werden der Sache auf den Grund gehen, aber in der Zwischenzeit darfst du nach der Schule nicht mehr aus dem Haus, außer es ist absolut notwendig, und dann hast du deinen kleinen Bruder mitzunehmen.«

Mein sechs Jahre jüngerer Bruder mußte mich überallhin begleiten. Ich war empört. Ich war nicht nur schockiert und entsetzt über den Brief, ich war auch enttäuscht, daß meine Mutter mir offenbar nicht glaubte und mich ein so kleines Kind ausspionieren sollte. Der arme Kleine langweilte sich zu Tode, wenn er stundenlang bei einer meiner Freundinnen im Wohnzimmer warten mußte, während wir in ihr Zimmer gingen. Er heulte Rotz und Wasser, wenn Mutter zu ihm sagte, daß er seine Schwester begleiten müsse.

Inzwischen liefen die Ermittlungen auf vollen Touren. Mit vereinten Kräften versuchten sie den Verrückten, der hinter den Verleumdungsbriefen steckte, zu entlarven. Auch die Brüder der Mädchen beteiligten sich an der Suche, schließlich stand ihre Ehre und die Ehre ihrer Schwestern auf dem Spiel. Ich hatte meinen Vater schon lange verloren, aber aus Angst vor maßlosen Reaktionen wurden die Väter der anderen Mädchen vorläufig noch nicht eingeweiht. Schon bald stellte sich heraus, wer sich hinter dem »verbrecherischen Individuum«, wie er inzwischen bezeichnet wurde, verbarg. Es handelte sich um einen kaum fünfzehnjährigen Jungen aus einer benachbarten Straße.

Eines trägen Nachmittags, als sich jeder wegen der Hitze noch wie gelähmt im Haus aufhielt, zog meine Mutter ihr schwarzes Ausgehkleid über ihr Hauskleid und ging zusammen mit der übrigen Delegation, zwei Müttern und einem älteren Bruder eines der geschädigten Mädchen, zu dem Täter auf Besuch. Er stammte aus einer einfachen, traditionellen Familie, deren Frauen sich Außenstehenden nicht zeigten. Der Vater des Verbrechers, ein wohlanständiger Bürger, stand ihnen Rede und Antwort. Er war schockiert, als er die Geschichte hörte. Er rief seinen Sohn ins Besucherzimmer und fragte, ob die Besucher die Wahrheit sagten. Der Junge begann zu stottern, und noch bevor er einen zusammenhängenden Satz herausbringen konnte, stand sein Vater auf, holte hinter einer Tür einen Stock hervor und begann drauflozuschlagen.

»Wie hat er das gemacht, Mutter? Wie hat er ihn geschlagen?« bohrte ich noch einmal.

»Nun ja, er schlug ihn so fest, daß wir ihm den Stock wegnehmen mußten. Sonst hätte er ihn umgebracht. Da begann er zu treten und mit der flachen Hand und der Faust zu schlagen, wo er ihn nur treffen konnte. Wir versuchten, den Vater zu beruhigen, aber er schämte sich so für die Schandtat seines Sohnes, daß er ihn am liebsten umgebracht hätte. Da kam auf einmal die Mutter ins Zimmer gerannt. Sie versuchte ihren Mann zurückzuhalten, aber bekam auch Prügel ab. Schließlich standen wir auf und gingen weg, aber noch auf der Treppe hörten wir den Vater fluchen und schimpfen.«

Ich lachte befriedigt und versuchte mir das Ganze auszumalen. Es machte mir auch Freude zu hören, wie dieser Junge für seine Schandtat bestraft wurde. Hätte zu dem Zeitpunkt in Ägypten die Scharia, das islamische Gesetz, gegolten, dann hätte der Junge in aller Öffentlichkeit achtzig Peitschenschläge

Ich wäre lieber Kind geblieben

wegen der Verleumdung einer unschuldigen, freien, ehrbaren Frau bekommen müssen. Weil er fünf Mädchen geschädigt hatte, würde man diese Zahl noch mit fünf multiplizieren, was ihm vierhundert Peitschenhiebe eingebracht hätte. Für mein Gefühl hätte er ihn noch ein bißchen länger mit dem Stock verprügeln dürfen.

Aber in den Ländern, wo das islamische Recht angewandt wird, sehen wir nie, daß Männer ausgepeitscht oder gesteinigt werden. Diese Strafen werden ausschließlich Frauen verabreicht, obwohl das Gesetz für beide Geschlechter gilt. Nein, für mich braucht es wirklich keine Scharia zu geben, die wird immer nur dann herangezogen, wenn es zum Nachteil der Frauen ist.

Im nachhinein frage ich mich manchmal, ob das alles nicht sehr übertrieben und überzogen war. Es war einfach ein dummer Junge gewesen, ein fünfzehnjähriges Bürschchen, das einen schlechten Streich ausgeheckt hatte, wahrscheinlich, um vor anderen, genauso dummen Altersgenossen den starken Mann zu spielen. Und dann gleich Stockschläge, Verletzungen, Mißhandlung, das Verbot, jemals noch einen Fuß in unsere Straße zu setzen und obendrein noch den Spitznamen »der Verbrecher« und einen Riesenskandal.

Was wird wohl aus ihm geworden sein? Genau solche Kindheitserlebnisse sind es, die jemanden zu einem Fanatiker, einem Extremisten, einem Verbrecher, einem Serienvergewaltiger oder einem Terroristen machen können. Aber auch für mich und die anderen vier Mädchen waren die Folgen nicht geringfügig. Durch diesen üblen Streich brachte er fünf Mädchen einen schlechten Ruf ein, der zwar zum Glück wieder reingewaschen wurde, den wir aber unter anderen Umständen oder wenn der Täter nicht gefunden worden wäre, womöglich unser Leben lang behalten hätten. Eine Zeitlang habe ich am eigenen Leib erlebt, was es bedeutet und welchen Erniedrigungen man in einem solchen Fall ausgesetzt ist.

Ich weiß nicht, wie es den anderen Mädchen ergangen ist, aber ich selbst habe noch enorm unter dem Gefühl der Unterdrückung gelitten, selbst als die erzwungene Begleitung durch einen Anstandswauwau schon längst Vergangenheit war. Ich erkannte vor allem, daß nicht viel nötig ist, um zum Opfer zu werden. In der Vergangenheit wurden muslimische Frauen und Mädchen für weniger als »einen schmutzigen Brief« von ihrer Familie umgebracht oder fürs Leben verstümmelt. In der Vergangenheit und womöglich auch noch heute haben junge Mädchen für weniger als so einen kranken Scherz aus dem Elternhaus fliehen müssen. Manchmal braucht bloß ein Verdacht aufzukommen, ein Gerücht oder eine Klatschgeschichte, und das Mädchen muß dafür büßen. Und das alles, um ihre Ehre zu schützen.

Ich war erst vierzehn und hatte schon den bitteren Geschmack des Unrechts gekostet. Zum Glück war Ägypten in der damaligen Zeit viel freiheitlicher als heute, und ich lebte in einer liberalen Familie mit einer weisen, starken Mutter an der Spitze. Es ist verständlich, daß ich damals voller Wut war: Ich war ungerecht behandelt worden und wollte Rache, Vergeltung. Aber damals wußte ich noch nicht, daß »der Verbrecher«, der dumme Junge mit seinem dummen Streich, genauso ein Opfer dieser Gesellschaft war wie ich. Alles, was mit Frauen und mit Sex zu tun hatte, wurde riesig aufgebauscht und in den Bereich des Kriminellen gerückt.

Zu dem Zeitpunkt konnte ich das noch nicht durchschauen. Ich war wütend und fühlte mich gedemütigt. Und das einzige, was meine Wut kühlen konnte, waren Strafe und Vergeltung. Der Junge mußte seine Strafe bekommen, und weil ich das nicht mit eigenen Augen hatte sehen können, fragte ich meine Mutter immer wieder, was dort geschehen, wie es

Ich wäre lieber Kind geblieben

vor sich gegangen war. Er mußte leiden, genau wie er uns, mich und meine Freundinnen, hatte leiden lassen.

»Und was hat er dann gemacht, Mutter?«

»Ach Kind, hör doch damit auf.«

»Nein, wirklich, Mutter, was hat er dann gemacht? Fing er an zu weinen, rief er um Hilfe? Hatte er schon eine Männerstimme oder noch ein Kinderstimmchen?«

Mutter seufzte, erzählte es aber trotzdem, immer wieder von neuem. Dafür bin ich ihr im nachhinein sehr dankbar. Sie erkannte, daß es für mich wichtig war zu wissen, daß ein Übeltäter, der mir Unrecht getan hatte, seine verdiente Strafe bekam. Sie erkannte, daß das für meine emotionale Entwicklung wichtig war, aber sie kann unmöglich erkannt haben, wie wichtig es war. Ich denke, daß ich auch deshalb nicht in der Opferrolle hängengeblieben bin. Ich bin nicht in das schwarze Loch gefallen, in dem viele Muslimas gefangen sind, das schwarze Loch aus Apathie und Ohnmacht. Ich habe meine kämpferische Haltung, mich zu wehren, nicht verloren. Niemand darf mich ungestraft benachteiligen, denn ich bin keine Null. Frauen sind keine Nullen. Frauen zählen mit.

Dafür, genau wie für tausend andere Dinge, sage ich jeden Tag von neuem: Mutter, ich danke dir.

1 Erstes Porträt
Aischa, verleumdet und freigesprochen

Praktisch jede muslimische Frau wird irgendwann einmal in ihrem Leben mit Lügen, übler Nachrede und Klatsch über ihre Ehrbarkeit konfrontiert. Nicht einmal die Frauen des Propheten, vor allem Frau Aischa, waren davor gefeit. Die Anschuldigungen gegen Frau Aischa sind in der Geschichte des Islam als die »Ifk« oder auch »die große Lüge« bekannt geworden.

Im folgenden werde ich versuchen, die Geschichte der »Ifk« nachzuerzählen. Ich habe alle möglichen Details aus vielen Überlieferungen wie Puzzleteile zusammengefügt und bin so zu dieser Version gekommen, meiner eigenen Version, die sich von der offiziellen Geschichte unterscheidet, die uns die Überlieferung vorsetzt.

Es geschah im sechsten Jahr der islamischen Zeitrechnung, entsprechend dem Jahr 627. Aischa kann höchstens dreizehn, vierzehn Jahre alt gewesen sein, als sich der Zwischenfall der großen Lüge ereignete. Trotzdem war sie inzwischen schon vier oder fünf Jahre mit dem Propheten Mohammed offiziell verheiratet; er hatte sie zur Frau genommen, als sie neun Jahre alt war. Ihr Vater, Abu Bakr, war Mohammeds bester Freund, und um ihre Freundschaft zu besiegeln, hatte er sie entsprechend der Sitte bei den arabischen Stämmen seinem Freund versprochen, sobald sie das Alter dazu erreicht hätte. Zum Zeitpunkt des Versprechens war sie sechs Jahre alt.

Damals gab es bei den arabischen Stämmen eine Vorliebe für Kinderbräute. De facto existiert diese Vorliebe noch immer, nicht nur bei den Arabern, sondern auch bei anderen Völkern, unter anderem in Indien, in der Türkei, in Afghanistan und im Iran. Auf diese Weise wird ein Mädchen gewissermaßen von seinem eigenen Mann erzogen, was verhindert, daß sie allzu selbständig oder widerspenstig wird. Die Kindsbraut ist gewissermaßen noch ein geschmeidiger Teig, der vom Mann so geknetet und geformt werden kann, daß er sich ihrer absoluten Folgsamkeit sicher sein kann.

Andererseits verheirateten die Eltern ihre kleine Tochter auch am liebsten so jung wie möglich an einen Mann, denn praktisch alles, was eine erwachsene Frau aus eigenem Willen tat oder sagte, konnte ihren Stamm in Mißkredit bringen und die empfindliche *Ehre* der Familie beschädigen. Auf diese Weise waren die Eltern das Problem los und die Verantwortung für das lästige Kind wurde einem anderen zugeschoben.

»Eines Tages saß ich auf der Schaukel«, sollte Frau Aischa später erzählen, »als meine Mutter zu mir kam, mein Gesicht und die Haare ein bißchen richtete und mich mit meinen Puppen und Spielen zum Haus des Propheten brachte. Damals war ich ungefähr neun Jahre alt.« Die Ehe war bereits geschlossen, und Aischa bekam in den Gemächern des Harems, wo auch die vielen anderen Frauen des Propheten wohnten, ein eigenes kleines Zimmer. Sie wurde einer Sklavin anvertraut, aber der Prophet ließ sie noch eine Weile mit ihren Puppen spielen.

In der Zeit der großen Lüge hatte Frau Aischa den Status einer geliebten Gemahlin erworben, was natürlich nicht verwunderlich ist. Oft wurde von ihr gesagt, sie sei eine schöne Frau mit heller Haut, rosaroten Wangen, großen, sprechenden

Augen und prächtigem Haar. Wenige ältere Frauen können mit der Gelenkigkeit und Frische einer Kindsbraut konkurrieren, und außerdem war sie witzig, intelligent und stolz. Sie hatte viel Courage und sagte frei heraus, was sie dachte. Zudem war Frau Aischa bei ihrer Vermählung mit dem Propheten als einzige noch Jungfrau. All seine anderen Frauen waren zuvor schon einmal verheiratet gewesen, und einige von ihnen hatten Kinder von einem früheren Ehemann.

Als die geliebte Frau des Propheten hatte Frau Aischa großartige Pläne für ihre Zukunft, Pläne, deren Verwirklichung durch eine unerwartete Wende ihres Schicksals plötzlich unsicher wurden.

Es war der Monat Schaaban des sechsten Jahres, als der Prophet einen Feldzug gegen den Clan von Mustalik unternahm. Traditionsgemäß wurde gelost, um zu sehen, welche seiner Frauen ihn auf diesem Gefecht begleiten solle. Zu Aischas Freude zog der Prophet ihr Los. Genau wie die anderen Gemahlinnen Mohammeds fand Aischa es immer wunderbar, ihn zu begleiten. Es war eine besondere Ehre, an einem bestimmten Feldzug oder einer Schlacht teilzunehmen, und es stärkte die Beziehung zu dem Propheten, weil die Frau dann für die Dauer der Kampfhandlung ohne Konkurrentinnen mit ihm zusammensein konnte. So hatte sie zumindest das Gefühl, »richtig« verheiratet zu sein, auch wenn auf größeren Feldzügen gelegentlich zwei Frauen mitgenommen wurden.

Nichtsdestotrotz sorgten die Schlachten für die Gelegenheit, andere Gebiete und andere Orte zu sehen, und bildeten damit eine willkommene Abwechslung vom Alltag innerhalb der Haremsmauern mit den üblichen Empfindlichkeiten, Eifersüchteleien und Provokationen.

Irgendwo an der Küste des Roten Meeres, unweit von Mekka, hatten die Muslime bei einem Ort namens Al-Muraisi den

Clan Al-Mustalik angegriffen und besiegt. Es handelte sich um einen kleinen Clan, der zum Stamm der Chuzaa gehörte und an der Karawanenroute nach Mekka lebte, die von dem reichen, mächtigen Stamm der Kuraisch beherrscht wurde, von dem auch der Prophet Mohammed ursprünglich abstammte. Aber sein Stamm hatte ihn sehr feindselig behandelt und ihn und die ersten Muslime sechs Jahre zuvor aus der Stadt Mekka vertrieben. Seitdem lebte Mohammed mit seinen loyalen Anhängern, die mit ihm zusammen geflohen waren, in Medina, wo man sie »die Immigranten« nannte.

Eine Reihe von Stämmen der ursprünglichen Bewohner Medinas hatte den Propheten und seine Anhänger gastfreundlich aufgenommen, ihm Treue geschworen und mit ihm ihren Besitz geteilt. Sie sahen Mohammed als ihren Führer, und diese Muslime aus Medina wurden die »Verbündeten« oder »Helfer« genannt. Auf Feldzügen wie diesem marschierten Kämpfer aus der Gruppe der Immigranten und der Gruppe der Verbündeten unter der Führung Mohammeds mit. Der Clan der Mustalik hatte sich jedoch mit den Kuraisch, dem Erzfeind des Propheten, verbündet, und je mehr seine Macht in Medina wuchs, desto häufiger unternahm der Prophet Feldzüge gegen die verschiedenen Stämme und Clans, die sich mit den Kuraisch dazu verbündet hatten, ihn zu schwächen.

Wie es seine Gewohnheit war, zog der Prophet nach einem Sieg so schnell wie möglich ab, um nicht auf dem Schlachtfeld von zusätzlichen Verstärkungen oder Truppen des geschlagenen Clans überrascht zu werden. In aller Eile wurde die Beute unter den muslimischen Kämpfern aufgeteilt, die am liebsten eine längere Ruhepause gehabt hätten, bevor sie sich auf den langen Rückweg machten. Doch der Prophet war ein disziplinierter und fähiger Anführer und gab seinen Männern den Befehl aufzubrechen. Beim Hereinbrechen der Nacht machte das Heer halt, und das Nachtlager wurde aufgeschlagen.

Aischas kleines Gelaß gehörte zum großen Zelt des Propheten, wo den ganzen Abend ein lebhaftes Kommen und Gehen war. Dort saß der Prophet mit seinen Beratern, und Aischa hörte sie eine ganze Weile erregt sprechen und diskutieren. In dem kleinen Raum neben ihr schlief bereits ihre Sklavin Barbara, doch Aischa konnte nicht einschlafen. Sie war nicht sehr müde, die Schlacht war leicht gewesen, mit wenig Verwundeten und so gut wie keinen Toten auf seiten der Muslime. Aischa, die zusammen mit einigen anderen mitreisenden Frauen die Aufgabe hatte, die Verwundeten zu versorgen, hatte an diesem Abend nicht viel zu tun gehabt. Nach einem leichten Abendessen – während der Feldzüge wurde nie viel gegessen – sagte ihr der Prophet, sie solle sich schon schlafen legen, er habe noch viel zu tun.

Das kam Aischa merkwürdig, eigentlich sogar höchst merkwürdig vor. Normalerweise wollte der Prophet so schnell wie möglich bei ihr sein. Er bat sie meist, wach zu bleiben und auf ihn zu warten. Er schaute regelmäßig in ihrem Raum vorbei, um sich zu erkundigen, wie es ihr gehe und ob sie noch etwas brauche, und brachte eine kleine Aufmerksamkeit für sie mit von dem, was sie an diesem Tag erbeutet hatten. Die Beute bestand im allgemeinen aus den Frauen und Kindern des besiegten Clans, aus Waffen, Besitztümern und Herden. Alles wurde gerecht unter den muslimischen Kämpfern aufgeteilt und war neben dem himmlischen Lohn für die Märtyrer unter ihnen eine sehr willkommene irdische Belohnung für ihre Anstrengungen.

In ausgelassener Stimmung wurden zuerst die Pferde, die Frauen und die Kinder verteilt. Danach wurde alles in Einheiten aufgeteilt. Ein Reiter bekam drei Einheiten: zwei für das Pferd und eine für sich. Ein Mann ohne Pferd bekam eine Einheit. Ein Fünftel der Gesamtbeute ging in die Schatztruhe des Propheten. Nach der Heimkehr reiste ein zuverlässiger

Aischa, verleumdet und freigesprochen

Mitarbeiter des Propheten mit den erbeuteten Frauen und Kindern, die dem Propheten zustanden, in ein anderes Gebiet, um sie gegen Waffen und Pferde einzutauschen, es sei denn, der Prophet erwählte sich aus ihnen eine Frau als Sklavin, die er dann freikaufte und heiratete, wenn sie zum Islam übertreten wollte.

Es geschah aber oft, daß die treuen Gläubigen in ihrem Teil der Beute auf etwas Besonderes stießen – auf ein Armband, einen Ring oder ein schönes Stück Stoff – und es dem Propheten schenkten, der es dann wiederum an seine Frauen weitergab. Diesmal kam der Prophet nach dem Essen nur einmal zu Aischa, um ihr zu erzählen, daß er sehr viel zu tun habe. Seitdem hatte sie ihn nicht mehr gesehen. Aber sie hörte keine ausgelassene Stimmung, wie es bei einem Sieg zu erwarten gewesen wäre. Vielleicht war etwas Schlimmes geschehen. Das konnte sie aus der Diskussion schließen, von der sie in ihrem Gelaß hinten im Zelt undeutliche Fetzen auffangen konnte. Vor allem die Stimme des ehrfurchtgebietenden Freundes des Propheten, Umar Ibn al-Khattab, der so laut sprach, daß es womöglich bis nach Mekka zu hören war. Er sagte immer wieder: »Gib dann den Befehl, ihn zu enthaupten, Prophet Gottes.«

Von wem sie wohl sprachen, grübelte Aischa. Sie hatte gehört, daß der Anführer des feindlichen Clans, Harith Ibn Abi Diraar, zusammen mit seinen restlichen ihm verbliebenen Männern in die Flucht geschlagen worden war. Was störte dann die Muslime noch? Sie hatten jetzt den guten Ausgang und die große Beute zu feiern. Sie hatten zu lachen, mit ihren Heldentaten zu prahlen und Witze zu machen. Doch aus Tonfall und der Intensität des Gesprächs konnte sie heraushören, daß es um etwas Ernstes ging, eine Gefahr, die sie abzuwenden suchten.

Warum erzählte ihr niemand etwas? Irgend etwas war im

Busch, alle anderen wußten es und sie nicht! Seit der Offenbarung von Vers 33:35 über die Trennung der Frauen des Propheten durften die Ehefrauen sich nicht mehr zeigen, sich nicht mehr an den Gesprächen des Propheten und seiner Freunde beteiligen und nicht mehr in der Moschee erscheinen. Sie waren mehr oder weniger in die Hinterzimmer verbannt.

Natürlich konnte Aischa trotzdem den seidenen Schal über ihren Kopf legen, kurz ins Zelt laufen und einfach fragen. Aber nach flüchtigem Überlegen ließ sie ihre Idee doch sein. Meist fand es der Prophet nicht schlimm, aber sein guter Freund Umar konnte manchmal die Frauen so anfahren, daß ihn die Aristokratin Umm-Salma, ebenfalls eine Ehefrau Mohammeds, einen Mann nannte, der seine Nase in alles steckt. Auf seine Angewohnheit, sich in alles einzumischen, hatte Aischa im Moment keine große Lust. Aber wie sollte sie sonst herausfinden, was im Busch war? Hoffentlich kam der Prophet gleich selbst zu ihr herein, dachte Aischa.

Nach einer weiteren Weile des Wartens merkte sie, daß sie es nicht mehr aushielt. Sie wurde von Neugierde und einem ungewissen Angstgefühl verzehrt. Sie weckte ihre Sklavin Barbara und bat sie, ein paar Datteln und Milch aus dem großen Zelt zu holen, wo die Männer saßen. Schlaftrunken antwortete Barbara, in dem Sack in der Ecke des Zimmers seien noch genügend Datteln, und die Milch sei bestimmt schon längst alle. »Morgen früh werden die Ziegen wieder gemolken«, sagte die Sklavin, aber Aischa antwortete, sie solle herausfinden, was dort vorne vor sich ging.

Widerwillig machte sich Barbara auf, und während Aischa auf sie wartete, nahm sie es Mohammed unwillkürlich übel, daß er sie so im unklaren ließ. Bald kam die Sklavin zurück. Sie hatte viele Datteln bei sich und war sehr aufgeregt. »Wißt Ihr, wer dort beim Propheten und seinen Gefährten sitzt?« fragte

Aischa, verleumdet und freigesprochen

sie geheimnisvoll. Ihre junge Herrin wußte es nicht. »Der arrogante Abdullah Ibn Ubaij Ibn Sallul«, sagte die Sklavin.

Der Name war Aischa bekannt. Bevor Mohammed nach Medina kam, war er ein tonangebender Mann und unangefochtener Anführer des Stammes Al-Chazradsch gewesen. Unter den Stammesmitgliedern, die sich zum Islam bekehrt hatten, besaß er noch immer einen großen Anhang, und auch bei diesem Feldzug hatte er seine Männer unter Leitung des Propheten angeführt. Seine Anwesenheit erklärte für Aischa allerdings nicht die bedrohliche Stimmung, die sie den ganzen Abend schon in der Luft hängen fühlte.

»Und was will er?« fragte sie.

»Er lag auf den Knien vor dem Propheten und schwor beim Allmächtigen, daß der Informant des Propheten etwas falsch gehört habe. Ihr hättet sein arrogantes Gesicht sehen sollen und die Angst, die aus seinen Augen sprach.«

Aischa lächelte. Sie hatte den Mann nie gemocht. Das Lügen fiel ihm so leicht, daß er wahrscheinlich selbst nicht mehr wußte, wann er die Wahrheit sagte und wann er log.

»Sie sagen, daß die Immigranten und die Verbündeten bei der Wasserstelle beinahe eine Schlägerei angefangen hätten. Die Verbündeten haben versehentlich einen frisch bekehrten Muslim, einen Freund der Immigranten, getötet. Sie dachten, daß er noch Heide wäre. Als die Männer soeben ihre Pferde bei der Quelle tränkten, gerieten sich die beiden Gruppen fast in die Haare.«

»Wie abscheulich«, rief Aischa ehrlich entsetzt. »Wer war der Mann, der versehentlich getötet wurde?«

»Ach, Herrin, diese Namen kann ich nicht alle behalten.«

Das fand Aischa merkwürdig. Sie hatte einen jungen, aufgeweckten Verstand und konnte es nie verstehen, wenn Menschen so etwas sagten.

»Die mußt du doch nicht behalten, das macht doch dein

Kopf für dich. Aber gut, was hatte Ibn Ubaij damit zu tun?«

»Dieser scheinheilige Lügner? Alles. Er nutzte die Gelegenheit, seine Leute gegen den Propheten und dessen Befehlsgewalt aufzuhetzen. Er soll gesagt haben, sobald er und Mohammed wieder in Medina seien, werde der Stärkere den Schwächeren hinauswerfen. Viele Verbündete hören noch immer auf ihn und demnächst, vielleicht noch bevor wir richtig zu Hause angekommen sind, haben wir ein Gemetzel zwischen den Immigranten und den Verbündeten.«

»Halt den Mund, Barbara, und sag nie mehr solche dummen, abscheulichen Dinge. Bitte Gott um Vergebung und berichte weiter: Was hatte Ibn Ubaij dazu zu sagen?«

Ein bißchen aus dem Konzept gebracht, antwortete die Sklavin: »Natürlich hat er alles abgestritten.«

Aischa begann auf und ab zu gehen. Ihr Gefühl hatte sie nicht getrogen. Wenn es stimmte, was die Sklavin erzählte, lauerte dort unmittelbar Gefahr. Jeden Moment konnten Unruhen ausbrechen. Mit Gottes Hilfe waren die Muslime jedem Feind gewachsen, aber wer sollte ihnen helfen, wenn sie sich gegenseitig bekämpften? Natürlich niemand anders als der Teufel. Das war immer die Befürchtung des Propheten gewesen, daß sich die Muslime untereinander bekriegen könnten. Das würde ihr aller Ende bedeuten. Kampf lag den Arabern im Blut, durch ihren unablässigen Kampf hatten sie nie zuvor eine *Umma*, eine Nation, gründen können. Dem Islam war es zu verdanken, daß es nun, Inschallah, bald soweit war, aber das durften sie nicht verderben. Was sollte Mohammed tun, um die Männer zu beruhigen?

»Ich muß zu ihm«, rief Aischa auf einmal und wickelte hastig ihr Umschlagetuch um sich.

»Wartet einen Augenblick«, antwortete ihre Sklavin und lief ihr nach, aber Aischa fühlte, daß es ihre Pflicht war, dem Propheten beizustehen.

Aischa, verleumdet und freigesprochen

»Was könnt Ihr jetzt für ihn tun? All seine Berater sind bei ihm und auch seine großen, ehrwürdigen Freunde, Euer Vater Abu Bakr und Umar und Ali. Was könnt Ihr sonst weiter tun?«

»Ich weiß es nicht, Barbara, aber ich kann hier unmöglich tatenlos abwarten, bis die Hölle losbricht. Vielleicht kann ich mitdenken. Ich bin wirklich nicht so dumm, wie manche glauben. Und vielleicht fühlt sich der Prophet besser, wenn ich in seiner Nähe sitze. Alle sitzen doch dort, warum dann nicht ich?«

Die Worte klangen wahrscheinlich härter, als Aischa es meinte, aber sie hatte sich noch nicht an den Zustand der Trennung gewöhnt, der erst vor kurzem eingeführt worden war.

»Ihr solltet nicht gehen, Frau Aischa, glaubt mir. Die Männer werden Euch alle schief anschauen. Der Prophet kommt bestimmt gleich zu Euch, um Euch alles zu erzählen.«

»Das ist es ja gerade. Er kommt heute überhaupt nicht zu mir. Ich muß wissen, was vorgefallen ist. Eine Frau hat unter solchen Umständen an der Seite ihres Mannes zu stehen.«

»Warte einen Augenblick, Aischa«, rief die Sklavin hastig, ohne sich um die Anstandsformen zu kümmern. Ihre Herrin stand bereits am Vorhang, der ihr Gemach über einen Zwischenraum mit dem des Propheten verband. Ihre junge Herrin schien so fest entschlossen, daß Barbara sie sogar am Gürtel festhalten mußte. Aischa sah sie mit großen, verwunderten Augen an.

»Es gibt etwas, das ich Euch noch nicht erzählt habe.« Aischa hatte die Spitze des schweren Vorhangs bereits in der Hand, als die Sklavin in einem leisen, eindringlichen Ton zischte: »Warte einen Augenblick, Aischa!«

Zu spät. Der Vorhang war bereits gehoben. Nicht hoch, aber hoch genug, um einen Blick auf ein überaus geschmackvolles Kleid zu bieten mit einem Paar zarten Füßchen darunter.

Wie angenagelt starrte Aischa auf diese weiblichen Attribute. Barbara versuchte den Vorhang wieder herunterzuziehen, aber Frau Aischa schob ihn mit einem Ruck ganz zur Seite. Jetzt wollte sie auch den Rest sehen.

Auf einem großen Kissen in der Ecke des Zwischenraums saß eine bildschöne Gefangene, an Händen und Füßen gefesselt. Ihre rotgeweinten Augen hatten den stolzen Blick noch nicht verloren, und ihr Gesicht hatte einen zarten Schnitt.

»Wer ist das?« fragte Aischa ihre Sklavin, ohne sie anzusehen.

»Das ist Dschuwairija bint Harith, die Tochter des besiegten Stammesoberhaupts.«

Einen Augenblick schien Frau Aischa auf die Gefangene zulaufen zu wollen, änderte aber plötzlich die Richtung und schoß pfeilschnell durch den nächsten Vorhang ins vordere Zelt. Binnen einer Sekunde stand sie vor dem Propheten, der inmitten einer Männergruppe auf Kissen auf dem Boden saß.

»Kann ich Euch kurz sprechen?« fragte sie Mohammed hastig.

»Liebes Töchterchen, siehst du denn nicht, daß wir hier eine Beratung haben?« schnauzte sie ihr Vater Abu Bakr an. Aber Mohammed stand bereits und sagte zu seinen Gästen: »Ich bin gleich wieder da.«

Er folgte ihr in den Zwischenraum, wo sie direkt vor der Gefangenen stehenblieb.

»Geht alles nach Wunsch?« fragte er und wich ihrem Blick aus.

»Das ist schwer zu sagen. Aber ich wüßte gern von Euch, was Ihr vorhabt, Prophet Gottes! Warum sitzt diese Frau hier?«

Aischa, verleumdet und freigesprochen

Die Gefangene wischte eine Träne weg und wandte den Kopf ab.

»Bitte, Aischa, sei ein bißchen nett zu ihr. Sie hat gerade ihre ganze Familie und ihr Land verloren.«

Aischa wollte ihren Ohren nicht trauen. Sie hatte sein Mitleid, vor allem mit schönen Frauen, nie begreifen können. Als würde das Elend dieser Frauen nicht gerade durch ihn und seine Männer verursacht.

»Prophet Gottes, darf ich wissen, was die Tochter von Al Harith hier tun soll? Gehört sie nicht zu den anderen Sklavinnen, Gesandter Gottes? Warum muß sie in unserem Zelt sitzen?«

»Ich werde es dir später erklären, Aischa. Im Moment gibt es zu viele Spannungen unter den Kämpfern. Sie streiten um sie. Wir müssen verhindern, daß sie sich prügeln. Deshalb habe ich sie mitgenommen.«

»Die Männer streiten sich um diese Frau?«

»Ja, das kann man so sagen.«

Aischa sah ihn verzweifelt an. »Ich dachte, daß sie wegen des Muslims streiten, der heute versehentlich getötet wurde.«

Der Prophet lachte ihr breit zu: »Wie groß du schon wirst, Aischa! Es wird immer schwerer, dich an der Nase herumzuführen!« Nach einer kurzen Stille fuhr er fort und sah ihr dabei direkt in die Augen: »Ich werde diese Frau heiraten, Aischa, in Kürze. Und ich fände es vernünftig, wenn du keine Szenen machtest. Du wirst dich doch einmal damit abfinden müssen.«

Darauf drehte er sich um und verließ das Gemach.

Auf ihrer Matte im hinteren Zelt wälzte sich Aischa noch nach Stunden von einer Seite auf die andere. Es schien Jahrhunderte her zu sein, seit sie mit Mohammed diese kurze, unglückliche Unterredung gehabt hatte. Er war nicht mehr zurückgekommen. Liebte er sie nicht mehr »wie Butter mit

Dattel«, wie er so oft zu ihr gesagt hatte? Würde er zu der neuen Gefangenen auch sagen, daß sie für ihn sei wie »Brotsuppe, die Königin aller Mahlzeiten«? Die anderen Ehefrauen in Medina beneideten sie zweifellos. Sie sollten einmal wissen, was sie hier durchmachte! Dann wären sie froh, daß sie nicht mitgereist waren.

Beim Gedanken an die anderen Ehefrauen spürte Aischa einen Strom warmer Tränen über ihre Wangen fließen. Trotz aller Zankereien waren diese Frauen ihre wirkliche Familie, nicht Mohammed. Wenn sie ihn einmal brauchte, war er nie da. Er hatte viel zuviel zu tun mit all seinen Frauen. Ob er jetzt wohl wirklich mit ihr in dem Zwischenraum lag, hinter dem Vorhang? Oder hatte er sie vielleicht in ein anderes Zelt mitgenommen? Allein schon der Gedanke fühlte sich an wie ein Dolchstoß zwischen die Rippen. Warum konnte er nicht den Anstand aufbringen, zu warten, bis sie zu Hause waren? Bis Aischa nicht mehr mutterseelenallein, ohne jegliche Unterstützung im Heerlager mitten in der Wüste läge?

Wenn sie nur schlafen könnte, dann wäre sie von all dem Grübeln und dem Schmerz erlöst, der ihren Magen in seinen Klauen hielt. Aber Schlaf schien unter diesen Umständen unmöglich. Wieder eine neue Braut. Hatte Aischa ihn deshalb begleitet, damit er eine neue Frau nehmen und sie wie den letzten Dreck auf die Seite schieben konnte? Wie naiv war es im nachhinein betrachtet gewesen, sich so zu freuen, als er ihr Los zog, und zu denken, daß sie ihn endlich vier oder fünf Tage ganz für sich allein haben würde?

Und daran müsse sie sich eben gewöhnen, sagte er. Konnte man sich je an so etwas gewöhnen? Für sie war er nicht nur ihr Mann, sondern auch ihr Begleiter, ihr Freund, ihr Vater und ihr Prophet. Und was war sie für ihn? Ein Teller Suppe? Eine von vielen? Er war imstande, sie für jede Heidenfrau im

Stich zu lassen, die einfach so dahergeweht kam. War dies das Leben, von dem sie so viel erwartet hatte? War dies ihre brillante Zukunft, in einem Harem, der immer größer wurde? Es gab noch viel mehr Stämme, die besiegt werden konnten, und bald würde die Hälfte davon bei ihr im Harem sitzen.

Sie war jetzt schon nur drei Tage im Monat verheiratet, und das würde im Laufe der Zeit immer weniger werden. Dann mußte sie sich womöglich damit zufriedengeben, einen Tag im Jahr seine Frau zu sein. Was sollte sie dann den Rest der Zeit tun? Nein. Dies war absolut nicht zu ertragen. Das war zu schlimm. Sollte es wirklich so sein, dann hatte sie davon genug.

Es war noch immer stockdunkel im Zelt. Die leisen Schlafgeräusche, die von allen Seiten zu ihr drangen, ließen sie glauben, daß sie weit und breit die einzig wache Seele sei, und steigerten ihr Gefühl der Verlassenheit noch mehr. Leise stand sie auf. Sie nahm ihren schwarzen *Dschilbab*, ihr Überkleid, legte sich ihren seidenen Schal um den Kopf und die Schultern und verließ durch die Seitenöffnung lautlos das Zelt. Vor dem schweren Außenvorhang lag ein Bewacher und schnarchte. Eine schöne Bewachung war das.

Aischa wünschte sich so sehr, ihrem Vater einen Abschiedskuß zu geben und seine Arme noch einmal um sich zu spüren, doch statt zu seinem Zelt lief sie in einem Bogen um das in tiefer Ruhe liegende Lager herum. An der Vorderseite des Lagers saßen ein paar Männer und wachten am Feuer, aber sie sahen sie nicht. Als sie schon ein ziemliches Stück weiter weg war, mußte sie ihre Notdurft verrichten. Ihr Magen schien vom Schmerz völlig zerquetscht zu sein, und außerdem rumorten ihre Eingeweide.

Aischa wanderte in einer geraden Linie vom Heerlager weg, obwohl sie nicht richtig wußte, wohin der Weg führte. Es war noch stockfinster, und sie hatte keine Ahnung, wohin sie ging, aber es war auch einerlei. Zurück wollte sie auf keinen Fall. Nie mehr.

Keiner wußte, wie erniedrigend es für eine Frau war, wenn ihr Mann sie fallenließ und ihr eine andere Frau vorzog. Es war ein Dolchstoß mitten ins Herz. Aischa hatte das bereits mehrere Male erleben müssen, und es hatte den Anschein, als müßte sie nach jeder Schlacht neue Konkurrentinnen dulden. Gingen die Männer deshalb so eifrig in den Kampf? Um immer mehr Frauen zu besitzen? Sie regte sich fürchterlich auf, und je größer ihre Wut wurde, desto schneller wurden ihre Schritte, bis sie merkte, daß sie beinahe rannte.

Trotzdem hatte ihr der Prophet vor nicht allzu langer Zeit versprochen, er werde keine neuen Frauen mehr nehmen. Und nun machte er seinen Entschluß rückgängig. Soeben noch hatte er ihr knallhart ins Gesicht gelogen. Er behandelte sie wie ein unmündiges Kind, er nahm sie nicht ernst. »Propheten haben das Vorrecht, viele Frauen zu heiraten«, hatte er einmal zu ihr gesagt. Dem hatte er hinzugefügt, daß der Prophet Salomo einen Harem mit siebenhundert Frauen besessen habe. Und wahrscheinlich bewegte sich Mohammed ebenfalls in diese Richtung.

Aber sie wollte nicht eine von siebenhundert Frauen sein. Sie wollte einen Mann, der an ihr genug hatte, wie sie auch nur ihm gehörte; einen Mann, der sie liebte und auf ihre Gefühle Rücksicht nahm. Natürlich fühlte sie sich geehrt und dankbar, daß sie die Frau des Propheten war, aber was sollte das für eine Ehre sein, wenn sie diesen Titel mit siebenhundert anderen Frauen teilen mußte und jede x-beliebige neue Frau das ebenfalls werden konnte, sogar eine Heidin.

Noch dunkler als die kalte Nacht schloß sich die Verzweiflung um Aischa und nahm ihr die Kraft. Im Sand zu rennen war so schwer. Ihr Magen tat ihr noch immer weh, und sie bekam allmählich Durst. Sie hielt Ausschau nach einem Heerlager und erblickte ein paar undeutliche Lichter, aber es war noch immer sehr dunkel. Plötzlich überfiel sie die Angst, und sie überlegte, ob sie nicht doch zurückgehen sollte. Sie verlangsamte ihren Lauf. Wie ein Ball prallte sie zwischen Rebellion und Zweifel hin und her. Gleich würde ein Leopard sie auffressen, oder sie würde verdursten. Sie blieb stehen und fühlte sich völlig unschlüssig. Einen Augenblick dachte sie an den Skandal, den ihr Weglaufen auslösen würde, aber das ließ sie unberührt. Dann hätten sie sie eben besser behandeln müssen.

Wollte sie denn noch zurück? Sie schüttelte heftig den Kopf. Er machte sich doch nichts aus ihr. Würde er sonst immer wieder eine neue Frau nehmen? Vermutlich fiel ihm ihr Verschwinden nicht einmal auf, jetzt, wo er so mit seiner Neuerwerbung beschäftigt war. Ihre Eltern würden sich hinter ihn stellen und ihr unrecht geben. Sie schickten sie immer zu ihm zurück, wenn sie ein Weilchen bei ihnen auf Besuch bleiben wollte. Kinder hatte sie keine und würde wahrscheinlich auch nie welche bekommen. Welchen Sinn hatte ihr Leben dann noch?

Stunden später, als es hell wurde, lag Aischa neben einem Haufen Felsbrocken in der unwirtlichen Ebene. Sie war im Dunkeln über irgend etwas gestolpert, war gestürzt, hatte überall Schrammen, und ihren Gliedern fehlte jegliche Kraft. Sie blieb liegen. Die Sonne ging auf. Durch die Hitze und Erschöpfung fiel sie trotz ihres Kummers in Schlaf. Sie hatte eine zarte Statur und lag, völlig in sich zusammengekrümmt, in dem kleinen Pünktchen Schatten, das die Felsen anfangs geworfen hatten und das inzwischen längst weitergewandert war.

Wie lange sie so gelegen hatte, kann niemand sagen, aber nach einer geraumen Weile tauchte am Horizont ein Dromedar mit einem jungen Soldaten namens Safwaan Ibn Muattal auf. Aus der Ferne überblickte er die offene Landschaft und gewahrte bei ein paar Felsen ein undeutliches schwarzes Häufchen in der brennenden Sonne. Genau wonach er suchte. In der Nacht hatte der Prophet zu einem ungewöhnlich frühen Zeitpunkt befohlen, das Lager abzubauen und weiterzuziehen. Zwar war es noch lange nicht hell, aber die Soldaten murrten nicht, denn jeder wußte um die drohenden Spannungen zwischen den zwei größten Gruppen im Heer und jeder befürchtete das Schlimmste an eventuellen Folgen. Der Prophet wollte seinen Mannschaften keine Zeit zum Streiten gönnen und ließ sie aufbrechen.

Daß die Frau des Propheten verschwunden war, wurde streng geheimgehalten, nur Gott, der Prophet, die Sklavin der Frau und Safwaan wußten davon. Der Prophet hatte den Soldaten mit einer besonderen Mission betraut: »die Mutter der Gläubigen« (wie die Frauen des Propheten genannt wurden) aufzuspüren und sie so diskret wie möglich sicher und wohlbehalten zurückzubringen. So brach Safwaan in die entgegengesetzte Richtung auf wie die Truppen. Es war seine eigene Idee, denn wenn die Frau Richtung Medina gegangen wäre, würde sie früher oder später von den Truppen eingeholt werden. Deshalb sollte er besser in der anderen Richtung suchen. Damit war der Prophet einverstanden.

Sie konnte nicht weit gekommen sein, hatte er bei sich gedacht, und trotzdem hatte die Suche Stunden gedauert. Nun schienen seine Anstrengungen endlich belohnt zu werden. Behutsam, um sie nicht zu erschrecken, näherte sich der Soldat der Frau des Propheten. Aber sie schien ihn überhaupt nicht zu bemerken. Vielleicht schlief sie. Hoffentlich war sie unversehrt! Viel Erfahrung mit Frauen hatte er nicht, aber er wußte, daß es äußerst wichtig war, ihr Vertrauen zu gewinnen. Er durfte ihr vor allem keine Angst einjagen. Deshalb näherte er sich ihr langsam und rief dabei ihren Namen, um sie zu beruhigen.

Aischa, verleumdet und freigesprochen

Aischa hörte ihren Namen. Wie aus einem sehr fernen Land kam sie allmählich wieder zu sich. Es kostete sie große Mühe, die Augen zu öffnen. Das Sonnenlicht gleißte, und ihr Blick war vom Schlaf und vom vielen Weinen trüb geworden. Das Bild eines uniformierten Reiters auf einem Dromedar tauchte auf. Aber es konnte auch eine Vision sein. Sie begann sich zu fürchten und murmelte in sich hinein: »Ich nehme meine Zuflucht zu Gott, geht bitte weg. Gott beschütze mich gegen den gemeinen Teufel.«

Aber er ging nicht weg und hörte nicht auf, sie freundlich zu rufen, während er abstieg und sein Dromedar an den Zügeln zog, damit es sich hinsetzte. Aischa überlegte, woher er ihren Namen kannte. War er vielleicht ein Engel Gottes, der sie retten wollte? Schließlich fragte sie ihn danach. Er antwortete: »Ich weiß, wer Ihr seid, weil ich Euch suche.«

»Warum sucht Ihr mich?«

»Der Prophet hat mir den Auftrag erteilt, verehrte Mutter der Gläubigen.«

»Der Prophet«, wiederholte sie verwundert. Ihr Selbstmitleid riß sie so sehr mit sich, daß es ihr schien, als hätte der Prophet sie niemals geliebt, als ließe es ihn völlig kalt, daß sie weg war.

»Was hat Euch der Prophet denn gesagt?« fragte sie.

»Euch zu suchen und wohlbehalten zurückzubringen«, lautete die höfliche Antwort des Mannes.

»Hat er auch gesagt, warum ich weggelaufen bin?« fragte sie ohne nachzudenken.

Safwaan sah sie erschrocken an: »Seid Ihr denn weggelaufen?«

»Ich meine, warum ich mich verirrt habe«, fuhr Aischa hastig fort.

Safwaan sah starr vor sich hin, um ihrem Blick auszuweichen. Als guter Muslim durfte er nur Frauen aus seiner eigenen Familie und seinem eigenen Verwandtenkreis ansehen, bestimmt nicht die Mutter der Gläubigen (so ein junges Mütterchen!). Nun fiel ihm ein, daß ihm der Prophet tatsächlich keinerlei Erklärung für das Verschwinden von Frau Aischa gegeben hatte! Das war auch nicht notwendig, ein Soldat führt einen Befehl seines Anführers aus, ohne den Grund zu kennen. Er wollte sie auch nicht in Verlegenheit bringen und sagte daher: »In der Tat, das sagte der Prophet auch, daß Ihr Euch bestimmt verirrt habt. Aber wenn Ihr so freundlich sein wollt, auf das Dromedar zu steigen – ich werde Euch eine Hand reichen – , dann werden wir versuchen, die anderen vor Einbruch der Dunkelheit einzuholen.«

Verlegen und ein wenig beschämt, richtete Aischa sich auf. Da bemerkte sie erst, wie schlecht es ihr ging. Zuerst versuchte sie, ohne Hilfe aufzustehen, merkte aber, daß ihre Beine von den vielen Schrammen und Kratzern schrecklich weh taten. Sie ließ sich von Safwaan helfen. Er gab ihr zu trinken und fütterte und tränkte auch das Kamel. Dann brachen sie auf, sie vorn und er hinten auf dem Kamel. Es wurde ein langer Ritt, und sie sollten das Lager des Propheten erst im Lauf des nächsten Morgens erreichen.

Bei diesem Feldzug lief alles anders als geplant, so auch ihre Ankunft beim Heerlager, die man nicht gerade diskret nennen konnte. Gegen Abend war Safwaan sehr verwundert, als er mit der Frau des Propheten den vereinbarten Platz erreichte und dort kein Heerlager fand. Wo waren sie geblieben? Warum hatte der Prophet nicht wie vereinbart auf seine Frau gewartet? War es möglich, daß das Heer ohne sie beide weitergezogen war?

Was erwartete man nun wohl von ihm in dieser Situation? Wie konnte er eine ganze Nacht in Gesellschaft der Mutter der Gläubigen verbringen, einer Frau des Propheten? Mußten sie ausruhen und abwarten in der Hoffnung, daß das Heer noch

Aischa, verleumdet und freigesprochen

einträfe? Das schien ihm unwahrscheinlich. Weit und breit waren keine Truppen zu sehen, und sie konnten auch nicht völlig unerwartet auftauchen. Sollte er womöglich besser weiterreiten, um die Truppen einzuholen? Das schien ihm in jeder Hinsicht die beste Möglichkeit, sonst wüßte er nicht, wie sie die Nacht verbringen sollten.

Sie ritten noch eine ganze Weile weiter, und beim Reiten machte sich Safwaan immer größere Sorgen. Seine Aufgabe stellte sich als viel komplizierter heraus, als es auf den ersten Blick geschienen hatte. Die Mission, durch die er sich so geehrt gefühlt hatte, die sein Passierschein für einen Aufstieg und eine enorme Karriere hätte werden sollen, konnte sich genausogut als ein Strick um seinen Hals erweisen. Konnte das Ganze noch ein gutes Ende nehmen?

Auch Aischa überfiel die Furcht. Sobald sie zu zweit losritten, war ihr der Ernst der Lage bewußt geworden. Es ist keine Kleinigkeit, als Frau des Propheten wegzulaufen. Die weggelaufene Frau des Propheten war ein wenig schmeichelnder Titel. Wahrscheinlich würde sich niemand große Gedanken über den legitimen Grund ihres Verhaltens machen: über ihren Kummer, ihre Enttäuschung und ihre Demütigung. Liefen vierzehnjährige Mädchen nicht oft weg? Aber Aischa war kein normales vierzehnjähriges Mädchen. Sie war de facto nie ein Mädchen gewesen. Sie war gleich eine Frau, vielleicht sogar schon bei ihrer Geburt. Und nicht einfach eine Frau, sondern die Frau des Propheten.

Dem Soldaten gegenüber versuchte sie sich stark zu geben, aber in ihrem Innern peinigte sie sich mit Selbstvorwürfen. Wie hatte sie nur etwas so Dummes tun können, einfach in die Wüste zu laufen? Wie hatte sie sich derart gehenlassen und ihren Anwandlungen von Verzweiflung und Enttäuschung nachgeben können? Wo waren ihre Einsicht und ihr Glaube geblieben? Es war bestimmt ein Irrtum, eine Versuchung des

Teufels. Und dieser Soldat war noch die geringste ihrer Sorgen, aber doch eine potentielle Gefahr. Zum Glück hatte er sich als anständiger Mann erwiesen. Würde er auch den Anstand wahren, seine Hände von ihr lassen, wenn sie zu einer ganzen Nacht in dieser gottverlassenen Wüste miteinander verurteilt waren? Was war eigentlich geschehen, warum hatte der Prophet nicht auf sie gewartet, wie es ihr Safwaan versichert hatte?

Während sich Aischa und der Soldat überlegten, wo der Prophet geblieben war, ritt jener mit seinem Heer etwa dreißig Kilometer vor ihnen her. Bereits den ganzen Tag über hatte er seine Truppen in großer Hast durch die Wüste getrieben und trotz des hereinbrechenden Abends beschlossen, weiterzumarschieren. Bei näherer Betrachtung fand der Prophet den mit Safwaan ausgehandelten Plan doch nicht so überzeugend. Bei der vereinbarten Stelle wollte er auf sie warten, und sie sollten dafür sorgen, daß sie erst bei völliger Dunkelheit einträfen. Safwaan würde Aischa außerhalb des Gesichtskreises des Lagers absetzen, und sie würde später, wenn alle schliefen, leise und ohne Dromedar ins Lager schleichen. Sie würde gleich durch den Seiteneingang in ihr Zelt gehen, als hätte sie kurz ihre Notdurft verrichtet, und auf diese Weise würde niemand auch nur das geringste davon bemerken.

Aber nichts ist je geheimgeblieben, auch nicht das Weglaufen seiner Frau, überlegte der Prophet später. Wie man es auch betrachtete, es konnte sich zu einem Skandal auswachsen und seine Feinde, vor allem Abdullah Ibn Ubaij, der Anführer der Verbündeten, würden dankbar davon Gebrauch machen, um seine Position in Medina zu schwächen. Nichtsdestotrotz war Weglaufen, wie frevelhaft auch immer, wahrscheinlich doch weniger schlimm für die Frau eines Propheten, als in Begleitung eines jungen Soldaten im Lager einzutreffen. Deshalb wollte sich der Prophet beeilen, damit das Heer früher in Medina ankam. Dort könnte der Prophet dann dafür sorgen,

Aischa, verleumdet und freigesprochen

daß Aischa vor der Stadt erwartet wurde und in Gesellschaft ihres Vaters oder Bruders nach Hause käme.

Die Männer waren todmüde, und noch immer wollte der Prophet keine Pause einlegen. Schließlich, die Sonne war bereits untergegangen, machten sie einen kurzen Halt, ohne ein Lager aufzuschlagen. Nach drei, vier Stunden befahl der Prophet seinen Männern wieder aufzubrechen. Sie sahen nicht, wo sie liefen, aber die Kamele und die Führer kannten die Routen selbst mit geschlossenen Augen. Im Dunkeln marschierten die Mannschaften nicht sehr schnell, sondern trotteten voran und gingen immerzu weiter, bis ein heftiger Sturm aufkam. Der Sturm wehte immer stärker, und die Männer überfiel große Furcht. Sie spürten und hörten überall Teufel und Dämonen und wollten keinen Schritt mehr weitergehen. Schließlich gab der Prophet die Erlaubnis, das Lager aufzuschlagen.

Sobald die Männer festen Boden spürten, schliefen sie auf der Stelle ein. Stunden später holten Frau Aischa und Safwaan das Heer ein. Auch sie waren so lange wie möglich weitergeritten, weil sich nicht recht wußten, was sie sonst hätten tun sollen. Als sie ins Lager einritten, war es bereits taghell. Dennoch hatte sie so gut wie keiner gesehen, praktisch alle schliefen noch.

Erst später, nach dem Eintreffen in Medina, fragten sich die Menschen, wer was gesehen hatte. Allerlei Bruchstücke wurden gesammelt, um ein großteils phantasiertes Ganzes daraus zusammenzusetzen. Die große Lüge war in der Welt und gebar jeden Tag neue Geschichten, die sich dann wieder vervielfältigten, bis ganz Medina davon schwirrte. Jeder tratschte, und alles drehte sich um Aischa, die geliebte Frau des Propheten. Oder ging es um den Propheten selbst?

Der Klatsch und die Zweifel hielten den ganzen Monat an. Falls Aischas Unschuld nicht bewiesen würde, sollte sie gesteinigt werden. Safwaan riskierte hundert Peitschenhiebe und ein Jahr Verbannung aus der Stadt, denn er war ledig. Für Aischa war es nervenzerreißend. Die Spannung war zum Schneiden, und die ganze Stadt wartete nur darauf: Was würde mit Aischa geschehen? Sie selbst betete und flehte den Allmächtigen um ein Zeichen an, ein Traumbild, eine Vision, die dem Propheten bewiese, daß sie im Recht war. Statt dessen kam etwas Besseres: eine zwölf wundervolle Strophen lange Offenbarung. Nach einem vollen Monat senkte sich der Beweis ihrer Unschuld vom Himmel herab.

Damit wurde Aischa nicht nur von jedem Makel gereinigt, sie wurde sogar in einen fast himmlischen Stand erhoben. Aischa war nicht nur die geliebte Frau des Propheten, sondern auch die Frau, für die Gott selbst eingegriffen hatte, um sie aus ihrer Not zu retten.

Soweit meine eigene Interpretation der Geschichte der großen Lüge. Dieses Porträt und das folgende basieren auf historischen Fakten, wie sie überliefert wurden. Ich habe mir die Freiheit genommen, einige Beschreibungen und Details zu ergänzen, die Geschichte zu dramatisieren und ihr eine persönliche Deutung zu geben. Deshalb muß sie meiner Ansicht nach im Grunde nicht weniger wahr sein als das, was in den Büchern steht, weil sich deren Echtheit nur sehr schwer nachweisen läßt. Im weiteren berichte ich allerdings die Geschichte, wie sie mit den dazugehörenden Offenbarungen in der traditionellen Überlieferung erzählt wird. Entsprechend den Standardüberlieferungen der Koranexegese von Ibn Kathier soll Aischa folgendes (von der Autorin übersetzt und gekürzt) gesagt haben:

»Wenn der Prophet einen Feldzug plante, loste er unter seinen Frauen. Diejenige, deren Los er zog, nahm er mit. Bei einem

Aischa, verleumdet und freigesprochen

bestimmten Gefecht wurde ich durch das Los auserwählt. Zu der Zeit wurde ich in einem ringsum mit einem Vorhang verhüllten Tragestuhl (*Houdaj*) getragen, der auf einem Dromedar befestigt war. Dies geschah, nachdem unsere Trennung von den Männern (als Frauen des Propheten) wirksam geworden war. Bei der Ankunft setzte man den Tragestuhl auf dem Boden ab.

Wir unternahmen einen Feldzug, und als der Prophet ihn beendet hatte, gingen wir zurück und näherten uns Medina. Eines Nachts gab er den Auftrag aufzubrechen. Nachdem er den Befehl dazu erteilt hatte, stand ich auf und ging bis hinter das Feldlager. Nachdem ich meine Notdurft verrichtet hatte, kam ich zu meinem Tragestuhl zurück. Ich fühlte an meinen Hals und entdeckte, daß die Halskette zerrissen war. Ich hastete zurück, um die seltenen Perlen zu suchen. Dadurch war ich zu lange weggeblieben. Inzwischen waren die Leute gekommen, deren Aufgabe es war, meinen Tragestuhl zu befestigen. Sie ergriffen den Stuhl und befestigten ihn auf meinem Dromedar in der Meinung, daß ich darin säße.

In dieser Zeit waren Frauen noch leicht. Sie hatten noch nicht soviel Gewicht, denn sie aßen nur leichte Nahrungsmittel. Die Männer wurden wegen der Leichtigkeit des Tragesessels, den sie aufhoben, auch nicht argwöhnisch. Damals war ich noch ein junges Mädchen. Sie gaben dem Dromedar ein Zeichen zum Loslaufen und gingen selbst hinterher. Inzwischen hatte ich all meine Perlen wiedergefunden, aber das Heer war bereits aufgebrochen. Ich ging zum Lager zurück, aber alle waren bereits weg. Ich rief, so laut ich konnte, aber niemand gab eine Antwort.

Da setzte ich mich auf die Stelle, wo mein Zelt gestanden hatte, und blieb dort in der Hoffnung, daß man mich irgendwann vermissen würde und holen käme. Und während ich so dasaß, schlief ich ein. Allerdings kam ein Mann namens Safwaan Ibn al-Muattal al-Salmi al-Dakwani vorbei, der hinter dem Heer aufräumen mußte. Er sah etwas Schwarzes, kam näher und erkannte mich. Mehrmals rief er mich, da wurde ich wach und verbarg mein Gesicht hinter meinem Schal. Bei Gott, er hat kein Wort mit mir gewechselt, und ich habe nichts von ihm gehört, außer, daß er meinen Namen rief, als er sein Reittier herunterzog, damit ich aufsteigen konnte. Ich ritt mit ihm, bis wir das Heer am späten Nachmittag einholten, es war bereits weit vorangekommen. Danach klatschten einige über mich, alles auf Verdächtigungen von Abdullah Ibn Ubaij Ibn Sallul.

Nach der Rückkehr nach Medina war ich einen Monat lang krank. In dieser Zeit wurde die Geschichte der großen Lüge das Tagesgespräch, aber ich wußte noch von nichts. Wohl fand ich es verdächtig, daß mir der Prophet nicht dieselbe Aufmerksamkeit schenkte, die ich sonst bekam, wenn ich krank war. Wenn er hereinkam, fragte er nur, wie es mir ginge. Das war das einzige, was mir verdächtig vorkam. Ich war mir des Bösen nicht bewußt, das sich zusammenbraute.

Als ich mich besser fühlte, ging ich einmal zusammen mit Umm Mastah (der Tante meines Vaters) hinaus bis kurz vor Al-Manaseh, wo der Platz war, an dem wir unsere Notdurft verrichteten. Dorthin gingen wir nur einmal am Tag, sobald es dunkel wurde. Das war noch, bevor wir Toiletten näher beim Haus bekamen. Wir lebten damals wie die frühen Araber und gingen dorthin außerhalb der Stadt. Wir haßten es, wenn die Toilette im Haus war. Deshalb ging ich zusammen mit Umm Mastah. Auf dem Heimweg stolperte sie über ihre Kleider und schimpfte Mastah (ihren Sohn) aus. Ich sagte zu ihr: ›Es ist ungerecht von Euch, Mastah auszuschimpfen, obwohl er in der ersten Feldschlacht mit dem Propheten gekämpft hat.‹ Sie sagte: ›Wißt Ihr nicht, was er erzählt hat?‹ Ich sagte: ›Nein, was hat er denn erzählt?‹ Da erzählte sie mir von der großen

Aischa, verleumdet und freigesprochen

Lüge, die alle Klatschmäuler verbreiteten. Ich wurde noch kränker.

Als ich zu Hause angekommen war, kam der Prophet vorbei. Er grüßte und fragte, wie es mir ginge. Ich sagte: ›Darf ich meine Eltern besuchen?‹ (denn ich wollte von ihnen Sicherheit über die Berichte haben), und er erteilte mir seine Erlaubnis. Ich kam zu meinen Eltern und fragte: ›Mutter, was reden die Leute so alles?‹ Meine Mutter sagte: ›Nimm es dir nicht zu Herzen, meine Tochter. Bei jeder strahlenden Frau mit einem Ehemann, der sie sehr liebt, werden es ihre Konkurrentinnen nicht unterlassen, über sie zu tratschen.‹ Ich sagte: ›Mein Gott, sprechen die Menschen darüber?‹ In dieser Nacht weinte ich, bis ich keine Tränen mehr hatte, und konnte keine Sekunde schlafen. Am Morgen saß ich noch immer da und weinte.

Als die Offenbarung auf sich warten ließ, fragte der Prophet Ali Ibn Abi Talib und Usama bin Zaid um Rat wegen der Scheidung von den Seinen (von ihr). Usama bin Zaids Rat lautete wie folgt: Er sagte ihm, daß er an die Unschuld der Familienmitglieder des Propheten glaube. Er wußte auch von der Zuneigung, die der Prophet für mich in seinem Herzen hegte. Er sagte: ›Prophet Gottes, wir wissen nur gute Dinge über Eure Familie.‹

Ali Ibn Abi Talib sagte: ›Prophet Gottes, Gott hat Euch nicht zu wenige Frauen gegeben. Außer ihr gibt es noch eine Menge anderer Frauen. Aber wenn Ihr die Sklavin fragt, muß sie Euch die Wahrheit sagen können.‹ Da rief der Prophet Barbara herein und fragte sie: ›Ist dir schon einmal etwas Verdächtiges an Aischa aufgefallen?‹ Barbara antwortete: ›Bei Gott, der Euch mit der Wahrheit gesandt hat, ich habe an ihr noch nie etwas Böses gesehen, außer einer Sache: Sie ist noch jung und achtet nicht richtig auf den Brotteig. Statt aufzupassen, schläft sie ein, und dann kommt die Ziege herein und frißt den Teig auf.‹

Da stand der Prophet sofort auf und ging zur Moschee, um die Menschen in Sachen Abdullah Ibn Ubaij Ibn Sallul um ihre Zustimmung zu bitten. Er stieg auf die Kanzel und sagte: ›O ihr Gläubigen! Wer von euch gibt mir die Erlaubnis zu (dem Tod des Mannes) dem Mann, der mir in bezug auf meine Familie weh getan hat, denn bei Gott, ich habe nie etwas anderes als Gutes von meiner Familie gesehen. Sie sprechen auch über einen Mann, von dem ich nichts als Gutes weiß, und er kommt nie zu meiner Familie, außer zusammen mit mir.‹

Da stand ein Mann (Sad Ibn Maz al-Ansari) von den Verbündeten (Ansar) auf und sagte: ›Ich gebe Euch die Erlaubnis, Prophet Gottes. Falls er zum Stamm Aus gehört, köpfen wir ihn eigenhändig, und wenn er zu unseren Brüdern, dem Stamm Al-Khasradsch gehört, gebt uns den Befehl, und wir handeln entsprechend Eurem Befehl.‹

Da stand ein Mann aus einem anderen Stamm (Al-Khasradsch) auf und sagte zu Sad: ›Bei Gott, du lügst, du wirst ihn nicht töten und du kannst ihn nicht töten. Wenn er aus deinem Stamm wäre, hättest du dies niemals gesagt.‹«

Diese Überlieferung ist sehr lang und geht einige Seiten so weiter, worauf noch allerlei Varianten derselben Geschichte folgen, die ein bißchen mehr oder weniger (und oft auch sich widersprechende) Details berichten. Daß es in der Moschee beinahe zu einem Handgemenge zwischen zwei Stämmen gekommen wäre, als der Prophet sprach. Oder daß Barbara, Aischas Sklavin, als sie an ihrer Herrin nichts zu beanstanden hatte, von Ali (dem Vetter des Propheten und Gründer der schiitischen Strömung) ein paar Ohrfeigen bekam, um doch noch die Wahrheit zu sagen.

Weiter will die Überlieferung, daß, als Aischas Eltern eines Tages zu ihr zu Besuch kamen, der Prophet ebenfalls hereinkam, und sie aufgefordert wurde, die Wahrheit zu erzählen. Falls sie schuldig sei, könne sie Gott um Vergebung anflehen. Er sei barmherzig und vergebe dem, der Reue zeige. Aischa scheint ihm geantwortet zu haben, sie wisse, daß man ihr trotz alledem nicht glauben werde, daß dieser Klatsch schon so lange in der Welt sei, daß er »seinen Weg in Euer Herz gefunden hat«. Weil sie oft darüber reden, gewöhnen sich die Menschen daran und gewinnt der Tratsch an Glaubwürdigkeit, soll sie gesagt haben. »Wenn ich dann sagen würde, daß ich unschuldig bin, würde mir keiner glauben. Wenn ich sage, daß es wahr ist, erzähle ich selbst Lügen. Das einzige, was mir noch übrigbleibt, ist abzuwarten und völliges Vertrauen zu haben, wie es der Vater des (Propheten) Yusuf auch gesagt hat.«

Weiter berichtet die Überlieferung, daß, während sie so dasaßen, der Prophet eine Offenbarung empfing, die folgende Koranverse enthielt:

»Diejenigen, welche die große Lüge vorbrachten, bilden eine Gruppe von euch. Glaubt nicht, dies sei übel für euch; im Gegenteil, es gereicht euch zum Guten. Jedem von ihnen soll die Sünde, die er begangen hat (vergolten werden); und der von ihnen, der den Hauptanteil daran verschuldete, soll eine schwere Strafe erleiden.« (24:11)

»Warum dachten die gläubigen Männer und die gläubigen Frauen, als ihr es hörtet, nichts Gutes von ihren eigenen Leuten und sagten: ›Das ist eine offenkundige Lüge?‹« (24:12)

»Warum brachten sie dafür nicht vier Zeugen bei? Da sie keine Zeugen beigebracht haben, sind sie es also, die vor Allah die Lügner sind.« (24:13)

»Wäre nicht Allahs Huld und Seine Barmherzigkeit im Diesseits und im Jenseits über euch, hätte euch für das, worauf ihr euch einließt, eine schwere Strafe getroffen.« (24:14)

»Als ihr es mit euren Zungen übernahmt und ihr mit eurem Mund das aussprecht, wovon ihr keine Kenntnis hattet, da hieltet ihr es für eine geringe Sache, während es vor Allah eine große war.« (24:15)

»Und warum sagtet ihr nicht, als ihr es hörtet: ›Es kommt uns nicht zu, darüber zu reden. Gepriesen seist Du! Dies ist eine arge Verleumdung?‹« (24:16)

»Allah ermahnt euch, nie wieder dergleichen zu begehen, wenn ihr Gläubige seid. Und Allah erklärt euch die Gebote; denn Allah ist allwissend, allweise.« (24:17–18)

»Wahrlich, jenen, die wünschen, daß sich Unzucht unter den Gläubigen verbreite, wird im Diesseits und im Jenseits eine schmerzliche Strafe zuteil sein. Und Allah weiß, und ihr wisset nicht. Und wäre nicht Allahs Huld und Seine Barmherzigkeit über euch, und wäre Allah nicht gütig, erbarmend (wäret ihr zugrunde gegangen). O ihr, die ihr glaubt, folgt nicht den Schritten des Satans. Und wer den Schritten des Satans folgt, der gebietet gewiß Schändliches und Unrechtes. Und wäre nicht über euch Allahs Huld und Seine Barmherzigkeit, nicht einer von euch wäre rein geworden; doch Allah macht rein, wen Er will. Und Allah ist allhörend, allwissend.« (24:19–21)

Das Ende vom Lied war, daß Abdullah Ibn Ubaij, der Hauptverleumder, von seinen eigenen Leuten getötet wurde. Drei oder vier andere, die großen Anteil an der Verleumdung Aischas, der großen Lüge, hatten, wurden vor aller Augen mit achtzig Peitschenhieben bestraft, und Aischa wurde wieder völlig rehabilitiert.

Was können wir vierzehn Jahrhunderte später mit Sicherheit über die Verleumdung von Frau Aischa wissen? Nicht viel. Im Koran gibt es eine Geschichte über eine große Lüge.

Aischa, verleumdet und freigesprochen

Wir wissen, daß es um die Verleumdung einer Frau geht. Wir wissen, daß es dem Koran zufolge strengstens verboten ist, Lügen über unschuldige, freie, ehrbare Frauen zu erzählen. Sollten einem jedoch solche Tratschgeschichten über andere zu Ohren kommen, muß man es unterlassen, sie zu wiederholen oder weiterzuerzählen, solange man keine Beweise hat. Der Koran nimmt derartige Verleumdungen und Lügen sehr ernst. Im Koran steht, daß für Gott so etwas keine Lappalie ist, und er droht den Verleumdern eine strenge Bestrafung an.

Was sich genau um Frau Aischa abgespielt hat, ist heute von geringerer Bedeutung. Wohl ist es für die moderne Muslima von Bedeutung zu wissen, daß niemand das Recht hat, Lügen über sie in die Welt zu setzen, auch nicht ihre eigenen Eltern oder ihr eigener Mann. Jede Bezichtigung oder Beschuldigung, die nicht mit einem hieb- und stichfesten Beweis untermauert werden kann, ist eine Lüge, und der Koran stellt sich in solchen Fällen hinter die Frauen. Für ihn ist Verleumdung ein großes Verbrechen; das sollte jede muslimische Frau wissen. Damit hat sie ein starkes Argument gegen jeden in der Hand, der sie irgendeiner Sache beschuldigt. Von einer solchen Beschuldigung wird nicht ihr Name besudelt, sondern der Name des Lügners, ganz gleich, um wen es sich dabei handelt.

»Dann komm doch mit deinem hieb- und stichfesten Beweis, komm mit vier Augenzeugen«, sollte sie zu sagen lernen, sogar zu ihren Eltern, Großeltern, Tanten, Brüdern, Nachbarinnen oder ihrem Mann, »sonst bist du ein Lügner, ein Verleumder und ein Heuchler. Du solltest dich schämen!«

Niemand anders als die mündigen muslimischen Frauen der neuen Generation sind in der Lage, die Empfindlichkeiten in Fragen der Ehrbarkeit und Sexualität der Frau, die ihre Position im Leben so schwächen, zu überwinden. Solange diese Empfindlichkeiten fortbestehen, kann jede Frau unter Druck gesetzt, erpreßt und verletzt werden. Solange eine Frau verlegen bleibt und sich ihres Körpers und ihrer Sexualität schämt, wird sie ausgebeutet werden. Die neue Generation muslimischer Frauen schämt sich für nichts. Sie sind stolz, stellen sich jeder Herausforderung und sind voller Selbstvertrauen.

Nur Menschen, die betrügen, Verbrechen begehen und gewalttätig sind, die andere benachteiligen und mißbrauchen, sollten sich ihrer Taten schämen. Aber Frauen, die einen anderen lieben oder von denen man sagt, daß sie es tun, haben absolut keinen Grund, sich dessen zu schämen. Und ohne diese Scham sind Frauen stark genug, den Schwierigkeiten und Herausforderungen des modernen Lebens gewachsen zu sein.

2 Zweites Porträt
Zainab und die Macht der Schönheit

Gelegentlich fragt man sich, wie es wohl sein mag, mit einem Propheten verheiratet zu sein. Auch Zainab, eine Cousine ersten Grades des Propheten Mohammed, stellte sich diese Frage schon in jungen Jahren. Sie dachte, daß es vermutlich dasselbe wäre, wie mit dem Stammesführer verheiratet zu sein. Und das schien ihr damals ganz und gar nicht so übel. Eigentlich war für sie eine Ehe mit einem anderen Mann als dem besten des Stammes nicht einmal denkbar. Nur das Allerbeste war ihr gut genug. Manche Menschen sind nun einmal für ein Leben in Glanz und Gloria geschaffen. Ihr vollständiger Name lautete Zainab bint Dschahsch, und sie muß eine wahre Schönheit gewesen sein, eine der schönsten Frauen von Medina. Seit dem Moment ihres Aufbruchs mit ihrer Mutter von Mekka, um sich in Medina frei zu ihrem Glauben bekennen zu können, hatten beide damit gerechnet, daß der Prophet früher oder später Zainab heiraten würde. Mohammeds Mutter, Frau Amina, war ja die Schwester von Zainabs Mutter gewesen, und es war eine weitverbreitete Sitte, daß sich Cousins und Cousinen heirateten. Darüber hinaus hatten sie alles zurückgelassen, um mit dem Propheten eine neue islamische Stadt zu gründen; sie gehörten zu den allerersten Immigranten. Und abgesehen von all dem gab es doch keine bessere, schönere und geeignetere Braut für Mohammed, so sagten Mutter und Tochter zueinander.

Frauen im Koran

Langsam vergingen die ersten, mühseligen Jahre ihres Lebens in der Fremde, und noch immer hatte Mohammed Zainab keinen Heiratsantrag gemacht. Genaugenommen fünf Jahre lang. Zainab hatte im Gegensatz zu ihrer Mutter noch immer volles Vertrauen, daß es eines Tages geschehen würde. Ihre Mutter begann, sich Sorgen zu machen, aber die Tochter wollte von einer Alternative nichts hören. Ob in der Zwischenzeit andere Männer um ihre Hand anhielten, und wenn nicht, aus welchem Grund, ist nicht bekannt. Wahrscheinlich gab es genug andere Heiratskandidaten, doch diese wurden allesamt von der ehrgeizigen Zainab abgewiesen. Sie hatte sich nun einmal den Besten in den Kopf gesetzt.

Medina war damals eine sehr ereignisreiche Stadt. Ein gewaltiger Machtkampf tobte, und dadurch kam es ständig zu Kriegen und Feldschlachten. Die Einwohnerzahl wuchs rasend schnell, und die Zusammensetzung der Bevölkerung änderte sich oft. Manchmal kamen ganze Clans von Konvertiten dazu, manchmal verschwanden ganze Stämme, weil sie ausgerottet oder aus der Stadt vertrieben wurden. Und noch immer hielt der Prophet nicht um die Hand Zainabs an. Er hatte zuviel mit allen möglichen rebellischen Stämmen zu tun. Er mußte noch Mekka belagern, und sobald die Stadt in seine Hand gefallen war, würde man schon sehen, daß er sich an sie wenden würde. Das versuchte Zainab sich und ihrer Mutter einzureden.

Und sie behielt letztendlich recht. Eines Mittags im Jahre fünf, als die Belagerung von Mekka noch in vollem Gange war, betrat der Prophet ihr Haus. Nach der üblichen Begrüßung und den Höflichkeitsfloskeln begann Mohammed zögernd:

»Umm Zainab, ich bin heute gekommen, um Euch um eine Gunst zu bitten.«

»Ja, Prophet Gottes.«

Zainab und die Macht der Schönheit

»Ich wollte Euch um die Hand Eurer Tochter Zainab bitten, um ...«

Er hatte noch nicht ausgesprochen, da wurde er bereits willkommen geheißen und gepriesen. Sie hatten ja so lange schon auf seinen Antrag gewartet. Strahlend antwortete Zainabs Mutter:

»Meine Tochter und ich fühlen uns von Eurem Heiratsantrag sehr geehrt, Prophet Gottes. Natürlich wollen wir Euch unsere Tochter geben, wem könnten wir sie besser geben als dem Propheten Gottes?«

»Aber ich will, mit Eurer Erlaubnis, nicht für mich um ihre Hand anhalten, sondern für meinen Vertrauten und angenommenen Sohn Zaid. Ich hoffe, daß Ihr ihn als Schwiegersohn akzeptieren wollt«, schloß der Prophet unbehaglich. Eine Pause trat ein.

»Für wen, sagt Ihr?« fragte ihre Mutter nach einer Pause enttäuscht.

»Für Zaid Ibn Haritha, verehrte Umm Zainab«, lautete die Antwort.

»Aber, werter Cousin, woher stammt Zaid, zu welchem Clan gehört er?«

»Zaid stammt aus derselben Quelle, von der die ganze Menschheit abstammt, nämlich von Adam und Eva, und im Islam gibt es keine Clans und Stämme mehr. Alle Muslime bilden zusammen eine große Gemeinschaft, eine Umma, in der jeder vor Gottes Angesicht gleich ist. Kein Mensch ist besser als ein anderer Mensch, außer wegen seiner Taten.«

Plötzlich kam Zainab ins Zimmer. Sie hatte alles gehört und sagte ohne jeden Gruß zu Mohammed: »Ich werde ihn nicht heiraten. Niemals. Ihr könnt sagen, was Ihr wollt, aber ich will ihn nicht.«

»Friede sei mir dir, Zainab. Ich habe einen ausgezeichneten Mann für dich ausgesucht, und ich muß es wissen. Er ist wie ein Sohn für mich und hat mich in all den Jahren niemals enttäuscht.«

»Prophet Gottes, ich bin als freie Frau geboren, und er ist ein ehemaliger Sklave, zudem auch noch ein Diener.«

»Genug geredet, Zainab. Wir sind alle Diener Gottes, und jeder wird frei geboren. Außerdem will ich, daß du ihn heiratest, es ist ein Befehl.«

Ungläubig blickte Zainab den Propheten an. Wie konnte er so etwas verlangen? Hatte sie dafür all die Jahre auf ihn gewartet und jeden weggeschickt?

»Wird mir befohlen, gegen meinen Willen zu heiraten?« fragte sie spitz.

Plötzlich schloß der Prophet mitten im Wortwechsel die Augen und war sich einen Moment lang nicht mehr bewußt, was um ihn herum geschah. Als er aus seiner Trance wieder zu sich kam, sprach er laut und klar folgende Verse:

> »Und es ziemt sich nicht für einen gläubigen Mann oder eine gläubige Frau, daß sie – wenn Allah und Sein Gesandter eine Angelegenheit beschlossen haben – eine andere Wahl in ihrer Angelegenheit treffen. Und der, der Allah und Seinem Gesandten nicht gehorcht, geht wahrlich in offenkundiger Weise irre.« (33:36)

Es war eine Offenbarung. Man kann sich fragen, warum sich der Koran mit der Heirat Zainabs beschäftigen mußte. Möglicherweise war sie dazu gedacht, die Muslime etwas zu lehren. Der Prophet war dabei, eine völlig neue Gesellschaft aufzubauen, ganz und gar gemäß seinen eigenen Erkenntnissen – die ideale Gesellschaft. In ihr sollten die Muslime hilfsbereit in einer engen Gemeinschaft zusammenleben, in der für ständige Zwiste und mörderische Stammeskriege, wie in der Zeit davor, kein Platz mehr sein sollte. In ihr sollten jede Frau und

Zainab und die Macht der Schönheit

jeder Mann eine sichere Bleibe haben, indem sie eine Familie gründeten. Jede muslimische Frau sollte bei einem muslimischen Mann untergebracht werden. Dann würde die Prostitution überflüssig. Die Reichen sollten die Armen unterstützen und so viele Sklaven wie möglich freikaufen. Nach ihrer Befreiung sollten die ehemaligen Sklaven als vollwertige, freie Menschen akzeptiert werden.

In Wirklichkeit geschah dies (noch) nicht oder nicht genügend. Zwar glaubten die Menschen an all diese neuen Ideale des Islam, verhielten sich aber noch immer den alten Normen gemäß, in denen Stammesherkunft und Stammesloyalität den Wert eines Menschen bestimmten. Deshalb mußte ein Beispiel gegeben werden, ein lebendiges Beispiel, das den Menschen zeigte, daß es möglich war. Und dies wäre das überzeugendste Beispiel: Eine freie Frau mußte einen freigekauften Sklaven heiraten. Am besten die Frau, die nach den alten Normen den höchstmöglichen Status genoß, die Frau, die wegen ihrer nahen Verwandtschaft zu ihm, dem Propheten, und wegen ihrer edlen Abstammung und Schönheit jeden Mann in der Stadt bekommen könnte. Die Frau, die für ihren Hochmut und ihre Arroganz bekannt war. Wenn diese Frau einen ehemaligen Sklaven heiraten konnte, würden auch andere ihrem Beispiel folgen. Und diese Frau hatte einen Namen. Sie hieß Zainab bint Dschahsch.

Aber Zainab wollte nicht als Schulungsmaterial dienen. Sie wollte ihr Leben nicht als lebendiges Beispiel verbringen, das anderen die guten Sitten beibrachte. Sie hatte andere Pläne, sie hatte ihre eigenen Ambitionen und Träume, und Selbstaufopferung war nicht ihre stärkste Seite. Die Ehe wurde geschlossen, aber sie wurde kein Erfolg. Zainab mochte Zaid nicht und behandelte ihn ständig von oben herab. Am liebsten hätte sie ihn schon am Tag nach der Hochzeit verlassen. Aber eine Ehe, die von Gott und dem Propheten befohlen worden war, konnte sie nicht einfach auflösen. Nein, das würden Gott und der Prophet bestimmt nicht gutheißen. Aber sie konnte wohl dafür sorgen, daß die andere Partei ebenfalls unglücklich wurde, daß ihr Mann den Propheten anflehen würde, sie verlassen zu dürfen.

Eines Tages, als sie etwa ein Jahr verheiratet waren, suchte Zaid den Propheten auf, um die Erlaubnis zu erbitten, sich von Zainab scheiden zu lassen. Nach dem Grund gefragt, sagte er: »Ich habe sie nicht mehr unter Kontrolle.« Das war nur allzu wahr. Tatsächlich hatte Zaid niemals die Kontrolle gehabt. Zainab hatte keinerlei Achtung vor ihm. Achtung ist ein armseliges Surrogat für Zuneigung. Männer, die bei ihrer Frau keine Zuneigung wecken können, müssen sich mit Respekt begnügen, um einigermaßen ihre Selbstachtung zu wahren und nicht das Gesicht zu verlieren. Deshalb versuchen sie, in ihrer Ehe trotzdem irgendwie mit ihrer Frau auszukommen.

Und von Zuneigung war schon gar keine Rede. Zwingen und mißhandeln konnte Zaid sie wegen ihrer nahen Verwandtschaft mit dem Propheten ebensowenig. Trotz ihres Hochmuts mußte er sie weiterhin mit Achtung behandeln, und eines Tages beschloß er, daß es keinen Sinn mehr hätte. Das Experiment war gescheitert. Es war nicht machbar. Zainab hielt sich für zu gut für Zaid und damit basta.

Aber der Prophet verweigerte seine Zustimmung. Er riet ihm, bei seiner Frau zu bleiben und den Konflikt beizulegen. Wenige Tage zuvor war der Prophet bei Zaid vorbeigekommen und hatte ihn nicht zu Hause angetroffen, aber Zainab war da und überrascht, als der Prophet plötzlich vor ihrem Haus stand. Sie hörte seine Stimme vor dem Vorhang, der als Tür diente, kleidete sich schnell an und bat ihn herein. Aber der Prophet weigerte sich und unterhielt sich kurz mit ihr vor der Tür. Er fühlte sich unbehaglich und ging bald wieder, wobei er etwas wie »Gepriesen sei Sein Name, der die Herzen so verändern kann«, murmelte.

Zainab und die Macht der Schönheit

Das unbehagliche Gefühl hielt eine Zeitlang an, auch wenn Mohammed nicht wußte, woher es kam. Doch Mal um Mal tauchte Zainabs Bild vor seinem inneren Auge auf. Der Blick, den er kurz von ihr erhascht hatte in ihrem bequemen Kleid, als sie sich in ihren Gemächern hinter dem vom Wind bewegten Vorhang hastig den Mantel überwarf! Wie unglaublich schön war diese Frau doch! War sie schon immer so anziehend gewesen oder hatte sich etwas an ihr verändert? Vielleicht war es ihre neue, bescheidene Art, sich zu geben, so anders als ihr früherer Hochmut, die sie anziehender machte! Die neue Ruhe und Heiterkeit, die sie ausstrahlte. Was es auch war, der Prophet merkte, daß ihn ihr Bild nicht mehr losließ.

Jeder Historiker wird sich die Frage stellen, ob Zainab den Propheten verführt hat, als er sie allein zu Hause antraf. Als Zaid daher einige Tage darauf den Propheten um seine Zustimmung zur Scheidung von Zainab bat, sagte der Prophet anstandshalber nein, aber in Wirklichkeit hätte er am liebsten gerufen: Aber ja, tu das, gern, so schnell wie möglich!

Wie stark seine Lust auf Zainab auch war, der Prophet konnte sie nicht heiraten. Die gesellschaftlichen Konventionen verboten die Ehe eines Vaters mit der Exfrau oder Witwe seines Sohnes. Diese Regeln stammten aus den Zeiten vor dem Islam, blieben jedoch in dessen Anfangsjahren gültig. Ein adoptierter Sohn hatte denselben Status wie ein natürlicher Sohn, und für ihn galten dieselben Regeln. Diese Sitten waren tief verwurzelt. Die Menschen würden nicht dulden, daß an ihnen gerüttelt wurde.

Der Prophet sah keinen Ausweg. Mit siebenundfünfzig Jahren war seine Leidenschaft noch ebenso feurig wie vierzig Jahre zuvor. Er hatte sich in seine Nichte verliebt, die noch jünger war als seine eigenen Töchter, aber Alter war noch nie ein Argument. Zainab war eine freie Frau, und eine freie Frau nimmt man nicht zur Konkubine. Eine freie Frau heiratet man, mit Brautgabe und allem, was dazugehört. Wie konnte er das nur einfädeln? Er hatte wirklich keine Ahnung, bis Gott ihm einen Ausweg in Form einer Offenbarung bot.

> »Und da sagtest du zu dem, dem Allah Gnade erwiesen hatte und dem du Gnade erwiesen hattest: ›Behalte deine Frau für dich und fürchte Allah.‹ Und du verbargst das, was du in dir hegtest, das, was Allah ans Licht bringen wollte, und du fürchtetest die Menschen, während Allah es ist, den du in Wirklichkeit fürchten sollst. Dann aber, als Zaid seine eheliche Beziehung mit ihr beendet hatte, verbanden Wir sie ehelich mit dir, damit die Gläubigen in bezug auf die Frauen ihrer angenommenen Söhne nicht in Verlegenheit gebracht würden, wenn sie ihre ehelichen Beziehungen mit ihnen beendet hätten. Und Allahs Befehl muß vollzogen werden.« (33:37)

Sobald dem Propheten diese Verse eingegeben worden waren, schickte er einen Boten, um Zaid zu holen. Der Prophet sagte ihm, falls er wirklich nicht länger Zainabs Ehemann sein wolle, dürfe er sie verstoßen. Danach bat er Zaid, der noch immer sein Adoptivsohn war, Zainab im Namen des Propheten einen Heiratsantrag zu machen. Da mußte Zaid kurz schlucken. In einem Atemzug mußte er Zainab jetzt mitteilen, daß sie nicht mehr seine Frau war und daß sein Adoptivvater um ihre Hand anhielt. Einige meinen, daß damit Zaids Glaube auf die Probe gestellt wurde.

Als Zaid zu Zainab kam, saß sie auf einem Schemel auf dem Boden und knetete Teig in einer Schüssel. Wie gewöhnlich schenkte sie ihm keinen Blick, als er hereinkam. Aber ihre Erscheinung rief bei ihm so starke Gefühle hervor, daß er spürte, wie sich sein Herz zusammenkrampfte. Solange er sie ansah, konnte er nicht die Kraft finden, ihr die traurige Nachricht mitzuteilen. Da drehte er ihr den Rücken zu und sagte ihr, daß er sie hiermit definitiv verstoße. Sie sagte kein Wort. Dann fragte er sie, ob sie den Propheten als ihren künftigen Mann nehmen wolle.

Zainab sagte: »Ich kann noch keine Antwort geben. Ich muß erst meinen Herrn danach fragen.« Sie stand auf, wusch sich die Hände und ging daraufhin zu ihrer Gebetsecke im Haus, um ein Gebet zu verrichten. Als sie wieder herauskam, war Zaid bereits verschwunden. An seiner Stelle stand ihr neuer Ehemann und erwartete sie: der Prophet. »Gott hat mich mit dir vermählt«, sagte der Prophet erfreut und berichtete ihr von der Offenbarung und von Gottes Befehl.

Diese Ehe Mohammeds mit Zainab verursachte in Medina eine nicht unbeträchtliche Aufregung. Die Diskussionen zwischen den Befürwortern und den Gegnern beschäftigten lange Zeit die Gemüter. Wie konnte Mohammed die Frau seines eigenen Sohnes heiraten? fragten die Gegner. Die Befürworter hörten nicht auf zu erklären, daß Zaid sie schon nicht mehr haben wollte und daß es sich hier nicht um einen richtigen, sondern um einen adoptierten Sohn handelte. Als die Kritik nicht aufhörte, kam eine weitere Offenbarung zur Verdeutlichung.

»Mohammed ist nicht der Vater einer eurer Männer, sondern der Gesandte Allahs und der letzte aller Propheten, und Allah besitzt die volle Kenntnis aller Dinge.« (33:40)

Nach diesem Text sollte die ganze Einrichtung der Adoption in Ungnade fallen. Schriftgelehrte schrieben damals, es verstoße gegen den Geist des Islam, Kinder zu adoptieren.

Später, wenn Frau Zainab und Frau Aischa gelegentlich darum wetteiferten, wer im Koran die meistgeachtete Stellung habe, sollte Frau Aischa sagen: »Meine Unschuld wurde vom

Himmel bewiesen«, und Frau Zainab sollte sagen: »Meine Ehe wurde von Gott persönlich angeordnet.« Faktisch wurde ihre Ehe zweimal in einer Offenbarung befohlen. Dazu kommt noch, daß es wegen Zainab zu einer Gesetzesänderung in bezug auf die Ehe von Ex-Schwiegertöchtern von adoptierten Söhnen kam, wodurch später das ganze Adoptionssystem ins Wanken gebracht wurde.

Als wäre dies alles noch nicht genug, um der schönen Zainab einen Platz in der Geschichte als einflußreiche Person bei der Entstehung des Korans zu sichern, wurde ihr Hochzeitsfest zur Bühne weiterer Offenbarungen. Am Tag nach der Hochzeit gab der Prophet ein großartiges Fest, zu dem er viele Gläubige (in die Gemächer Zainabs) zum Essen eingeladen hatte. In Grüppchen setzten sie sich, sie aßen und und brachen danach wieder auf, so daß die nächste Gruppe sich an den Tisch setzen konnte. So ging das den ganzen Nachmittag über. Eine Gästegruppe blieb zu lange sitzen und unterhielt sich, bis es Zeit für die übliche tägliche Runde des Propheten bei seinen anderen Frauen wurde, um sich wie immer nach ihrem Befinden zu erkundigen. Er konnte seine neue Braut schwerlich mitnehmen, aber er konnte die Männer auch nicht wegschicken. Deshalb ließ er seine Frischangetraute bei all den Männern im Zimmer zurück, doch ihm war dabei nicht geheuer.

Zuerst kam er bei Frau Aischa vorbei. Er fragte, wie es ihr ginge. Sie erwiderte seinen Gruß und fragte (wahrscheinlich mit Widerwillen): »Hat Euch Eure neue Familie gut gefallen, Prophet?«

Auch bei den anderen Ehefrauen ging es in derselben Art weiter, und er sagte ja, und er dankte ihnen. Danach kehrte er zu Zainab zurück. Die Gäste waren noch immer da. Die ganze Zeit hatte Frau Zainab mit den Männern im Zimmer gesessen und nicht gewußt, wohin sie sehen sollte. Vermutlich hatte sie eine Wand angestarrt. Es gab noch keine getrennte Männer-

und Frauenwelt, und die Gäste unterhielten sich gemütlich und hatten gar keine Eile aufzubrechen. Demonstrativ ging Mohammed noch einmal aus dem Haus. Endlich begriffen sie, daß ihr Besuch vielleicht zu lange gedauert hatte. Zainab war bereits ins Hinterzimmer gegangen, und Mohammed wollte ihr folgen, als ihm sein Sklave nachlief. Da ließ Mohammed den Vorhang des Zimmers herab und rezitierte laut eine Offenbarung.

»O ihr, die ihr glaubt! Betretet nicht die Häuser des Propheten, es sei denn, daß euch zu einer Mahlzeit (dazu) Erlaubnis gegeben wurde. Und wartet nicht (erst) auf deren Zubereitung, sondern tretet (zur rechten Zeit) ein, wann immer ihr eingeladen seid. Und wenn ihr gespeist habt, dann geht auseinander und lasset euch nicht aus Geselligkeit in eine weitere Unterhaltung verwickeln. Das verursacht dem Propheten Ungelegenheit, und er ist scheu vor euch, jedoch Allah ist nicht scheu vor der Wahrheit. Und wenn ihr sie (seine Frauen) um irgend etwas zu bitten habt, so bittet sie hinter einem Vorhang. Das ist reiner für eure Herzen und ihre Herzen. Und es geziemt euch nicht, den Gesandten Allahs zu belästigen, noch (geziemt es euch,) seine Frauen jemals nach ihm zu heiraten. Wahrlich, das würde vor Allah eine Ungeheuerlichkeit sein.« (33:53)

Das ist der bekannte Absonderungsvers, mit dem zwischen den Frauen des Propheten und den übrigen Männern eine Barriere – eine Trennwand, ein Vorhang, eine Tür oder etwas Ähnliches – errichtet wurde. Später sollten die Schriftgelehrten propagieren, diese Regel gelte für alle muslimischen Frauen; und so sind die Harems entstanden.

Zainab konnte natürlich nichts dafür, daß sie möglicherweise der Anlaß für diese Offenbarung wurde, die für alle muslimischen Frauen eine enorme Einschränkung der Bewegungsfreiheit nach sich zog. Sie war einfach, wie sie war, charmant, verführerisch und ehrgeizig. Die Dickfelligkeit der Gäste und die Eifersucht des Propheten waren der wahre Anlaß für die Absonderung.

Als Person ist Zainab eine interessante Frau. Sie wußte auf jeden Fall, wie sie in einer Welt, die von Offenbarungen regiert wurde, ihren Kopf durchsetzen konnte. Ihre Schönheit wurde weit und breit gerühmt, doch für sie waren vermutlich ihr Selbstvertrauen, ihre Beharrlichkeit und ihr Glaube an ihre Träume noch wichtiger.

3 Drittes Porträt
Hafsa, mächtige Tochter eines mächtigen Vaters

Vater: Wir hielten unsere Frauen an der Kandare

»Wenn Ihr sehen würdet, Prophet Gottes, wie wir früher in Kuraisch waren! Wir waren Männer, die ihre Frauen an der Kandare hielten. Dann kamen wir nach Medina, und dort trafen wir Männer, die von ihren Frauen an der Kandare gehalten wurden. Daraufhin begannen unsere Frauen, die Frauen hier nachzuahmen. [...] Eines Tages wurde ich böse auf meine Frau, aber sie begann mir zu widersprechen. Ich war entsetzt! Sie sagte: ›Warum findest du das so schlimm? Ich schwöre dir, daß die Frauen dem Propheten auch manchmal widersprechen. Sie werden sogar böse auf ihn und verlassen ihn gelegentlich einen ganzen Tag bis in die Nacht.‹ Sogleich suchte ich Hafsa auf. Ich fragte sie: ›Widersprichst du manchmal dem Propheten?‹ Sie sagte: ›Ja.‹ Ich fragte: ›Wird er ab und zu von einer von euch auch einmal bis in die Nacht verlassen?‹ Sie sagte: ›Ja.‹ Ich sagte zu ihr: ›Wer von euch dies tut, begeht einen riesigen Fehler! Bedenkt ihr denn nicht, daß man auch den Zorn Gottes auf sich zieht, wenn der Prophet auf einen böse wird? Dann werdet ihr allesamt zerschmettert. Tochter, streite nie mehr mit dem Propheten. Verlange nie Geld von ihm, sondern verlange lieber, was du brauchst, von mir. Sei nicht eifersüchtig auf deine Nachbarin

Frauen im Koran

(er meinte Aischa), weil sie hübscher ist oder mehr geliebt wird als du.«« [40]

Nach den Überlieferungen waren dies die Worte Umar Ibn al-Khattabs, des wichtigsten Gefährten und Beraters des Propheten, anläßlich eines gewaltigen Streits, der einmal zwischen dem Propheten und seinen Frauen entstanden war. Man munkelte sogar, daß er all seine Frauen auf einmal verstoßen habe. Deshalb suchte Umar den Propheten auf, sobald er von dem Konflikt hörte. Er traf ihn in einem kleinen Raum neben der Moschee, wo er sich, wie sich später herausstellte, einen knappen Monat einschließen wollte, um seinen Frauen aus dem Weg zu gehen und nachzudenken.

Die Überlieferung Umar betreffend geht weiter. Er hatte das Gerücht schon in der Nacht zuvor gehört und machte sich Sorgen über das Los seiner Tochter Hafsa, einer der Frauen des Propheten. »Nun hat sie sicherlich alles verloren und ist völlig am Ende. Ich habe schon immer vermutet, daß dies eines Tages geschehen würde«, scheint Umar gedacht zu haben. Bei Tagesanbruch suchte er nach dem Morgengebet seine Tochter auf. Sie weinte, als er zu ihr kam. Er fragte sie, ob der Prophet sie und die anderen Frauen verstoßen habe, und sie antwortete: »Ich weiß es nicht.« Später ließ man ihn nur unter großen Schwierigkeiten zum Propheten in seiner »Klausur« vor. Offenbar wollte dieser niemanden sehen oder sprechen. Die Moschee draußen war voller Menschen, die schweigend warteten. Wahrscheinlich befürchtete man großes Unheil. Einige weinten, und die Spannung war zum Schneiden.

Der erste Teil der oben zitierten Überlieferung über die Frauen aus Kuraisch, welche die Frauen in Medina nachahmen, wird so gut wie nie zitiert oder angeführt, während der zweite Teil, in der Umar zu seiner Tochter sagt, daß sie niemals mit ihrem Mann streiten, nie Geld von ihm verlangen und nie ihre Eifersucht auf eine andere Ehefrau zeigen dürfe, zum Standardrepertoire der erbaulichen Ratschläge für Frauen geworden ist, die bei jeder nur möglichen Gelegenheit zitiert werden.

Mit Zitaten aus den Überlieferungen wurde immer selektiv umgegangen, und das wird auch in alle Ewigkeit so bleiben, es sei denn, Muslimas beschäftigen sich in hellen Scharen mit allen Formen des gesprochenen oder geschriebenen Wortes – wir sind sicherlich auch selektiv, treffen aber eine andere Auswahl, und das wäre gut für die Ausgewogenheit. Anders läßt sich die Unbekanntheit dieses Zitates nicht erklären, denn es steht schlicht und ergreifend in einer alten, oft zu Rate gezogenen Standardkoranexegese an derselben Stelle wie der zweite Teil des Zitats, den wir ständig um die Ohren geschlagen bekommen.

Ich persönlich bin erst darauf gestoßen, als ich damit begann, selbst die Koranexegese zu studieren, obwohl Umar bei Traditionalisten wie bei Modernisten eine unglaubliche Popularität genießt. Die meisten ihn betreffenden Überlieferungen werden gern zitiert. Mir scheint es überdeutlich, warum die erste Hälfte dieser Überlieferung so geringe Aufmerksamkeit fand und findet. Mit der üblichen Offenheit und Direktheit, die man von Umar kennt, spiegelt diese Textstelle unbestreitbar die Art der fortwährenden Konflikte zwischen Männern und Frauen in der frühen islamischen Zeit wider, Konflikte, von denen wir in Offenbarungen und anderen Überlieferungen wiederholt lesen können. Ohne Umschweife berichtet uns Umar, daß es sich ganz einfach um einen Machtkampf handelte, einen Konflikt, bei dem es den Männern darum ging, ihre Vorherrschaft zu wahren, und den Frauen, diese Vorherrschaft zu brechen. Der ewige Kampf der Geschlechter, nicht mehr und nicht weniger.

Im vorliegenden Kapital versuchen wir uns ein klareres Bild von der Haltung zu machen (oder unser existierendes Bild zu

Frauen im Koran

korrigieren), die der Koran Frauen gegenüber einnimmt, indem wir uns eingehender mit einigen bedeutenden Frauengestalten beschäftigen, die im Koran vorkommen. Dies kann man unmöglich richtig tun, wenn man nicht begreift, was sich damals in Medina und im ganzen arabischen Gebiet an Konflikten abgespielt hat.

Praktisch alle Offenbarungen, die Regeln und Bestimmungen Frauen betreffend enthalten, stammen aus den letzten zehn Lebensjahren des Propheten und wurden daher in Medina offenbart. Zugleich gab es dort, wie wir in den Lebensgeschichten von Frau Aischa und Frau Zainab sahen, eine sehr starke Wechselwirkung zwischen Offenbarungen aus dieser Zeit einerseits und Ereignissen, Konflikten und Entwicklungen in der damaligen islamischen Gesellschaft, vor allem jedoch im Haushalt des Propheten, andererseits. In dieser Hinsicht ist der Koran in gewissem Sinne eine Chronik des Privatlebens des Propheten und dadurch auch eine Chronik seiner Frauen. Man könnte sogar behaupten, daß der Großteil dieser Offenbarungen, die bis auf den heutigen Tag für Millionen von Muslimas so ausschlaggebend sind, eigentlich eine Art Reaktion auf Situationen und Ereignisse der damaligen Situation waren.

Aber was waren die damaligen Ereignisse? Und warum ereigneten sich die Dinge, wie sie sich ereigneten? Weil die Stämme ständig miteinander kämpften? Weil die Männer untereinander um die Führung kämpften? Weil die Männer vor allem auch miteinander kämpften, um die Frauen an der Kandare zu halten und jegliche Veränderung zu ihrem Nachteil zu verhindern? Vor allem mächtige Männer wie Umar Ibn al-Khattab prägten die Entwicklung des Islam stark, der anfangs den Frauen gegenüber sicher wohlwollend gesinnt war.

Deshalb ist es wichtig zu wissen, was in der islamischen Gesellschaft vor sich ging und welche Entwicklungen oder

Hafsa, mächtige Tochter eines mächtigen Vaters

Konflikte dort eine Rolle spielten, kurzum, unter welchen Bedingungen die frühen Muslime in Medina während der letzten Lebensphase des Propheten lebten. Unabhängige historische Quellen existieren meines Wissens nicht. Die einzige Geschichte, die damals geschrieben wurde, ist im Koran zu finden, in der Dichtung und einigen wichtigen offiziellen Dokumenten.

Die ersten – bis dahin mündlich weitergegebenen – Überlieferungen wurden ein gutes Jahrhundert später schriftlich festgehalten. Dadurch ist nicht mehr herauszufinden, wie authentisch sie sind. Die Überlieferungen waren zugleich die Quelle der sozialen, politischen und religiösen Geschichte, die später aufgezeichnet wurde. Allerdings wurden die Texte als Folge des Machtkampfes, politischer Interessen und der religiösen Sittenzensur, die damals entwickelt wurde, nicht selten verzerrt, angepaßt und manipuliert. Wie unzulänglich die Erzählungen und Überlieferungen auch sind, für die Geschichte der allerfrühesten Periode des Islam sind wir trotzdem auf sie angewiesen, der Periode, in der sich ein Großteil des Korans herausbildete.

Geschichten wie die Überlieferung Umar betreffend können eine Vorstellung vom sozialen Leben der frühen Muslime in Medina vermitteln. In dieser Stadt, die niemals eine übergeordnete Autorität gekannt hatte, spielte sich damals ein gewaltiger politischer Machtkampf ab. Die vielen Stämme führten Krieg und stritten um die Macht, ohne daß es einen von allen anerkannten Oberbefehlshaber gab, der Ruhe und Ordnung hätte wiederherstellen können. Und innerhalb der Stämme tobte derselbe Machtkampf. Gleichzeitig gab es, wie wir gesehen haben, einen anderen Kampf, der bequemlichkeitshalber oft vergessen oder sogar geleugnet wird. Dabei ging es um einen Kampf der Geschlechter, um den Machtkampf zwischen Mann und Frau.

Frauen im Koran

Unter den vielen Stämmen gab es für Frauen große Unterschiede hinsichtlich ihres Status und ihrer Anerkennung. Innerhalb desselben Stammes veränderte sich ihr Status jeweils abhängig von ihrer Herkunft und sozialen Stellung. Deshalb konnte Frau Khadidscha bint Guwailid, die erste Ehefrau des Propheten, zum konservativen Stamm der Kuraisch Asad gehören und dennoch einen sehr hohen Status haben, im Gegensatz zu den armen Frauen desselben Stammes. Khadidscha hatte sogar eine derart herausragende Stellung, daß der Prophet, der anfangs in ihren Diensten stand, fünfundzwanzig Jahre monogam lebte. Bis zu ihrem Tod hat er nie eine andere Frau gehabt. Manche Stämme besaßen eine extrem patriarchalische Kultur, in der Frauen eine völlig untergeordnete, abhängige Stellung gegenüber den Männern innehatten. In anderen Stämmen wurden Frauen relativ mehr Rechte zugestanden.

Trotzdem muß nicht lange vor der Einführung des Islam bei den arabischen Stämmen noch eine matriarchalische Gesellschaft existiert haben. Die Tatsache, daß die vier bedeutendsten Götter im Pantheon von Mekka, die von den meisten Stämmen verehrt wurden, Göttinnen waren, weist darauf hin. Bis zur Sprachreform in der zweiten Hälfte des neunzehnten Jahrhunderts zeigte die arabische Sprache deutliche Anzeichen dieses Matriarchats. So wurde im alten und mittelalterlichen Arabisch das Wort »Mutter« oft als Eigenschaftswort verwendet und zwar immer in positivem Sinn. Ein bedeutendes oder großes Dorf wurde Umm al-Kura genannt (die Mutter aller Dörfer), ein überaus bemerkenswertes, originelles Buch hieß Umm al-Kutub (die Mutter aller Bücher), eine entscheidende Schlacht Umm al-Marik (die Mutter aller Schlachten) und so weiter, wogegen das Wort »Vater« nicht in derselben Weise verwendet wurde. Im modernen Arabisch ist so etwas nicht mehr sehr gebräuchlich, es

Hafsa, mächtige Tochter eines mächtigen Vaters

sei denn, um eine klassische Stimmung heraufzubeschwören. Daher wirkt es auch schizophren zu hören, wie sich eine derart extrem männliche Kultur in einer derart matriarchalischen Sprache ausdrückt.

Wie auch immer, die arabische Gesellschaft war zur Zeit des Propheten Mohammed reif für eine Veränderung. Ermutigt von der geistigen und politischen Gleichheit, die der Islam den Frauen schenkte, versuchten sie, auch gesellschaftliche Gleichberechtigung zu erringen. Frauen aus Medina wurden zum Vorbild für andere Muslimas, die sich mehr Freiheit erobern wollten. Zur selben Zeit wehrten sich die muslimischen Frauen aus Medina mit Händen und Füßen, als die muslimischen Männer versuchten, ihre Freiheiten einzuschränken. Oft mußte der Prophet als Schiedsrichter auftreten, und er war geneigt, sich auf die Seite der Frauen zu schlagen.

War der Prophet denn wirklich frei in seinen Entscheidungen, die er bei Konflikten zwischen Männern und Frauen traf? Konnte er die Frauen uneingeschränkt in ihrem Wunsch nach mehr Gleichheit und Gerechtigkeit unterstützen? Wir wissen, daß der Prophet gegen das Schlagen von Frauen war. Aller Wahrscheinlichkeit nach hat er selbst nie geschlagen, und er geriet außer sich, wenn sich eine von ihrem Mann grün und blau geprügelte Frau bei ihm beklagte. Sehr schnell rief er dann: »Genugtuung.« Er hatte verkündet, daß es Muslimen nicht erlaubt war, ihre Frauen zu schlagen, aber wir wissen, daß diese Maßregel viele Männer gegen ihn in Rage gebracht hat, Männer, die dies als ihr natürliches Recht ansahen.

Es war Umar Ibn al-Khattab höchstpersönlich, der einmal erregt hereinkam und dem Propheten zurief: »Ihr habt unsere Frauen zu rebellisch gegen uns gemacht!« Er meinte natürlich, daß es den Männern nicht mehr so gut gelang, die Frauen an der Kandare zu halten, wenn ihnen das Schlagen verboten war. Kurz darauf wurde das vom Propheten erlassene Verbot durch eine Offenbarung wieder aufgehoben, die das Schlagen erlaubte:

> »Und jene, deren Widerspenstigkeit ihr befürchtet: ermahnt sie, meidet sie im Ehebett und schlagt sie!« (4:34)

Der Prophet war sehr empfänglich für Umars Meinungen. Beispielsweise war es Umars Idee, die Kaaba zum Gebetshaus der Muslime zu machen. Das hatte er dem Propheten vorgeschlagen: »Prophet Gottes, warum nehmen wir nicht das Haus Abrahams als Gebetshaus?« Und später kam eine Offenbarung, die befahl, das Haus Abrahams (die Kaaba in Mekka) zum Gebetshaus zu machen. Von Umar stammte auch die Idee, was nach der ersten Feldschlacht in Badre mit den Kriegsgefangenen geschehen sollte, ein Vorschlag, der später ebenfalls in einer Offenbarung befohlen wurde.

Eine Überlieferung Umar betreffend soll er gesagt haben: »An drei Stellen im Koran war mein Herr einer Meinung mit mir.« Und dann führte er die Kriegsgefangenen von Badre an, das Gebetshaus und die Einführung der Absonderung für die Frauen des Propheten (33:53), was ebenfalls auf Betreiben Umars geschah – eine Absonderung, die später, dank einer Fehlinterpretation der Schriftgelehrten, für alle muslimischen Frauen vorgeschrieben wurde. Ihm haben wir also das Haremsystem zu verdanken. Noch recht herzlichen Dank, Herr Umar Ibn al-Khattab!

In Wirklichkeit war sein Herr sehr viel öfter als dreimal mit ihm einer Meinung gewesen. Etwa bei der harten Verwarnung der Frauen des Propheten anläßlich eines großen Streits, als die Frauen gegen ihren Mann gemeinsame Sache machten, woraufhin der Prophet einen Monat lang in Klausur ging, wie bereits weiter oben erwähnt wurde. Umar ergriff Partei für den Propheten und suchte dessen Frauen auf, um gegen sie zu

Hafsa, mächtige Tochter eines mächtigen Vaters

predigen und zu sagen, daß sie den Propheten in Ruhe lassen sollten, sonst würde ihm der Herr womöglich andere und bessere Ehefrauen an ihrer Stelle geben.

Zuletzt kam er zu Frau Umm Salma. Diese adelige Frau aus guter Familie gab ihm Kontra und sagte:»Verehrter Umar, ist der Prophet nicht mehr imstande, selbst zu seinen Frauen zu predigen, so daß Ihr das für ihn übernehmen müßt?« Umar trollte sich. Später wurde in einer Offenbarung in genau derselben Formulierung, die Umar verwendet hatte, verkündet:

> »Vielleicht wird sein Herr ihm, wenn er sich von euch scheidet, an eurer Stelle bessere Frauen als euch geben, muslimische, gläubige, gehorsame, reuige, fromme, fastende (Frauen), *Taiyibat* [Frauen, die schon einmal verheiratet waren] und Jungfrauen.« (66:5)

Es kann keine Kleinigkeit gewesen sein, die diese Krise zwischen dem Propheten und seinen Frauen ausgelöst hatte. Der Prophet war so erzürnt, daß er einen Monat lang auf Distanz zu ihnen ging und eine Massenscheidung drohte. Einen Monat lang wartete die ganze Gemeinde voller Spannung, aus Angst vor den möglichen Folgen. Dabei handelte es sich, so die Koraninterpreten, um eine Frage der Eifersucht. Jede Rebellion der Frauen gegen ihre untergeordnete Stellung oder gegen die Polygamie schrieben diese Koraninterpreten gern auf das Konto der Eifersucht, als ob Liebe der einzige Antrieb für Frauen wäre. Andere sprechen von der »Geschichte vom Honig«, und obwohl dies den Überlieferungen zufolge nicht völlig korrekt ist, übernehme ich diese Bezeichnung, weil ich finde, daß es ein schöner Titel ist. In der Geschichte vom Honig spielt Hafsa die Hauptrolle, die Tochter Umar Ibn al-Khattabs.

Frauen im Koran

Tochter: Eine Geschichte vom Honig?

Wie wir bei den Geschichten von Aischa und Zainab gesehen haben, ist der Koran gelegentlich so eng mit dem persönlichen Leben des Propheten, den darin vorkommenden Ereignissen und den Menschen, die er kannte, verwoben, daß es beinahe peinlich ist. Die alten Araber kannten nicht nur keinerlei Schamgefühl im Zusammenhang mit der Sexualität, auch die Vorstellung einer Intimsphäre fehlte gänzlich. Intimsphäre ist mit dem Individualismus und dem Bedürfnis des Individuums verknüpft, sich einen eigenen, persönlichen Raum zu schaffen, aus dem sich alle anderen fernhalten müssen. Dies alles gehörte nicht zur alten arabischen Gesellschaft und Kultur. In dieser Stammeskultur war alles eine Sache des ganzen Stammes.

Durch Korantexte, die vom Geschlechtsleben des Propheten handeln, und durch die Überlieferungen, die dies alles bis in die kleinsten Details behandeln, wird der Unterschied zwischen der damaligen und unserer modernen Zeit am treffendsten illustriert. Bei Texten wie den folgenden kann sich der Leser wie ein Eindringling fühlen. Der Text sagt:

> »O Prophet! Warum verbietest du das, was Allah dir erlaubt hat, um nach der Zufriedenheit deiner Frauen zu trachten? Und Allah ist allvergebend, barmherzig.« (66:1)

Es scheint, daß Gott hier einen Tadel an die Adresse seines Propheten ausspricht. Um seinen Frauen eine Freude zu machen, soll er sich selbst etwas verboten haben, was ihm Allah erlaubt hatte. Mußte ihm das vorgehalten werden? Ehrlich gesagt kann ich hier kein Problem sehen. Wenn sich der Prophet nicht beklagte und etwas Besonderes tat, um seinen Frauen eine Freude zu machen, warum nicht? Aber dieser Text

Hafsa, mächtige Tochter eines mächtigen Vaters

scheint hier eine Nuance konkurrierender Loyalitäten anzuführen.

Worum ging es eigentlich? Manche meinten, es gehe um Honig. Es ist nicht völlig klar, warum Frau Hafsa einen Widerwillen gegen Honig hatte, aber den Überlieferungen zufolge haßte sie ihn, während der Prophet dagegen geradezu verrückt nach Honig und Süßigkeiten war. Manche Überlieferungen berichten, daß der Prophet jeden Nachmittag all seine Frauen besuchte, die allesamt nebeneinander wohnten. Aber er blieb immer nur kurz. Er trat ein, grüßte, erkundigte sich nach dem Befinden und machte sich auf zur nächsten. Dabei hielt er sich an eine strikte Regel: stehen zu bleiben und sich nicht hinzusetzen – denn aus dem einen kann sich das andere entwickeln, und so weiter und so fort.

Seine Zuneigung, Zeit und Liebe mußten genau gleich auf all seine Frauen verteilt werden. Daher hatte er auch ein Verteilschema, das ihm sagte, welche Frau an welchem Tag an der Reihe war, und mit ihr verbrachte er dann diesen Tag und die Nacht. Am Tag der einen durfte er nicht zuviel Zeit mit den anderen verbringen. Irgendwann fanden die Frauen heraus, daß er auf seiner Nachmittagsrunde bei Zainab bint Dschahsch länger blieb als bei den anderen Frauen. Es stellte sich heraus, daß Zainab ihm Honig anbot, dem er nicht widerstehen konnte, und dann setzte er sich kurz.

Nachdem die anderen Frauen das bemerkt hatten, überlegten sich zwei von ihnen, Aischa und Hafsa, eine List. Als der Prophet am nächsten Tag auf seiner Besuchsrunde vorbeikam, fragten sie ihn, was er gegessen habe, und sagten, daß er ihrer Meinung nach *Maghafir* verzehrt hatte – ein Nahrungsmittel, nach dessen Genuß man aus dem Mund roch. Beide taten dies, und der Prophet, der immer gut roch, sich überaus gut pflegte und peinlichst auf sein ordentliches Aussehen und auf Reinlichkeit achtete, sagte, er

Frauen im Koran

habe nur Honig gegessen, und er schwor sich, nie mehr Honig zu sich zu nehmen.

Darauf könnte der Vers dieses ziemlich komplizierten Textes verweisen: »O Prophet! Warum verbietest du das, was Allah dir erlaubt hat, um nach der Zufriedenheit deiner Frauen zu trachten?«

Trotz seines Schwurs aß der Prophet doch wieder Honig und gestand das einmal im Vertrauen Frau Hafsa mit der eindringlichen Bitte, es für sich zu behalten. Vor allem Frau Aischa dürfe davon nichts erfahren, hatte er ihr ans Herz gelegt. Hafsa konnte es nicht lassen und erzählte es Aischa. Die beiden Frauen hatten oft Streit, kamen aber auch gut miteinander aus, wenn sie ein gemeinsames Ziel hatten. Hafsa beschwor Aischa, daß der Prophet nichts von ihrer Geschwätzigkeit erfahren dürfe. Aber Mohammed kam doch dahinter (Gott persönlich hatte es ihm erzählt!), und Hafsa dachte, daß Aischa sie verraten hätte:

> »Und als der Prophet sich zu einer seiner Frauen im Vertrauen geäußert hatte und sie es dann kundtat und Allah ihm davon Kenntnis gab, da ließ er (sie) einen Teil davon wissen und verschwieg einen Teil. Und als er es ihr vorhielt, da sagte sie: ›Wer hat dich davon unterrichtet?‹ Er sagte: ›Unterrichtet hat mich der Allwissende, der Allkundige.‹« (66:3)

In Büchern über die Koraninterpretation lesen wir, daß es dabei nicht um Honig ging, sondern um etwas völlig anderes: Nach einer kurzen Abwesenheit war Hafsa wieder nach Hause gekommen und hatte den Propheten dabei überrascht, wie er mit seiner Konkubine, der koptischen Maria, schlief. Sie wurde schrecklich wütend und rief: »Prophet Gottes, damit habt Ihr mir einen üblen Streich gespielt, was Ihr einer anderen

Hafsa, mächtige Tochter eines mächtigen Vaters

Ehefrau noch nie angetan habt. In meinem Haus? In meinem Bett? Und an meinem Tag?« Der Prophet fragte sie: »Wird es dich zufriedenstellen, wenn ich sie nie wieder berühre?« Hafsa antwortete mit Ja, und er schwor, daß er, falls Hafsa niemandem den Vorfall erzähle, Maria nie wieder berühren werde.

Aber Hafsa erzählte den Vorfall doch Aischa. Nun hielt sich der Prophet auch nicht mehr an sein Versprechen und brach seinen Schwur. Maria war ihm offenbar zu lieb. Um sich von seinem Eid freizukaufen, hatte der Prophet genau getan, was dazu im Koran stand: eine Anzahl Tage zu fasten und eine Anzahl Menschen zu nähren; aber die beiden Frauen hörten trotzdem nicht auf, ihn zu kritisieren und sich gegen ihn zu verbünden. Sie waren der Ansicht, daß er die Regeln der Gleichbehandlung aller Ehefrauen übertreten und seinen Schwur nicht gehalten hatte.

Da konnte es der Koran nicht lassen, die aufsässigen Frauen des Propheten gehörig zu warnen: Wenn ihr euch gegenseitig weiter gegen Mohammed aufhetzt, wenn Frau Aischa und Frau Hafsa sich weiterhin beistehen und zusammen gegen den Propheten antreten, werden Gott, *Dschibril* (der mächtige, kolossale Engel der Offenbarung mit mindestens sechshundert Flügeln, der Erzengel Gabriel), die guten Gläubigen und dazu auch die Engel dem Propheten zu Hilfe eilen! (Wie es Text 66:4 beschreibt.)

Allmächtiger Himmel, wie ungeheuer mächtig müssen diese beiden Frauen gewesen sein, um eine derartige Erpressung zu rechtfertigen und solche Mächte gegen sie anzurufen? Und wie machtlos muß sich der Prophet gefühlt haben, daß er einen solchen Vers »empfangen« mußte. Die unvermeidliche Frage, die sich jeder bei diesem Text stellen wird, lautet: Wurde hier nicht die Offenbarung als Waffe des Propheten gegen seine Frauen eingesetzt? Und wenn ja, wie können wir dann wissen, daß das in anderen Fällen nicht ebenfalls der Fall war?

Sofort mit Scheidung und Austausch der aufsässigen Frauen zu drohen (Umars Idee), gut, der Prophet muß selbst wissen, ob das die richtige Manier ist, um Konflikte mit seinen Frauen zu lösen. Aber daß sich Gott persönlich einmischte, finde ich merkwürdig. Und das alles, nur weil der Prophet mit einer anderen Frau geschlafen hat oder wegen dem bißchen Honig?

Das glaube ich nicht. Ich glaube nicht, daß es um den Beischlaf mit Maria oder um einen Löffel Honig ging, zumindest nicht ausschließlich. Ich glaube, daß es sich um etwas viel Wichtigeres handelte, und es würde mich nicht wundern, wenn sich die Frauen gemeinsam gegen die neuen Regeln der Absonderung aufgelehnt hätten, die nicht lange davor erlassen worden waren. Das bedeutet, daß es zwischen den Frauen des Propheten und den Männern, die nicht mit ihnen verwandt waren, einen Vorhang oder eine Trennwand gab, daß sie nicht mehr am öffentlichen Leben teilnahmen, nicht mehr gemeinsam aßen, wenn der Prophet männliche Besucher hatte. In diesen Fällen hatten sie sich in ein Hinterzimmer zurückzuziehen. Sie konnten keinen gemeinsamen Besuch mehr empfangen. Von ihnen wurde erwartet, daß sie zu Hause saßen und nicht mehr mit Männern sprachen, außer hinter der Trennwand hervor. Das alles bedeutete eine ungeheure Einschränkung ihrer Bewegungsfreiheit.

Es kann auch sein, daß die Frauen gegen die Regel rebellierten, daß sie nach dem Propheten keinen anderen Mann mehr heiraten durften. Ich kann mir gut vorstellen, daß sie damit keineswegs einverstanden waren. Einerseits mußten sie abgesondert leben, konnten also nicht arbeiten, und andererseits durften sie nach ihm keinen anderen Mann mehr heiraten. Wie sollten sie dann weiterleben, was sollten sie mit ihrer Zeit anfangen?

Diese Annahmen werden nicht von den Überlieferungen und der Korandeutung gestützt, aber das ist auch nicht zu er-

Hafsa, mächtige Tochter eines mächtigen Vaters

warten. Sollte dies der wahre Auslöser der Krise in den Häusern des Propheten gewesen sein, dann wäre dem offiziellen Islam alles daran gelegen, das unter den Teppich zu kehren. Ich erwarte auch nicht, daß die Herren Erzähler und Interpreten einen solchen, höchst gefährlichen Aufstand der Frauen des Propheten eingestehen. Ich erwarte genau das Gegenteil, daß sie nämlich alles daransetzen, sogar Lügen und Überlieferungen erfinden würden, um diesen Vorfall zu verheimlichen, um die Frauen des Propheten so hinzustellen, daß sie als »gutes« Beispiel für alle anderen muslimischen Frauen nach ihnen, als ein Musterbeispiel der Gehorsamkeit, Demut und Selbstaufopferung, aber gewiß nicht als Vorbild für Rebellion und Aufruhr dienen konnten.

Der offizielle Islam hatte dann allerdings das Problem mit den Korantexten, die Mal für Mal von Streit und Differenzen zwischen dem Propheten und seinen Frauen berichteten. Man dachte sich alle möglichen Erklärungen dafür aus, und die Herren Theologen schrieben all diese Zusammenstöße natürlich der Eifersucht zu. Dem offiziellen Islam zufolge ist das einzige, was Frauen dazu bringt, zu protestieren oder zu rebellieren, die Eifersucht aufeinander und die Konkurrenz um die Gunst des gemeinsamen Mannes! Die Frauen sind emotional, die Frauen sind nicht rational – und so weiter und so fort.

Einige Historiker schrieben, bei der Krise sei es vielleicht um den Nachfolger des Propheten nach seinem Tod gegangen. Das ist ebenfalls gut möglich. Wahrscheinlich hat der Prophet Frau Hafsa in aller Vertraulichkeit etwas über seine Pläne bezüglich seines Nachfolgers erzählt, und Hafsa hat das Frau Aischa weitererzählt, obwohl sie es nicht durfte. Es lag nicht in der Absicht des Propheten, daß Aischa dies vorzeitig erfahren sollte. Die Tatsache, daß dort steht: »Aber wenn ihr euch gegenseitig gegen ihn aufhetzt« (66:4), läßt vermuten, daß die zwei Frauen in der Nachfolgefrage andere Vorstellungen hat-

Frauen im Koran

ten als der Prophet. Oder mit anderen Worten, daß sie entschieden gegen die Pläne des Propheten in Sachen Nachfolge waren.

Diese Theorie wird um so glaubwürdiger, wenn wir uns den Zeitpunkt ansehen, zu dem diese Sure offenbart wurde. In der Abfolge des redigierten Korans hat diese Sure die Nummer 66, aber in Wirklichkeit ist sie die Nummer 107 von 114. Diese Texte stammen also praktisch aus der Zeit um das Lebensende des Propheten. Einige Historiker datieren diese Texte ins siebte, andere ins neunte Jahr der *Hidschra*. Wenn wir wissen, daß der Prophet im zehnten Jahr gestorben ist, wird die Nachfolgefrage noch plausibler.

Danach folgten nur noch sieben weitere Suren, und es ist zu erwarten, daß der Prophet gedanklich mit der Frage seiner Nachfolge beschäftigt war. Vor der Außenwelt hielt er das völlig geheim und nannte bis zum letzten Moment in der Öffentlichkeit keinen Namen. Aber Frau Hafsa gegenüber ließ er offenbar einen Namen fallen. Deshalb provoziert diese Geschichte die Frage: Haben Frau Aischa und Frau Hafsa versucht, den Propheten unter Druck zu setzen, um jemand anderen als seinen Nachfolger anzuweisen, als er selbst wollte? »Aber wenn ihr euch gegenseitig gegen ihn aufhetzt.« Wen sollte der Prophet ursprünglich ausgesucht haben?

Nach den Bräuchen und Stammesgesetzen wäre Ali Ibn Abi Talib, der Vetter des Propheten und Ehemann seiner Tochter, Frau Fatima, der Vater seiner einzigen zwei Enkelsöhne, der zudem als einer der ersten zum Islam übergetreten war, die einleuchtendste und für alle Gläubigen akzeptable Wahl gewesen. Doch Ali wurde nicht der Nachfolger des Propheten, zumindest nicht der erste. Wie wir wissen, war der erste Kalif der Muslime, Abu Bakr as-Siddik, implizit vom Propheten persönlich auf seinem Sterbebett zu seinem Nachfolger eingesetzt worden. Der zweite Kalif wurde Umar Ibn al-Khattab.

Hafsa, mächtige Tochter eines mächtigen Vaters

Das schönste an der ganzen Geschichte ist natürlich, daß diese beiden Kalifen, Nachfolger Nummer eins und Nummer zwei, die Väter der Frauen Aischa beziehungsweise Hafsa waren. Sie waren keine Blutsverwandten des Propheten, wohl aber gute Freunde und seine Schwiegerväter, und gegen alle üblichen Sitten und Bräuche kamen sie trotz Alis Blutverwandtschaft als erste an die Reihe.

Wenn wir die Geschichte aufmerksam lesen, merken wir, daß Ali mit den Frauen des Propheten nicht besonders freundlich umging. Jedesmal, wenn die Frauen rebellierten, beispielsweise gegen eine neue Heirat des Propheten, und sich gemeinsam gegen Mohammed wehrten, kam Ali mit dem Rat, sie doch allesamt wegzuschicken und an ihrer Stelle andere Frauen zu heiraten (Frauen in Hülle und Fülle zur Auswahl, nicht wahr?).

Auch in der »Große Lüge«-Krise wegen Frau Aischa und der Verdächtigungen wegen Ehebruchs gegen sie hatte sich Ali für die harte Linie entschieden. Er fand es inakzeptabel, daß Aischa die Frau des Propheten blieb, gleichgültig, ob sie nun unschuldig war oder nicht. Ali war vermutlich der Meinung, daß sie durch diese Geschichten irgendwie beschädigt worden war und damit auch die Ehre des Propheten und des übrigen Clans, zu dem er ebenfalls gehörte, in Mitleidenschaft gezogen wurde. Zwar wurde am Ende ihre Unschuld durch ein göttliches Dekret nachgewiesen, aber Aischa nahm es ihm sehr übel, und seine feindselige Haltung kam Ali teuer zu stehen.

Nach dem Tod der ersten beiden Nachfolger, der Väter von Aischa und Hafsa, wäre Ali gewiß für die Nachfolge in Betracht gekommen, doch noch gönnte ihm Frau Aischa diese Stellung nicht. Während die Haschemiten, der Clan des Propheten, mit Unterstützung zahlreicher anderer Clans und Stämme die Herrschaft ins Haus des Propheten zurückverlagern und sie dort auch halten wollten, damit Ali, als Vetter und Schwiegersohn des Propheten, als einziger von ihnen Anspruch auf die Nachfolge erheben konnte, gab es ein anderes Lager, das Uthman Ibn Affan, einen frommen alten Weggefährten des Propheten, an die Macht bringen wollte. Dieses zweite Lager wurde unter anderem von Frau Aischa angeführt.

Die beiden Lager konnten sich nicht einigen, und die Muslime erhoben zum ersten Mal, seit der Prophet Mohammed alle arabischen Stämme vereint hatte, die Waffen gegeneinander. Die Schlacht wurde *Al-Dschamal* (die Kamelschlacht) genannt, weil Frau Aischa den Truppen auf einem Kamel voranritt. Wie üblich wurde sie in ihrem Tragestuhl mit Vorhängen getragen (dem *Houdaj*, einer Art kleinem Zelt, das auf einem Kamel befestigt wurde).

Diejenigen, die Alis Recht auf die Nachfolge einforderten, seine Verwandten, der Clan, der Stamm und die verwandten Stämme, nannten sich von nun an Schiiten; das Lager Aischas war das der Sunniten. Dennoch wurde Ali nicht der Nachfolger. Erst nach dem Tod Uthmans wurde Ali der vierte und zuletzt gewählte Nachfolger oder auch Kalif, bevor das Kalifat zu einer Dynastie wurde. Frau Aischa warf ihr ganzes politisches Gewicht und ihre religiöse Autorität als geliebte Gefährtin des Propheten in die Waagschale, um zu verhindern, daß Ali die Herrschaft bekäme – er, der ihr so feindlich gesonnen gewesen war.

Damit war das erste und bedrohlichste Schisma in der Geschichte des Islam entstanden. Die Einheit der Muslime wurde seitdem nie wiederhergestellt. Für die Schiiten ist Frau Aischa noch immer die Feindin Nummer eins. Khomeini scheint sie, beispielsweise, in seinen Reden ständig »die Hure« genannt zu haben, während die späteren sunnitischen Geschichtsschreiber es ihr übelnahmen, daß sie nicht versucht hatte, die zwei Lager in der Nachfolgefrage zu versöhnen, um das Schisma zu

Hafsa, mächtige Tochter eines mächtigen Vaters

verhindern. Seit dieser Zeit hegen sie auch eine große Furcht vor der Macht der Frauen. Trotz aller Unterschiede sind sich die sunnitischen wie die schiitischen Schriftgelehrten in einem einig: Die Frauen dürfen nie wieder einen so großen Einfluß im Islam bekommen. Diese Haltung und diese Furcht äußern sich in allerlei feindselige Aussagen über Frauen und in Regeln, die verhindern sollen, daß Frauen je wieder ein Wörtchen mitzureden haben.

Das war eine lange Geschichte, und alles aus Anlaß der Sure 66:1–4. Hatte der Prophet vorhergesehen, was mit der muslimischen Gemeinschaft geschehen würde, wenn er (wie diese hypothetische Erklärung vorschlägt) dem Druck seiner zwei Frauen nachgäbe? War das der Grund für seinen machtlosen Hilferuf zu Gott, zu den Engeln, zu *Dschibril*, den Rechtschaffenen und jedem, der nur helfen konnte, den Bruch nach ihm zu verhindern?

»Aber wenn ihr euch gegenseitig gegen ihn aufhetzt« und »dann ist Gott wahrlich sein Helfer und *Dschibril*, und weiter werden die rechtschaffenen Gläubigen und die Engel auch seine Helfer sein.«

Wenn die Vorbeter und Prediger diesen Text vorlesen, erzählen sie all diese möglichen Erklärungen natürlich nicht mit. Viele Imams kennen sie nicht einmal. Als einziges erzählen sie in der Regel, daß Gott höchstpersönlich sie um ihre Hilfe bitte, um dem Propheten gegen die aufsässigen Frauen beizustehen, und natürlich sind sie als »rechtschaffene Gläubige« bereit, den Propheten in jeder Hinsicht zu unterstützen, indem sie die Frauen noch heute an die Kandare nahmen. Über den Anlaß zu dieser Art von Texten und über die Krisen zwischen dem Propheten und seinen Frauen wird nichts gesagt. Die einfachen Muslime hören von ihren einfachen Imams lediglich, daß sie als Gläubige zusammen mit Gott und den Engeln dem Propheten gegen die Frauen beistehen müssen. Muß man es dann seltsam finden, daß sie oft so frauenfeindlich sind?

Heutzutage würden sich Muslime' beim Lesen dieser Geschichten zu Tode erschrecken. Dann würden sie erkennen, daß der Prophet mit seinen Frauen auf gleichem Fuß verkehrte. Der Prophet bekam sie nur durch den Einsatz Gottes, der Engel und des Korans klein, aber wer sollte ihnen, den Muslimen unserer Zeit, bei den Konflikten mit ihren Frauen helfen? Sie haben schließlich keinen Zugang zu einer Offenbarung, und sie wissen instinktiv, daß sie, um die Hosen anbehalten zu können, den Frauen keine Gelegenheit zur Bildung geben dürfen. Nichts von Gleichheit und Vernunft für Frauen, von denen zahllose andere Texte sprechen, was der Prophet am Ende seines Lebens offenbar bereute, wie das Ende dieser Sure verrät:

»Vielleicht wird sein Herr ihm, wenn er sich von euch scheidet, an eurer Stelle bessere Frauen als euch geben, muslimische, gläubige, gehorsame, reuige, fromme, fastende (Frauen), *Taiyibat* [Frauen, die schon einmal verheiratet waren] und Jungfrauen.« (66:5)

Es sieht so aus, als wäre der Prophet den Machtkampf, den seine Frauen immer wieder mit ihm anzettelten, satt gewesen und hätte sich später nach anderen Frauen gesehnt, nach Frauen, die sich ihm total unterordneten und gehorsam waren. Dieser Wandel seiner Einstellung Frauen gegenüber ist auch aus den Überlieferungen des Propheten eindeutig herauszulesen (zumindest insofern sie als Überlieferungen taugen. Ihre Authentizität ist häufig zweifelhaft).

Zur Qualität dieses Verses läßt sich noch sagen, daß es sich um einen ziemlich wirren Text handelt, der ohne Kenntnis der ganzen Geschichte sicherlich nicht zu verstehen ist. Im übersetzten Koran sehen wir also zwischen Anführungszeichen viele Ergänzungen, um den Vers klarer zu machen, die im arabischen Original natürlich nicht zu finden sind. Ich glaube nicht, daß dieser Text den Anspruch erheben kann, in dem hervorragenden, erstklassigen Stil geschrieben zu sein, der viele andere Koranverse auszeichnet.

Diese und andere Texte sind bei den Vorbetern sehr beliebt, um die Männer gegen die Frauen aufzuhetzen und letztere ein für allemal in die Knie zu zwingen. So wurde der Prophet Mohammed der erste und letzte Moslem, der gut zu seinen Frauen war und sie leidlich behandelte; und wenn er ihnen allein nicht mehr gewachsen war, eilten ihm Gott und die Engel zu Hilfe.

4
Wer waren die Frauen des Propheten in Wirklichkeit?

Aus allen drei Porträts geht hervor, daß die Frauen des Propheten völlig andere Charaktereigenschaften hatten, als es die Theologen bei den Müttern der Gläubigen und Vorbildern für die späteren muslimischen Frauen gern gesehen hätten. Sowohl Hafsa wie Zainab und Aischa treten uns aus den Korantexten als mündige, unabhängige, rebellische, starke und stolze Frauen entgegen. Keine von ihnen entspricht dem Idealbild der muslimischen Frau, das später von den Theologen erfunden wurde, ein Modell, das sich vom Korantext 66:5 inspirieren ließ.

In Geschichtsbüchern und der erbaulichen Literatur werden die Frauen des Propheten mit Hilfe von allerlei zweifelhaften Überlieferungen als demütige, zurückhaltende, fromme, reuige Frauen dargestellt, die dem Propheten völlig untergeordnet waren. In Wirklichkeit waren sie das gerade nicht, wenn wir Sure 66:5 glauben sollen. Dort steht, wie wir bereits früher sahen:

> »Vielleicht wird sein Herr ihm, wenn er sich von euch scheidet, an eurer Stelle bessere Frauen als euch geben, muslimische, gläubige, gehorsame, reuige, fromme, fastende (Ehefrauen), *Taiyibat* [Frauen, die schon einmal verheiratet waren] und Jungfrauen.« (66:5)

Wer waren die Frauen des Propheten in Wirklichkeit?

Ein sorgfältiges Lesen dieser, aber auch einer Anzahl anderer Koranstellen über die Frauen des Propheten widerspricht dem Mythos von der demütigen, gehorsamen Frau des Propheten: »O Frauen des Propheten! Wenn eine von euch eine offenkundige Schändlichkeit begeht, so wird ihr die Strafe verdoppelt. Und das ist für Allah ein leichtes. Doch welche von euch Allah und Seinem Gesandten gehorsam ist und Gutes tut – ihr werden Wir ihren Lohn zweimal geben; und Wir haben für sie eine ehrenvolle Versorgung bereitet.« (33:30–31) Oder: »O Prophet! Sprich zu deinen Frauen: ›Wenn ihr das Leben in dieser Welt und seinen Schmuck begehrt, so kommt, ich will euch eine Gabe reichen und euch dann auf schöne Art entlassen.‹« (33:28)

In zahllosen Überlieferungen wird die Gehorsamkeit betont, obwohl die Korantexte von nichts als Rebellion und der Aufforderung zu Gehorsamkeit berichten. Also, welcher der beiden Quellen sollen wir nun glauben, dem Koran oder den Überlieferungen? Wegen ihrer großen Widersprüchlichkeit können nicht beide wahr sein. Wären die Frauen des Propheten so gehorsam gewesen, dann hätten sie nicht ständig mit den Korantexten zur Ordnung gerufen werden müssen. Hätten sie die Qualitäten besessen, die der Koran einer idealen Ehefrau zuschreibt, dann wäre es absolut nicht richtig gewesen, in den oben zitierten und in weiteren Korantexten so streng zu ihnen zu sprechen.

Warum blieb ihnen der Prophet in diesem Fall eigentlich einen Monat lang fern? Das Ausmaß der Kritik und der Ernst der in diesem Text ausgesprochenen Drohungen lassen vermuten, daß der Widerstand und das Komplott der Frauen gegen den Propheten sehr wesentliche und grundlegende Ursachen hatten. Man bedroht einen kleinen Langfinger nicht mit der Todesstrafe, wenn er wieder einmal ein Fahrrad stiehlt.

Im Porträt von Hafsa habe ich versucht, die Ursache für die Krise im Haus des Propheten herauszufinden und darüber ein paar Spekulationen zum besten zu geben, aber es hätte noch eine ganze Menge anderer Gründe dafür geben können. Allerdings läßt die scharfe Kritik an die Adresse der Frauen vermuten, daß es dabei um ernste Angelegenheiten ging. Wegen einer banalen Kleinigkeit würde der Koran doch nicht androhen, dem Propheten »an eurer Stelle bessere Ehefrauen als euch zu geben«. Und natürlich stellt sich die Frage: Worin besser und warum?

Der Koran nennt die besseren Frauen gehorsam, reuig, fromm. Dies sind offenbar die Qualitäten, bei denen die Frauen des Propheten gewisse Defizite hatten. Merkwürdigerweise nennt der Text noch einige weitere Eigenschaften: Die Frauen sind muslimische, gläubige und fastende Ehefrauen. War es berechtigt, daß der Koran auch diese Qualitäten bei den besseren Ehefrauen nennt? Waren dies ebenfalls Vorzüge, die bei den Frauen des Propheten nicht oder nicht in ausreichendem Maße vorhanden waren?

Wenn dies alles berechtigt ist – und jeder Muslim geht davon aus, daß alles, was im Koran steht, berechtigt ist (!) –, waren die Frauen des Propheten dann nicht in ausreichendem Maße gehorsam, reuig, fromm, aber auch nicht in ausreichendem Maße gläubig, muslimisch und fastend? Und wenn es ihnen den oben genannten Korantexten zufolge an all diesen Vorzügen fehlte, was waren sie dann für Frauen: aufrührerische, rebellische, unabhängige, feministische? Wer kann das schon sagen.

Dank dieser außergewöhnlichen Frauen handelte es sich dabei irgendwie um entscheidende Momente für die Entwicklung der islamischen Regeln. Im nachhinein können wir ruhig behaupten, daß das sechste Jahr der *Hidschra* das Jahr der großen Lüge beziehungsweise das Jahr Aischas war; das neunte Jahr können wir das Jahr der Krise nennen, der Krise zwischen dem Propheten und seinen Frauen, und das fünfte Jahr kann als das Jahr Zainabs bezeichnet werden.

5

Maria, die Mutter Jesu

Man muß nicht unbedingt ein katholischer Christ sein, um sich an allerlei Formen der Marienverehrung zu beteiligen. Das tun auch Muslime. In der volkstümlichen islamischen Glaubenspraxis wird Maria ebenfalls als Schutzheilige und Mittlerin zwischen Mensch und Gott betrachtet. Sie wird um Hilfe angefleht, einen kranken Geliebten gesund zu machen, Schmerzen zu lindern oder einen Herzenswunsch in Erfüllung gehen zu lassen. Menschen bringen ihr Opfer dar, genau wie sie es vor den Figuren von Fatima oder Zainab tun, zwei der Töchter des Propheten Mohammed.

Der hohe Status, den Maria bei den Muslimen genossen hat und noch immer genießt, hat seinen Ursprung nicht nur in tiefverwurzelten, komplexen Verbindungen, die es in vielen Ländern zwischen Muslimen und Christen gibt, sondern er ergibt sich auch logisch aus der Stellung Marias – Maryams, wie ihr arabischer Name lautet – im Koran. Die Häufigkeit und Intensität, mit der über Maria gesprochen wird, ist für den Koran einzigartig. Nur wenige andere Frauen werden mit dem eigenen Namen genannt, aber Maria wohl, und mehr als einmal.[41]

In mindestens siebzig Koranversen wird auf sie verwiesen, und in vierunddreißig davon wird sie namentlich genannt. In vierundzwanzig Fällen geschieht das im Zusammenhang mit »Jesus, dem Sohn Marias«. Das bedeutet, daß neben ihrer Be-

Maria, die Mutter Jesu

ziehung zu Jesus zehnmal über sie persönlich berichtet wird. Insgesamt wird Maria im Koran viel öfter genannt als im ganzen Neuen Testament, doch das ist bezogen auf Maria nicht der einzige Unterschied zwischen den beiden Büchern. Im Koran wird sie nicht nur öfter, sondern auch »anders« dargestellt. Ihre Schwangerschaft und die Geburt werden im Koran folgendermaßen beschrieben:

»Und ermahne im Buch Maria. Als sie sich von ihrer Familie nach einem östlichen Ort zurückzog und sich vor ihr abschirmte, da sandten Wir Unseren Engel Gabriel zu ihr, und er erschien ihr in der Gestalt eines vollkommenen Menschen, und sie sagte: ›Ich nehme meine Zuflucht vor dir bei dem Allerbarmer, (laß ab von mir,) wenn du Gottesfurcht hast.‹ Er sprach: ›Ich bin der Bote deines Herrn. (Er hat mich zu dir geschickt,) auf daß ich dir einen reinen Sohn beschere.‹ Sie sagte: ›Wie soll mir ein Sohn (geschenkt) werden, wo mich doch kein Mann (je) berührt hat und ich auch keine Hure bin?‹ Er sprach: ›So ist es; dein Herr aber spricht: ›Es ist Mir ein leichtes, und Wir machen ihn zu einem Zeichen für die Menschen und zu Unserer Barmherzigkeit, und dies ist eine beschlossene Sache.‹ Und so empfing sie ihn und zog sich mit ihm an einen entlegenen Ort zurück. Und die Wehen der Geburt trieben sie zum Stamm einer Dattelpalme. Sie sagte: ›O wäre ich doch zuvor gestorben und wäre ganz und gar vergessen!‹ Da rief er ihr von unten her zu: ›Sei nicht traurig. Dein Herr hat dir ein Bächlein fließen lassen, und schüttle den Stamm der Palme in deine Richtung, und sie wird frische reife Datteln auf dich fallen lassen. So iß und trink und sei frohen Mutes. Und wenn du einen Menschen siehst, dann sprich: Ich habe dem Allerbarmer zu fasten gelobt, darum will ich heute mit keinem Menschen reden.‹ Dann brachte sie ihn auf dem Arm zu den ihren. Sie sagten: ›O Maria, du hast etwas Unerhörtes getan. O Schwester Aarons, dein Vater war kein Bösewicht, und deine Mutter war keine Hure.‹ Da zeigte sie auf ihn. Sie sagten: ›Wie sollen wir zu einem reden, der noch ein Kind in der Wiege ist?‹ Er (Jesus) sprach: ›Ich bin ein Diener Allahs: Er hat mir das Buch gegeben und mich zu einem Propheten gemacht. Und Er gab mir Seinen Segen, wo ich auch sein möge, und Er befahl mir Gebet und *Zakah* [das ist eine Almosensteuer], solange ich lebe, und ehrerbietig gegen meine Mutter (zu sein); Er hat mich nicht gewalttätig und unselig gemacht. Und Friede war über mir an dem Tage, als ich geboren wurde, und (Friede wird über mir sein) an dem Tage, wenn ich sterben werde, und an dem Tage, wenn ich wieder zum Leben erweckt werde.‹« (19:16–33)

Tatsächlich können wir behaupten, daß Maria weniger als Heilige gezeichnet wird (denn für die Sunniten gibt es keine Heiligen) denn als Prophetin.

Religionen entstehen nicht im luftleeren Raum, sondern unterliegen meiner Ansicht nach denselben Prozessen der Evolution und Auswahl wie andere abstrakte und materielle Dinge. So sehen wir, daß die besten Elemente aus einer älteren Religion in einer jüngeren weiterleben können, auch wenn sie gelegentlich eine andere Form annehmen. In der Figur Marias sehe ich beispielsweise eine Weiterentwicklung der ägyptischen Göttin Isis. In diesem Sinne ist die Marienverehrung eines der wenigen universalen Phänomene, die von Menschen aus sehr verschiedenen Religionen und Kulturkreisen beibehalten werden.

Das Studium von offenbarten Texten wie dem Koran kann Überraschungen mit sich bringen, weil dann klar wird, wieviel Information über diese Texte durch die Interpretation herausgesiebt und ausgefiltert wird. Was am Ende übrigbleibt, ist mehr Politik als Religion.

Als Text ist die Sure von Maryam eine der schönsten des Korans. Es handelt sich um einen Text mittleren Umfangs, bestehend aus achtundneunzig *Aya* oder Zeilen, die sich alle reimen. Inhaltlich ist es ein zärtlicher Text, durchwebt von zarten Gefühlen und Inhalten wie Gnade, Zuneigung und Segen. Deshalb werden diese Verse auch gern von Frauen gelesen.

Teil Drei

Sittenwandel

Einleitung

Eine Scheidung vor der Hochzeit

Es war im Sommer 1968. Ich saß da und beobachtete ungläubig die ungewöhnliche Szene. Unser Südbalkon, den wir als Nebenküche nutzten, lag halb in der Mittagssonne, und meine Mutter und meine älteste Schwester saßen sich auf niedrigen Schemeln freundlich gegenüber. Gemeinsam waren sie dabei, einen Eimer mit Brechbohnen zu schnippeln. Es gab etwas zu feiern und das geschah mit viel und köstlichem Essen.

Wie wunderschön sie doch aussahen, meine furchtlose Schwester und meine streitbare Mutter, wie sie sich so gegenübersaßen. Die Schwester trug ihr himbeerfarbenes Kleid mit dem phantastischen Dekolleté. Als damals fünfzehnjähriges Mädchen war ich sprachlos vor Bewunderung für meine sechs Jahre ältere Schwester wegen ihrer Schönheit und der Leichtigkeit, mit der sie ihren makellosen Frauenkörper bewegte. Mutter hatte wie immer ihr bequemes Hauskleid an, ihr tiefschwarzes, sich wellendes Haar, dessen Scheitel ein bißchen neben der Mitte war, glänzte in der Sonne, und ihr lebendiges Gesicht wirkte entspannt und friedlich.

Mutter und Tochter waren den neuen Umgang miteinander noch nicht gewohnt. Konnten früher keine zehn Minuten vergehen, ohne daß die Vorwürfe und Schimpfworte zwischen ihnen in alle Richtungen flogen, saßen sie nun da und schwiegen vor sich hin, ab und zu hörte man ein Wort oder es zeigte sich ein Lächeln auf ihrem Gesicht, doch überwiegend schau-

Sittenwandel

ten sie auf ihre Arbeit. Jeder im Haus fühlte sich noch gehemmt und unbehaglich aufgrund dieses neuen Mutter-Tochter-Verhältnisses. Ich aber war selig. Was ich insgeheim immer erhofft hatte, war Wirklichkeit geworden. Die Krise zwischen den beiden liebsten Menschen in meinem Leben schien vorbei zu sein, und der Frieden war wieder ins Haus eingekehrt, zumindest hatte man den Eindruck.

Die Krise war nichts anderes als der auf die Spitze getriebene klassische Konflikt zwischen konservativer Haltung und Veränderung, der jahrhundertealte Konflikt zwischen Tradition und Moderne, nichts Besonderes. Das einzig Besondere waren die Personen, die dabei eine Rolle spielten.

Gegen jede Erwartung war es meine Mutter, die mit aller Kraft um ihre Selbständigkeit kämpfte und gegen den Zugriff der Tradition auf ihr Leben, vor allem nachdem sie nun Witwe geworden war. Meine Schwester dagegen war unter dem Einfluß von Vaters Familie diejenige, die mit Elan die Tradition verteidigte.

Man fand es ungehörig, daß meine Mutter so kurz nach Vaters Tod noch einmal heiratete, selbst die Vormundschaft über ihre fünf Kinder behielt und offenbar ein völlig eigenes Leben führen konnte. Meine älteste Schwester hatte viel Umgang mit den Verwandten und wandte sich vehement gegen ihre »zu moderne« Mutter. Bis meine Schwester selbst die harte Hand der Tradition spürte und denselben Gepflogenheiten zum Opfer zu fallen drohte, die sie davor so anständig gefunden hatte.

Meine Schwester war verlobt, aber nach einem Jahr war sie davon überzeugt, daß sie und ihr Verlobter nicht zusammenpaßten. In dieser Zeit wohnte sie in Alexandria bei meinem Onkel väterlicherseits, demselben Onkel, der ein so großer Verfechter der Wahrung von Traditionen war. Deshalb konnte er nicht damit einverstanden sein, daß sein Schützling mit

Eine Scheidung vor der Hochzeit

einem fremden Mann Umgang hatte. Unverheiratet waren die beiden Verlobten in seinen Augen wie Fremde füreinander. Ihre Verlobung hatte seiner Ansicht nach nichts zu bedeuten. Wenn sie wirklich freien Umgang miteinander haben wollten, mußten sie erst einmal heiraten.

So ereilte meine Schwester ein Schicksal, das vielen muslimischen Mädchen droht. Gewissermaßen als offizielle Verlobung wird die Heiratsurkunde unterzeichnet, auch wenn die Verlobten noch nicht zusammenleben und noch keinen Geschlechtsverkehr haben. Wie gesagt, meine Schwester wollte nach einem Jahr nicht weiter mit ihrem Verlobten durchs Leben gehen. Das bedeutete, daß sie sich von ihm scheiden lassen mußte, obwohl sie nicht einmal verheiratet waren. Mein Onkel war absolut dagegen. Eine Scheidung widersprach jedem Anstand und jeder Tradition und war in dieser Familie noch nie vorgekommen.

Mit hängendem Kopf kam meine älteste Schwester zu meiner Mutter zurückgekrochen. Ob sie ihr bitte helfen wolle? Mutter war modern und wollte ihre Tochter nicht zwingen, einen Mann zu heiraten, den sie nicht wollte. Ein Anwalt mußte her. Der Verlobte bekam all seine Geschenke zurück einschließlich der Brautgabe und des Schmucks, und er bekam sogar noch eine Prämie dazu, gewissermaßen als Ausgleich, wenn ich mich recht erinnere.

Für eine Frau ist eine Scheidung um ein Vielfaches schwieriger als für einen Mann, vor allem wenn der Mann nicht damit einverstanden ist. Außer man kommt mit Scheffeln von Geld an, dann ist alles möglich. Wenn er dafür gut genug bezahlt wird, verwandelt sich der schlimmste Macho in ein zahmes Lämmchen. Tradition ist ein mächtiges Joch, das auf den Schultern der Frauen lastet. Die einzige Macht, die sie besiegen kann, ist die Macht des Geldes. Aber der wahre Feind des Brauchtums ist Wissen. Wer Wissen hat, braucht keine

Tradition. Reiche Menschen, die auch noch Wissen besitzen, haben absolut keine Probleme mit den Gebräuchen. Aber die Armen werden immer unter dem Joch der Tradition gebeugt gehen, denn wer weder Wissen noch Geld hat, klammert sich mit beiden Händen an die Gepflogenheiten. Dann hat er wenigstens etwas.

Tradition ist das Kreuz der Armen. Unsere Familie war nicht sehr reich, wir gehörten zur Mittelschicht. Dennoch hatte Mutter viel dafür übrig, die Gebräuche, die so oft versucht hatten, sie kleinzukriegen, noch einmal verlieren zu sehen. Und diesmal, weil sie mit ihrer Tochter an einem Strang zog. Zwei Frauen gemeinsam gegen das Gesetz, die Tradition und ihre mächtige Familie.

Ich war kaum fünfzehn Jahre alt und fühlte mich unsicher. Ich hatte die allerstärkste Mutter und die allerschönste Schwester, aber wie sollte es jetzt weitergehen? Ein Mädchen, das schon vor der Hochzeit geschieden war! Wer sollte je noch meine Schwester heiraten wollen? Aber sie hatten gesiegt. Die Scheidung war an diesem Tag vom Gericht ausgesprochen worden. Meine Schwester wohnte von nun an wieder zu Hause. Jetzt glaubte sie, was Mutter schon immer behauptet hatte: daß der Anstand der Tradition für Frauen nicht immer ein Vorteil ist.

Am Ende hat sich für meine Schwester alles gut gelöst. Kurz darauf heiratete sie wieder, einen Mann, den sie über alles liebte. Sie sind noch immer zusammen. Aber damals bedeutete ihre Rückkehr eine völlig neue Situation für uns daheim. Die Heimkehr der verlorenen Tochter wurde als Rehabilitation meiner Mutter angesehen. Ein wenig verlegen und unbehaglich saßen sie sich mit dem süßen Geschmack des Sieges im Mund gegenüber. Die wiedergewonnene Kraft vereinte sie, und ich versuchte, mir keine Sorgen zu machen. Dies war gewiß ein Fest wert.

Ich sah auf ihre besonnten Gesichter und dachte: Ich habe in unserer supermännlichen Gesellschaft zwar keinen Vater mehr, aber ich habe zwei starke Frauen hinter mir, die nicht mehr gegeneinander kämpfen, sondern miteinander gegen ihre Unterdrückung. Das war ein echter Trost. Und über die Brechbohnen dachte ich: Nun wird es bestimmt eine ganze Woche lang Brechbohnen geben. Und so war es auch.

1
Nenn mich nicht so

»Nenn mich bitte nicht Homo. Ich finde, es ist ein blödes Wort.« Der Mann, der mir gegenübersaß, sprach arabisch und war vom Aussehen und seinem Verhalten her der Prototyp des Homosexuellen. Wir begegneten uns in einer Anwaltskanzlei, in die man mich als Dolmetscherin bestellt hatte. Mir war nicht entgangen, daß mich der Klient vom ersten Moment an, seit ich den Raum betreten hatte, genau und angespannt beobachtete. Sie seien froh, daß ich kommen konnte, sagte der Anwalt, denn sein Klient habe ausdrücklich um eine Dolmetscherin gebeten.

Die Bitte des Klienten, ihn nicht Homo zu nennen, stellte mich allerdings vor ein linguistisches Problem. Ich hatte das arabische Wort *luwaty* verwendet, was eine hochsprachliche, offizielle Umschreibung des Begriffs »homosexuell« ist. Dennoch hatte dieses Wort für ihn offenkundig einen negativen Beiklang. Das häufigste Wort für schwul im Arabischen bedeutet »abweichend«, und diese Bezeichnung fand ich nicht zutreffend. Eine andere Möglichkeit, *gawal*, ist ein Schimpfwort, das soviel bedeutet wie warmer Bruder, das kam also überhaupt nicht in Frage.

Der Klient hätte es am liebsten gehabt, wenn ich das Wort Homosexueller völlig weggelassen hätte. Aber das war unmöglich, da sich seine ganze Geschichte darum drehte: Gerade wegen seiner schwierigen Situation als Homosexueller in seinem

Nenn mich nicht so

Vaterland bat er in den Niederlanden um Asyl. Praktisch in jeder Frage kam ein- bis zweimal das Wort homosexuell vor. Im Mittleren und Nahen Osten, wo er herkam, war er mehrfach vergewaltigt worden. Männer aus seiner Stadt hatten ihn als eine Art kostenlose Hure mißbraucht. Wenn er sich weigerte, ihnen zu Willen zu sein, wurde er zusammengeschlagen. Aus seiner Geschichte wurde auch klar, daß die Männer, die ihn mißbrauchten, nicht als Homosexuelle galten.

In der Regel wird im Arabischen unter homosexuell etwas anderes verstanden als im Niederländischen. In der arabischen Gossensprache heißt nur derjenige, der eine passive Rolle einnimmt, »homosexuell« oder »das Objekt«. Der aktive Mann wird »der Täter« genannt und gilt nicht als homosexuell. Der Täter kann verheiratet sein und ein normales Leben als Hetero führen. In der gängigen Auffassung wird er daher auch als ein Mann gesehen und nicht als Homosexueller. Die Rollen liegen fest und werden nie getauscht. Im Arabischen liegt ein Homo also nie oben, um es einmal so auszudrücken.

Eigentlich läuft es darauf hinaus, daß sich nach landläufiger Meinung ein potenter Mann nie freiwillig für die Rolle eines Homosexuellen entscheiden wird. In dieser Vorstellungswelt ist jeder homosexuelle Junge und Mann prinzipiell impotent. Weil also das Wort homosexuell stark mit Impotenz assoziiert wird, sind die meisten Araber davon überzeugt, daß Homosexualität eine Störung ist. Deshalb ist es nicht unbegreiflich, daß sich der Großteil der arabischen Männer, und vielleicht gilt das auch für andere Völker, wegen der relativ hohen Anzahl von Homosexuellen in der westlichen Bevölkerung weit erhaben über die niederländischen Männer fühlt. Für solche Männer ist Potenz das höchste Gut. Für sie ist es oft das einzige, worauf sie stolz sein können, und ohne Stolz kann kein Mann ein Mann genannt werden.

In dem 1975 erschienenen Buch *Männer und die Sexualität*

Sittenwandel

widmet die ägyptische Feministin und Aktivistin Nawal al-Saadawy ein Kapitel der Homosexualität von Männern. Darin versucht sie, das homosexuelle Verhalten zu analysieren und seine Ursachen herauszufinden. Ihre Schlußfolgerung lautet (in der eigenen Übersetzung der Autorin aus dem Arabischen):

»Homosexualität entsteht bei den meisten Männern nicht durch eine physische Krankheit in den Hirnzellen, sondern hat ihren Ursprung in der unreifen Persönlichkeit. Homosexualität bei Männern ist also ein Zeichen für Unreife, der Minderwertigkeitskomplexe, Schuld- und Angstgefühle und andere Erlebnisse zugrunde liegen, die seit der Kindheit tief verankert sind. In diesem Fall würde sich eine Behandlung der Homosexualität, nicht mit Medikamenten, sondern eher in der Form einer Therapie, darauf richten, die Barrieren zu beseitigen, die das Wachstum des Charakters und die Entwicklung zum Erwachsenwerden behindern. Ein wichtiger Teil der Behandlung müßte darin bestehen, der Person das Gefühl zu vermitteln, daß sie nicht abweicht, oder zumindest nicht die einzige Person mit abweichendem Verhalten auf der Welt ist, sondern daß es Millionen anderer Menschen gibt, die dieselben Empfindungen haben; daß die Schuld nicht bei ihr liegt, sondern in den sozialen und familiären Bedingungen, denen sie ausgesetzt war. Auf diese Weise könnte die Person bis zu einem gewissen Maß von ihren Schuld- und Minderwertigkeitsgefühlen befreit werden. (...) Genesung beinhaltet in diesem Falle nicht nur, daß sich der Mann zu Frauen statt zu Männern hingezogen fühlt, sondern auch ein Wachstum seines Charakters und seines Verhaltens, so daß er in der Lage ist, in verschiedenen Lebensbereichen befriedigende menschliche Kontakte aufzubauen. Mit anderen Worten, Heilung bedeutet, daß der Mann lernt, ohne Angst vor anderen, vor allem vor Frauen, zu lieben, zu geben und zu nehmen. Liebe im wahren Sinn des Wortes würde sexuelle Kontakte zu gesunden, guten Beziehungen machen. Wir können ruhig behaupten, daß sexuelle Exzesse und Abweichungen Handlungen sind, in denen die Liebe fehlt.«

Bevor wir diese mutige Autorin verurteilen, sollten wir bedenken, daß hier unter homosexuell mehr oder weniger »impotent« verstanden wird, nicht die Homosexualität als bewußte Entscheidung von Männern, die beide aktiv sind und denen weiter nichts fehlt. Daneben dürfen wir auch nicht vergessen, daß das Buch bereits dreißig Jahre alt ist. Damals war die Emanzipation von Homosexuellen auch hier im Westen erst in den Anfängen. Sonst wurde Homosexualität in diesem Buch meist als »die sexuelle Abweichung« bezeichnet. Noch immer begegnen uns diese Begriffe häufig in arabischen Veröffentlichungen und in der arabischen Literatur.

Saadawys Ansatz, Homosexualität als körperliche Abweichung zu sehen, war seinerzeit viel humaner und toleranter als die herrschende orthodoxe Auffassung. Letztere bezeichnete Homosexuelle als unreine Sünder ohne jegliche Rechte, die ausschließlich bestraft und verstoßen werden sollten. Saadawy forderte zumindest Verständnis für die Gefühle von Homosexuellen.

Daher überraschte es mich nicht, daß für die Imams in den Niederlanden Homosexuelle kranke Menschen waren. Wahrscheinlich dachten sie sogar, ihre Auffassungen seien progressiv und tolerant. Es hätte viel schlimmer kommen können. Ich kann mir sogar vorstellen, daß sie sich von progressiven Landsleuten haben beraten lassen, die ihnen zu diesem Ansatz rieten, um sich in den niederländischen Medien nicht allzusehr im Ton zu vergreifen. Sie werden sich bestimmt gehörig gewundert haben, als sie entdeckten, daß sogar dieser, in ihren Augen sehr verständnisvolle Ansatz, für nicht gut genug befunden wurde.

Sittenwandel

Dies alles ging mir durch den Kopf, während ich nach einer Alternative suchte, nach einem arabischen Wort, das den Klienten richtig beschreiben würde, ohne ihn zu beleidigen. Alle Wörter, die einen Homosexuellen bezeichnen, klangen peinlich und beleidigend. Im Prinzip sind die Wörter neutral, aber in ihnen schwingt die allgemeine Ablehnung mit, die die Gesellschaft gegenüber Homosexuellen hegt. Am Ende entschieden wir uns doch für das lateinische »Homo«. Solange wir beide richtig verstanden, was damit gemeint wurde, mußte es nicht per se ins Arabische übersetzt werden. Damit konnte ich dem Klienten gleichzeitig stillschweigend zu erkennen geben, daß ich ihn respektierte und er mir gegenüber frei sprechen konnte.

Für mich war dieses Gespräch ein Anlaß mehr, über Sprache und *Sprachverschmutzung* nachzudenken. In einer stark moralisierenden Gesellschaft wie der, aus der sowohl der Klient wie auch ich stammen, ist die Sprache nicht mehr neutral, nicht mehr unverfälscht. In jedem Wort steckt gewissermaßen bereits ein moralisches Urteil. Die Sprache ist dann kein Mittel mehr, um Sitten und Moral zu beschreiben, sondern ist zum Bestandteil der Sitten und der Moral geworden. Damit werden Normen und Werte standardisiert und jedem aufgedrängt. Indem man etwas beschreibt oder sagt, fällt man ja bereits ein Urteil oder drückt eine Meinung aus.

Wenn die Wörter an sich nicht mehr neutral sein können, welcher Sprache können wir uns dann als Minderheit bedienen, die nicht dieselben landläufigen Auffassungen teilt? Muß die arabische Sprache, die bereits so lange existiert und die so stark mit Vorstellungen und Auffassungen beladen ist, vielleicht einmal einer gründlichen Reinigung unterzogen werden? Wo finden wir eine »Sprachreinigung«, welche die arabische Sprache reinwäscht und von allen überflüssigen

Nenn mich nicht so

Beiklängen und Vorurteilen befreit, die ihre Neutralität und Frische wiederherstellen kann?

Dieser Mann war nicht der einzige Homosexuelle, für den ich gedolmetscht habe, aber vielleicht der überzeugendste. Bei einigen Klienten konnte man sich fragen, ob die Homogeschichte nicht einfach als Vorwand diente, um hier Asyl zu bekommen. Wenn sie nach ihrer sexuellen Orientierung und ihren homosexuellen Erfahrungen befragt wurden, strahlten diese Männer eine solche Mißbilligung aus, daß man dachte: Dieser Mann ist nicht nur kein Homo, er ist sogar ein Antihomo.

Nach meiner Beobachtung gibt es unter muslimischen Zuwanderern viel weniger lesbische als männliche Homosexuelle, dafür leiden die Lesben aber viel stärker unter Schuldgefühlen. Häufig ist ihr Lesbischsein eine Folge traumatischer Erfahrungen mit Männern innerhalb oder außerhalb ihrer eigenen Familie. Neben echten Lesben gibt es auch verheiratete Frauen, unbefriedigte Ehefrauen, die zu ihrem Vergnügen ab und zu ihr Heil bei Freundinnen suchen.

Merkwürdigerweise wird in den ursprünglichen islamischen Quellentexten nirgendwo von weiblicher Homosexualität gesprochen. Beim Lesen des Korans und der Überlieferungen des Propheten Mohammed scheint es, als sei Homosexualität eine reine Männersache und käme bei Frauen nicht vor. Daher kann es sein, daß bei Muslimen die Haltung gegenüber weiblicher Homosexualität anders ist als gegenüber der von Männern, milder oder toleranter, obwohl je nach Region und gesellschaftlicher Schicht große Unterschiede existieren. Möglicherweise wird die weibliche Homosexualität weniger ernst genommen, weil durch die Fortpflanzung und das Weiterleben des Stammes und der Familie nicht bedroht werden. Die meisten Araber und Muslime werden einfach leugnen, daß bei muslimischen Frauen Homosexualität vorkommt.

Sittenwandel

In der Literatur, sowohl der alten wie der modernen, stoßen wir dagegen durchaus auf Beispiele lesbischer Liebe. Eines der schönsten Gedichte über die Liebe zwischen zwei Frauen stammt von Nizar Kabbani und trägt den Titel »Das böse Gedicht«.[42]

»Regen ... Regen, und ihre Freundin ist bei ihr,
obwohl der Oktober heult und die Scharniere
der Tür leise quietschen.
Zwischen den beiden spielt sich offenkundig etwas ab,
Und nur zwei andere wissen davon:
Ich und die Lampe.
Eine Liebesgeschichte, die sich nicht erzählen läßt,
in der Liebe ist jede Erklärung eine Binsenwahrheit.
Chaos im Zimmer ... weggeschleuderte
Schmuckstücke ... und seidene Gewänder,
die beiseite geschoben werden.
Ein Knopf, der träge sein Knopfloch verläßt,
und die Nacht ist noch nicht allzu tief.
Die Wölfin säugt ihre Wölfin, und eine Hand hört
nicht auf zu streicheln.
Ein Schal ist weggeflattert,
die eine Hand versucht, ihn zurückzuholen,
die andere schiebt ihn wieder weg.
Ein Dialog aus vier Brüsten, die flüstern.
Das Flüstern ist doch nicht verboten!
Sie sind wie weiße Vögel in einem Hof,
die sich picken und überall ihre Federn verstreuen.«

Als dieses Gedicht 1956 veröffentlicht wurde, war es ein Schock für die Orthodoxen und die Männer mit Turban und Bart. Wegen ihrer gewagten Themen und Worte wurden die Bücher des Dichters in einigen arabischen Ländern verboten.

Nenn mich nicht so

Das Gedicht hat noch viele Strophen und endet mit der polemischen Frage:

>»Ist es abweichend, meine Schwester, wenn
>ein Apfel einen anderen Apfel küßt?«

Hier sehen wir wieder das Wort »abweichend« als Bezeichnung für Lesben.

Zu fragen, wie sich der Islam zur Homosexualität verhält, bedeutet nach etwas zu fragen, was man bereits weiß. Der Islam steht nicht anders zur Homosexualität als das Christentum oder das Judentum. Meiner Ansicht nach gibt es nur wenige Religionen, die Homosexualität begrüßen, und in keiner Religion werden Homosexuelle den Heteros gleichgestellt. Die Tatsache, daß man in den letzten drei Jahrzehnten im Westen Homosexuellen gegenüber toleranter geworden ist, ist mehr der Entkirchlichung zuzuschreiben als den Kirchen.

Nichtsdestotrotz ist es wichtig, darauf hinzuweisen, daß im Koran lediglich in der Geschichte vom Propheten Lot – *Lut* im Arabischen – und seinem Volk über Homosexualität gesprochen wird. Genau wie andere Geschichten des Propheten wird auch diese in mehreren Suren erzählt, zum Beispiel in Sure 7:

>»Und (Wir entsandten) Lut, da er zu seinem Volke sagte: ›Wollt ihr eine Schandtat begehen, wie sie keiner in der Welt vor euch je begangen hat? Ihr gebt euch in (eurer) Sinnenlust wahrhaftig mit Männern statt mit Frauen ab. Nein, ihr seid ein ausschweifendes Volk.‹« (7:80–81)

Dies ist einer der wenigen Texte, in denen Homosexualität explizit genannt wird. Theologen führen noch eine Vielzahl anderer Texte an, in denen Perversität oder Sittenlosigkeit verurteilt wird. Daß sich diese Textstellen auf Homosexualität beziehen, läßt sich allerdings bezweifeln angesichts der Tatsache, daß alles, was außerhalb des Ehebettes geschieht, für den Koran pervers und unsittlich ist.

Der Koran erzählt von der Bestrafung von Luts Volk[43], die darin bestand, daß die ganze Stadt mit Steinen bombardiert wurde, die wie Regen vom Himmel fielen. Außer Lut und seiner Familie, mit Ausnahme seiner Frau, kam die ganze Bevölkerung im Steinhagel um. *Islam en homoseksualiteit*[44] zufolge wurde Luts Volk wegen Sodomie, nicht wegen freiwilliger Homosexualität bestraft. Aus der restlichen Geschichte im Koran kann man herauslesen, daß Männer zur Homosexualität gezwungen, Jungen vergewaltigt wurden und sogar jeder Gast, der seinen Fuß in die Stadt setzte, auf der Stelle von den Stadtbewohnern bedrängt wurde. Wer kein Homosexueller sein wollte, wurde aus der Stadt verbannt. Dies ist natürlich etwas völlig anderes, als sich bewußt und freiwillig zu entscheiden, homosexuell sein und sich gegenseitig lieben zu wollen.

Die Geschichte von Lut ist eine von vielen Erzählungen im Koran über alte Völker, die dazu dienen sollen, die Gläubigen zu überzeugen und zu warnen. Was wir auch davon halten mögen, die Geschichte von einer Stadt, die zur Zeit Abrahams von einer Naturkatastrophe heimgesucht wurde, ist keine Legitimation für die Todesstrafe, die in vielen islamischen Ländern auf Homosexualität steht. Ein solches Strafmaß wird weder vom Koran noch von den Überlieferungen des Propheten (was auch immer die wert sind!) vorgeschrieben.

Wenn wir dann bedenken, daß das Alkoholverbot zwar explizit im Koran genannt wird und für dessen Übertretung auch ein Strafmaß festgelegt ist, nämlich eine gehörige Anzahl Peitschenhiebe, und dennoch von Millionen von Muslimen auf der ganzen Welt, auch in islamischen Ländern, in den

Wind geschlagen wird, ohne Konsequenzen zu haben, dann ist es ganz und gar absurd, daß auf homosexuelle Handlungen die Todesstrafe steht und auch exekutiert wird. Eine derart unglaublich harte Strafe wird vom Koran nicht gestützt.

Die große Frage lautet natürlich: Wie verhalten wir als niederländische Muslime uns den Homosexuellen in unserer Umgebung gegenüber? Können wir einen Weg finden, friedlich und respektvoll miteinander umzugehen, ungeachtet unserer sexuellen Orientierung? Es ist nie einfach, eingefahrene Überzeugungen zu verändern, schon gar nicht, wenn sie in Kultur und Religion verankert sind. Dennoch ist es den meisten orthodoxen Christen und Juden in unserer Gesellschaft offenbar doch gelungen, vernünftig, ohne Diskriminierung, mit Homosexuellen umzugehen. Warum sollte das Muslimen nicht gelingen?

Zuerst müssen die jungen Muslime in der richtigen Weise betreut und erzogen werden. Ihre Eltern und Betreuer sollten ihnen beibringen, daß gerade der Islam eine Religion des Friedens (*Salam*) und der Achtung vor dem anderen ist. Die Werte Gerechtigkeit und Gleichheit, die im Islam so offenkundig vorhanden sind, müssen stärker betont werden. Wenn jemand nicht homosexuell sein will, ist das sein gutes Recht, niemand zwingt einen anderen, sich für etwas zu entscheiden, das er nicht möchte. Haben Homosexuelle dann nicht dasselbe Recht, selbst zu entscheiden und der Stimme ihres Herzens zu folgen?

Für uns Muslime ist es wichtig, dieselbe Akzeptanz und Achtung, die wir für uns verlangen, obwohl wir anders sind, auch anderen zu erweisen, obwohl sie homosexuell sind. Das beste, was wir als Muslime tun können, ist, soweit wie möglich nach unseren Normen zu leben und zugleich die Würde anderer Menschen mit einem anderen Lebensstil nicht zu verletzen. Es ist nicht unsere Aufgabe, über sie zu richten.

Sittenwandel

Das können wir besser Gott überlassen, wie es in unzähligen Korantexten steht, unter anderem: »Die Entscheidung liegt nur bei Allah. Er legt die Wahrheit dar, und Er ist der beste Richter.« (6:57) und »Wahrlich, ist nicht Sein das Urteil?« (6:62). Dieselben weisen Worte finden wir auch in der Bibel, die auch Muslime als göttliche Offenbarung anerkennen. Beispielsweise: »Und wie ihr wollt, daß euch die Leute tun sollen, also tut ihnen gleich auch ihr.« (Lukas 6:31) »Richtet nicht, so werdet ihr auch nicht gerichtet.« (Lukas 6:37)

Wir als Muslime müssen nicht warten, bis eine Aufklärung oder Reform des Islam in Gang kommt, bevor wir respektvoll mit Homosexuellen umgehen können. Es liegt in unserem eigenen Interesse, daß persönliche Unterschiede toleriert und respektiert werden.

Tatsächlich gibt es in den Niederlanden bereits verschiedene Organisationen und sogar eine Moschee für homosexuelle Muslime. Trotz der Empörung der orthodoxen Muslime wird die Emanzipation der muslimischen Homosexuellen in denselben Bahnen verlaufen wie zuvor die anderer Homosexueller. Das ist die logische Folge des Individualismus und der Achtung vor den persönlichen Entscheidungen der Menschen, die zur Grundlage der westlichen Kultur gehören, in der wir leben.

Was uns trotz aller Unterschiede verbindet, ist unser Menschsein, die Liebe zu diesem naßkalten Land und der Wille, einem jeden hier ein möglichst gutes Leben zu garantieren.

2
Ehebruch per Internet

Wesentlich mehr Frauen als Männer scheinen ihre Probleme in Leserbriefen Zeitschriften anzuvertrauen. Für muslimische Frauen gilt dies um so mehr wegen der Isolation, in der sie häufig leben, oder wegen der Tabus, die auf vielen Themen lasten. Die Leserbriefecke einer Zeitschrift erscheint dann als risikoloser Ratgeber. Wenn sich die nachgefragte Sachkenntnis auf religiöse Regeln und Traditionen bezieht, wird ein solcher Rat eine persönliche *Fatwa* genannt.

In Glaubensfragen sind praktisch immer Männer die Sachkundigen. Sobald es darum geht, taucht sogar in Frauenzeitschriften – die ja ihren Leserinnen einen geschützten privaten Raum bieten sollen, in dem sie sich eine kurze Zeit außerhalb der Reichweite von Vätern, Brüdern, Ehemännern, Imams und Mullahs wähnen können – wieder das verhaßte, bärtige, streng blickende Turbanhaupt auf. Diese Ratgeber können manchmal eine unglaubliche Schroffheit und Gefühllosigkeit gegenüber Frauen an den Tag legen.

So fragte eine Frau in London einmal, ob sie zu Hause beim gemeinsamen Gebet mit ihrem Mann die Vorbeterin sein dürfe angesichts der Tatsache, daß sie eine höhere Bildung als ihr Mann genossen hatte, der praktisch Analphabet war. Beim Gebet, wenn zwei oder mehr Menschen gemeinsam beten, muß eine Person vor den anderen stehen, damit die verschiedenen Handlungen und Bewegungen gleichzeitig gemacht werden. Wer über das größte Wissen oder die beste Ausbildung verfügt, darf vorn stehen. In diesem Fall war das die Frau. Der Fachmann mit dem Turban der ebenfalls in London erscheinenden Frauenzeitschrift bestätigte diese Regel zwar, schrieb aber: »... außer, es handelt sich um eine Frau. Unter keinen Umständen darf eine Frau vor einem Mann stehen, selbst wenn sie über mehr Wissen und eine höhere Bildung verfügt.« Daraufhin erklärte er (in der Frauenzeitschrift) den Männern, worauf sie achten müssen, wenn sie zu Hause oder in einem Freundeskreis im Gebet als Vorbeter vor den anderen stehen.

Zwar gehen viele neue Entwicklungen an den Muslimen vorbei, doch für das Internet trifft das gewiß nicht zu. Langsam, aber sicher finden immer mehr Muslime zu diesem superschnellen Kommunikationsmittel. Die Diskretion und Unpersönlichkeit machen das Internet wie nichts anderes für Frauen geeignet, die in heiklen oder intimen Fragen eine persönliche *Fatwa* bekommen möchten. Sollten die persönlichen Ratschläge dann noch von einer Frau erteilt werden können, wäre dies rundherum ideal.

Seit einiger Zeit werden *Fatwas* von einer ägyptischen Theologin aus Kairo erteilt, die sehr beliebt zu sein scheint. In einem Interview erzählte sie von den Fragen, die sie per E-Mail beantwortet und die sich laut ihrer Aussage oft um Liebe und Sex drehen. So gab es eine frischverheiratete Frau, die zum ersten Mal erlebt hatte, was Sexualität bedeutete, aber sehr enttäuscht war. Deshalb hatte sie den Chat mit einem Internetfreund von vor ihrer Heirat wiederaufgenommen, und jetzt, nachdem sie verheiratet war, wagte sie es auch, mit ihm über Sex zu chatten. Ihre Korrespondenz bekam eine immer erotischere Färbung, was sie viel erregender fand als den armseligen, lieblosen Sexualkontakt mit ihrem Mann. Dennoch war sie besorgt wegen dieser digitalen Beziehung. Sie fragte

Ehebruch per Internet

sich, ob sie sich womöglich des Internetehebruchs schuldig machte.

Die Theologin riet ihr, viel zu beten und im Koran zu lesen anstatt zu chatten, doch wenn es nicht anders gehe, sei eine digitale Beziehung einer körperlichen Beziehung weitaus vorzuziehen. Im Koran steht nichts über Internetehebruch, also ist es auch kein Verstoß, fuhr die Theologin fort. Sie riet der Fragenden, Geduld mit ihrem Mann zu haben und darum zu beten, daß ihre körperliche Beziehung sich bessern werde.

Wie herrlich einfach kann eine buchstäbliche Auslegung manchmal sein. Alles, was nicht im Koran vorkommt, ist nicht verboten. Bald leben wir in einer Welt, von der nichts mehr im Koran vorkommt! Hätte ich diese Frage beantworten müssen, dann hätte ich der jungen Ehefrau gesagt: Fühl dich bitte nicht schuldig. Dein Mann fühlt sich auch nicht schuldig, weil er ein schlechter, liebloser Liebhaber ist. Männer haben sich nie um unsere Gedanken oder Gefühle gekümmert. Deinen Körper hat er, aber deine Gedanken, auch die erotischen, bleiben dein Eigentum. Was du damit anfängst, ist deine Sache. Diese Gedanken kannst du teilen, mit wem du willst, auch durch das Internet.

3
Töchter töten

Vor einiger Zeit wurde in einem Asylbewerberheim irgendwo im Süden der Niederlande ein Iraker festgenommen, weil er versucht hatte, seine beiden Töchter zu töten. Unterstützt von seinem ältesten Sohn, hatte er den zwei minderjährigen Mädchen einen Schal um den Hals gewickelt und so fest wie möglich zugezogen; die Mädchen wären fast erwürgt worden. Wegen der Hilferufe und des Geschreis der Mutter und der jüngeren Geschwister eilten Menschen herbei, welche die beiden Mädchen zum Glück noch rechtzeitig retten konnten.

So in etwa hatte es sich abgespielt, wenn ich auch nicht genau wußte, was der Anlaß für diesen abscheulichen Vorfall war. Mir war bekannt, daß es mit der Familienehre zusammenhing. Offenbar dachten Vater und Sohn, daß die beiden Töchter einen Freund hätten. Ihre Vermutungen bestätigten sich, als sie in den Terminkalendern der Mädchen Telefonnummern von Männern fanden. Beide Männer wurden wegen Totschlags angeklagt.

Eine Zeitlang hörte ich nichts mehr von der Sache und begann mich zu fragen, wie sie wohl ausgegangen war. Zufälligerweise kam mir etwas zu Ohren. Einige Monate lang und durch allerlei Instanzen, die sich mit der Familie beschäftigten, hatte ich in Dolmetschergesprächen nach und nach die Geschichte verfolgen können. Einmal war der Vater bei einem Polizeiverhör mein Klient; ein anderes Mal sprach ich mit den

Ehebruch per Internet

Töchtern am Telefon, die inzwischen aus der Familie genommen worden waren und in einer Pflegefamilie lebten; dann wieder war es die Mutter, welche die Sozialarbeiter anflehte, ihr die Mädchen wieder zurückzubringen oder ein Gespräch mit ihnen zu arrangieren.

Erst vor kurzem mußte ich wieder für die Mutter dolmetschen. Noch immer hatte sie nicht mit ihren beiden schwer traumatisierten Töchtern sprechen können, die absolut keinen Kontakt mit ihr oder anderen Familienmitgliedern haben wollten. Die Mutter berichtete, daß der Vater bereits auf freiem Fuße sei, der Sohn auch bald wieder herauskomme und sie nach achtundzwanzig Jahren Ehe nichts mehr mit ihrem Mann zu tun haben wolle. Auch ein Drama für die ganze Familie. Welches Urteil gegen die beiden Männer ergangen ist, weiß ich nicht. Ich vermute, daß die Angelegenheit als »Familienstreit« abgetan wurde oder daß die Aggression der Männer gegen die Mädchen damit gerechtfertigt wurde, daß dies nun einmal Teil ihrer islamischen Kultur sei. Sie können auch eine Bewährungsstrafe bekommen haben.

Wie auch immer, dieser Vorfall ist nicht der einzige seiner Art. Man denke an das marokkanische Mädchen in Heiloo, das von seinen beiden Brüdern ermordet wurde, weil sie sich angeblich »zu westlich« benahm. Oder an die Geschichte von Isa Zein und seiner brasilianischen Frau. Er stammte vom Westjordanufer und wohnte in St. Louis in den Vereinigten Staaten. Im November 1989 ermordete er seine Tochter Tina (eine Abkürzung von Palästina) brutal, weil sie einen Freund hatte.

Bei gut einer Million Muslime in den Niederlanden, zum großen Teil frauenfeindlichen, traditionellen Orthodoxen, ist zu befürchten, daß derartige Verbrechen im kommenden Jahrzehnt gang und gäbe werden. Je mehr Mädchen sich einem Leben als Gefangene und Dienerinnen im Hause ihrer

Sittenwandel

Eltern widersetzen werden, um so mehr Väter und Brüder werden aktiv werden, um ihre dubiose Ehre zu schützen, aber vor allem aus Angst vor der Kritik aus ihrer Umgebung.

Um nicht ständig hinter den Fakten herzuhecheln, ist es meines Erachtens an der Zeit, in juristischen Kreisen einen klaren Standpunkt zu vertreten und diese Fälle als das zu sehen, was sie sind: unstatthafte, aggressive Handlungen gegen Frauen und unverzeihliche Verbrechen gegen wehrlose, minderjährige Opfer, die völlig von der Familie abhängig sind. Jegliches »Verständnis«, jegliche »Toleranz« für diese verbrecherischen Männer bedeutet, daß eine inhumane, frauenfeindliche Tradition fortgesetzt wird, und bevor wir es richtig merken, leben wir hier in den Niederlanden dann in einer Gesellschaft, die sich nicht mehr von der in Pakistan oder in Algerien unterscheidet.

4
Wer will noch eine Brautgabe?

Die Heirat mit einer niederländischen Frau bietet einem Mann islamischer Herkunft eine Reihe fabelhafter Vorteile: die heißbegehrte Blondine erhöht seinen Status, sowohl in der niederländischen Gesellschaft wie innerhalb seines eigenen Umfelds. Eine allochthone muslimische Frau, die einen – bei Frauen ebenso heißbegehrten – Niederländer heiratet, befindet sich dagegen ihrem eigenen Umfeld gegenüber oft in einer Verteidigungsposition. Ein weiterer Vorteil für den Mann ist seine größere Chance, sich zu integrieren und Teil der niederländischen Gesellschaft zu werden, sowie eventuell die Möglichkeit einer Legalisierung seines Aufenthalts in den Niederlanden. Aber der wichtigste Vorteil ist, daß er keine Brautgabe bezahlen muß.

Für einen muslimischen Mann ist die vorgeschriebene Brautgabe zweifellos das größte Heiratshindernis. Selbst Muslime, die in den Niederlanden oder im übrigen Westeuropa wohnen, müssen noch eine (übertrieben hohe) Brautgabe zahlen und darüber hinaus ein ungeheuer teures Hochzeitsfest veranstalten. Dadurch können die Männer erst in höherem Alter heiraten, und eine Ehe ist, für jeden außer der Braut, eine teure Angelegenheit, obwohl auch die Brautfamilie einen Anteil mit bezahlt und oft sogar viel mehr, wenn es sich um eine wohlsituierte Familie handelt.

In einigen afrikanischen oder indischen Kulturen kann es

Sittenwandel

vorkommen, daß die Frau dem Mann eine Mitgift geben muß, um ihn heiraten zu können, aber in den islamischen Kulturen ist dies nicht der Fall. Männer dagegen mußten immer und müssen noch heute der Frau eine meist hohe Brautgabe bezahlen, um sich so ihren Gehorsam und ihre Fügsamkeit zu erkaufen. In manchen Ländern, etwa in Teilen Nordafrikas und in Asien, behält sogar der Vater die Brautgabe, doch das war ursprünglich bestimmt nicht so gedacht.

Es ist schon schlimm genug, daß man als Frau statt Partnerschaft, gegenseitiger Liebe, Achtung und Anerkennung in der Ehe ein Beutelchen mit Geld oder Schmuck bekommt – gewissermaßen als Kompensation für das Fehlen der vorgenannten Werte. Man wird bezahlt, um seinem Mann treu zu bleiben, was immer er auch tut, und um sich lebenslang seinen Wünschen zu fügen. Aber vom eigenen Vater an einen fremden Mann verkauft zu werden, wobei dieser Vater den Erlös in die eigene Tasche steckt, ist ganz und gar abscheulich.

Dies war in anderen alten Kulturen durchaus gang und gäbe: das mosaische Gesetz bestimmte beispielsweise, daß eine Frau »gegeben« wurde, nachdem ihrem Vater die Brautgabe ausgehändigt worden war. Im Englischen gibt es dafür einen speziellen Ausdruck »betrothed«. Dies bedeutet nichts weiter, als daß ein Mann nach dem Bezahlen des Preises die Eigentumsrechte an der Frau übertragen bekam. Das Zahlen der Brautgabe war eine Sitte, die auf der Arabischen Halbinsel und in den umgebenden Kulturen auch vor dem Aufkommen des Islam weit verbreitet war. Bei den vorislamischen Arabern bekam meist der Vater und nicht die Braut das Geld. Der Koran untersagte diesen Brauch und verpflichtete jeden Mann, der heiraten wollte, eine Brautgabe zu zahlen.

In zweierlei Hinsicht brachte der Islam also einen Wandel der vorislamischen Sitten und Bräuche in Sachen Brautgabe mit sich: Erstens wurde sie für jeden Mann, der heiraten woll-

Wer will noch eine Brautgabe?

te, verpflichtend, einerlei, ob es sich dabei um eine Jungfrau, eine geschiedene Frau oder eine Witwe handelte. Ihre Höhe wurde nach der finanziellen Belastbarkeit des Mannes festgelegt, aber ohne Brautgabe durfte nicht geheiratet werden. Als zweite Veränderung brachte der Koran mit sich, daß die Brautgabe das unanfechtbare Eigentum der Braut und nicht ihres Vaters oder ihres Vertreters oder Vormunds wurde. Im folgenden zitiere ich die Korantexte, in denen dies alles festgehalten ist.

»Und gebt den Frauen ihre Brautgabe in vollen Besitz.« (4:4)

Eine Braut- oder Morgengabe ist also eine Art Hochzeitsgeschenk. So formuliert, klingt es sicher sympathisch. Der Vers spricht eine klare Sprache und läßt keinen Zweifel daran, wer die Brautgabe bekommt und behält. Sie ist als Hochzeitsgeschenk für die Braut gedacht, und die Frau darf sie in vollen Besitz, das heißt als Eigentum, nehmen und behalten. In vollen Besitz bedeutet auch, daß die heutige weitverbreitete Praxis, beim Unterschreiben der Heiratsurkunde nur einen symbolischen Betrag (zum Beispiel einen Euro) zu nehmen, rechtswidrig ist. Innerhalb einer Familie oder zwischen verschiedenen Familien kann eine Rivalität über die Höhe der Brautgabe entstehen, weshalb es in Ägypten üblich geworden ist, ihre tatsächliche Höhe geheimzuhalten.

Heutzutage gibt es auch zahlreiche Fälle, in denen eine vage Formulierung in die Heiratsurkunde aufgenommen wird in der Art: »Die Brautgabe wurde im gegenseitigen Einvernehmen der beiden Parteien vereinbart.« So etwas kann meiner Ansicht nach ebenfalls zu großen Problemen führen, denn so kann die Frau im Falle eines späteren Konflikts mit ihrem Mann nie beweisen, wie hoch der Betrag war, wieviel sie da-

Sittenwandel

von tatsächlich und »in vollen Besitz« bekommen hat und ob ihr der Mann noch einen Teil schuldig ist.

Manchmal steht dort sogar »Die Brautgabe wurde im gegenseitigen Einvernehmen vereinbart«, obwohl die Frau in Wirklichkeit nichts bekommen hat. Dennoch gibt es gute Gründe, dies zu tun. Moderne Paare, die aus Liebe heiraten und dies wichtiger finden als eine traditionelle Hochzeit mit Brautgabe und was sonst noch dazugehört, verwenden oft diese Formulierung. Angesichts der großen Anzahl unverheirateter Junggesellen ist es nützlich, die Heirat zu vereinfachen – für Männer ebenso wie für Frauen, um deren Hand möglicherweise nicht angehalten wird, weil die Männer die Brautgabe nicht aufbringen können.

Rein vom Standpunkt des islamischen Rechts aus betrachtet, sind diese Lösungen allerdings nicht zulässig. Oft dienen sie dazu, den Stolz minderbegüterter Männer zu schützen, um beispielsweise einen Vergleich der Brautgaben von Mädchen aus derselben Familie zu umgehen. Aber beide Formulierungen, der symbolische Betrag wie die Vereinbarung im gegenseitigen Einvernehmen, bilden eine eindeutige Verletzung der Koranvorschrift. Durch die verpflichtende Einführung der Brautgabe wollte der Islam der Frau in einer Umgebung, in der für Männer wie für Frauen die Möglichkeiten, ein regelmäßiges Einkommen zu beziehen, nur gering vorhanden waren, ein gewisses Maß an wirtschaftlicher Unabhängigkeit verschaffen.

»In Vollbesitz« bedeutete jedoch noch mehr. Es bedeutet, daß Frauen vor der Eheschließung die Brautgabe tatsächlich völlig in ihren Besitz bekommen müssen. Eine Brautgabe zu vereinbaren, die mit dem Versprechen, den Rest später abzustottern, nur teilweise bezahlt wird, ist daher eine Übertretung der Regel. Sobald die Ehe vollzogen ist, hat die Frau keinerlei Rechtsmittel mehr in der Hand, um den restlichen

Betrag oder den Besitz einzufordern, vor allem angesichts der Tatsache, daß die meisten (männlichen) Richter Frauen gegenüber voreingenommen sind. Man muß nur einmal die Rechtsprechung in einem islamischen Land studieren, um zu konstatieren, daß, sobald die eine Partei in einem Konfliktfall eine Frau ist und die andere ein Mann, von Neutralität der richterlichen Gewalt, die de facto ausschließlich aus Männern besteht, keine Rede sein kann. Das einzige Heilmittel gegen diese skandalöse Situation wäre, daß Frauen ebenfalls Recht sprechen dürfen.[45]

Sogar die Abzahlung des sogenannten zurückgehaltenen Teils der Brautgabe, wie es in zahlreiche Hochzeitsurkunden aufgenommen ist, wird in der täglichen Praxis so gut wie nie durchgesetzt. Dann wird der Betrag durch zwei geteilt und ein Teil vorher vom Mann bezahlt, obwohl der andere »zurückgehaltene Teil der Brautgabe« zwar in die Heiratsurkunde aufgenommen wird, aber erst dann ausbezahlt werden muß, wenn der Mann seine Frau verstößt oder wenn er stirbt. Im letzten Fall wird der Restbetrag, falls er etwas hinterlassen hat, vor der Aufteilung unten den Erben aus dem Nachlaß an sie ausgezahlt.

Die Teilung der Brautgabe wird als Druckmittel eingesetzt, um Männer davon abzuhalten, ihre Frau grundlos zu verstoßen. Es werden sogar astronomisch hohe Summen festgelegt, um sicherzugehen, daß der Mann nicht auf die Idee kommt, sich von seiner Frau scheiden zu lassen. Auch dies ist ein Verstoß gegen die eindeutige Regel, daß die Frau ihre Brautgabe vor der Ehe »in vollen Besitz« bekommen muß. Und das Druckmittel funktioniert auch nicht immer. Wenn ein Mann seine Frau wirklich loswerden möchte, wird er sicher immer einen Weg finden, damit er die Auszahlung des Restbetrags umgehen kann. Er macht zum Beispiel seiner Frau das Leben zur Hölle, bis sie sich gezwungen sieht, ihm ihre Freiheit abzukaufen, indem sie ihm die Zahlung der restlichen Brautgabe erläßt. Genau dies wird im Korantext 4:19 beschrieben:

«... Und hindert sie nicht (an der Verheiratung mit einem anderen), um einen Teil von dem zu nehmen, was ihr ihnen (als Brautgabe) gabt, es sei denn, sie hätten offenkundig Hurerei begangen.»

Der Koran spricht hier eine Warnung an den Mann aus, daß es verboten ist, seine Frau in der Absicht zu schikanieren, einen Teil der »im voraus« bezahlten Brautgabe zurückzuerhalten, selbst wenn er ihr Stapel Geld und Schmuck gegeben hätte, wie weiter vorn steht. Nehmen wir an, ein Mann möchte nach einigen Ehejahren eine neue Braut heiraten und versuchte, die Brautgabe, die er seiner ersten Frau bezahlt hatte, völlig oder teilweise zurückzubekommen. Wenn sich die Frau weigerte, dann würde er sich ihr so in den Weg stellen, daß sie schließlich ihre Freiheit mit dem erkaufen müßte, was ihr noch von ihrer Brautgabe geblieben war. Diesen unmoralischen Praktiken schob der Koran glücklicherweise einen Riegel vor, was nicht sagen will, daß es so etwas nicht mehr gebe. Bis auf den heutigen Tag geschehen solche Dinge noch immer und sogar in großem Maßstab.

Von diesem Verbot machte der Koran allerdings eine Ausnahme. Wenn die Frau offenkundig Unzucht begangen hatte, durfte der Mann die Brautgabe, oder was davon übrig war, zurückfordern. Aber wann ist völlig klar, daß jemand Unzucht begangen hat? Darüber kann man geteilter Meinung sein. Es gibt Männer, die bei jedem Gerücht oder Tratsch über ihre Frau glauben, daß sie Ehebruch begangen hat. Sie brauchen nur wenig, um ihre Ehefrau zu verdächtigen. Ein Blick oder ein Lächeln für einen anderen Mann ist für solche Ehemänner bereits ein ausreichender Beweis. Dann steht für den eifer-

Wer will noch eine Brautgabe?

süchtigen Ehemann bereits fest, daß seine Frau Ehebruch begeht. Es gibt auch Männer, die selbst derartige Anschuldigungen gegen ihre eigene Frau ausstreuen, um dadurch ein Anrecht auf Erstattung der Brautgabe oder eines Teils davon zu bekommen.

Diese Ausnahme von der Regel zur Erstattung der Brautgabe resultierte in einer Serie von Bezichtigungen von Männern gegen ihre Frauen allein, um die Brautgabe zurückzubekommen, um damit eine neue Frau heiraten zu können. Die erste Frau wurde abserviert, weggeschickt und außerdem des Ehebruchs bezichtigt. Um dieser neuen Situation die Stirn zu bieten, wurden nochmals neue Koranregeln erlassen, und zwar, daß eine Anschuldigung der Unzucht von vier Augenzeugen bewiesen werden müsse, die diese Handlung mit eigenen Augen gesehen haben wollen. Andernfalls würde eine solche Bezichtigung als verleumderischer Klatsch gegen ehrbare, unschuldige Frauen betrachtet, der mit achtzig Peitschenhieben bestraft werden müsse. Jeder Mann, der ohne Augenzeugen seine Frau der Unzucht beschuldigte, mußte es sich also zweimal überlegen, bevor er versuchte, so seine Brautgabe zurückzubekommen.

Auf diese Weise wollte der Koran die Frau vor gewissenlosen Männern schützen, die zu allem imstande waren, um auf Kosten der Frau ihren Willen durchzusetzen. Außer bei einer kleinen Oberschicht muslimischer Intellektueller hat sich diese egoistische Einstellung leider kaum gewandelt. Das einzige, was sich vierzehn Jahrhunderte nach der Offenbarung des Korans wohl verändert hat, ist, daß zwar die Maßnahmen zum Schutz der Frau größtenteils kaum mehr Verwendung finden oder falsch umgesetzt werden, aber die Regeln zum Vorteil des Mannes auf den Buchstaben genau befolgt werden.

Was bekam eine Frau in etwa als Brautgabe? Das unterschied sich natürlich je nach dem Vermögen des Mannes und

Sittenwandel

dem Wert der Frau. Eine freie Frau aus einem wohlhabenden Stamm konnte, vor allem wenn sie auch noch hübsch war, einen größeren Betrag erwarten als eine Frau aus einem armen Stamm, während eine Sklavin eine halbe Brautgabe bekam. Von einem vermögenden Mann wurde erwartet, daß er einen Teil seines Besitzes als Brautgabe schenkte, ein Stück Land oder einen Obstgarten, ein paar Stück Vieh oder einen Betrag in Goldschmuck oder Geld.

Der Prophet war nicht vermögend, und als er die Ehe zwischen seiner Nichte Zainab bint Dschahsch und seinem adoptierten Sohn (der ursprünglich sein Sklave war) regelte, mußte er der Schwiegertochter eine Brautgabe bezahlen, weil der Sohn selbst keinen Cent besaß. Zainab erhielt folgendes: den Betrag von zehn Dinar und sechzig Cent, ein Überkleid (*Dschilbab*), eine Decke, einen Schild, fünfzig Schüsseln Essen (wahrscheinlich Mehl) und zehn Schüsseln Datteln. Dies war angesichts der Tatsache, daß Frau Zainab aus einer begüterten Familie stammte, eine Brautgabe von mittlerem Wert.

Für eine Frau werden heute gelegentlich sehr hohe Beträge verlangt. Fünf- oder zehntausend Euro sind keine Ausnahme für eine Frau aus guter Familie. Oft müssen Männer jahrelang sparen, um die Brautgabe zusammenzubekommen. Wenn sie derart viel für ihre Frau zahlen mußten, ist es nicht verwunderlich, daß sie sie anschließend als ihr Eigentum ansehen. Aber genaugenommen ist ein solcher Betrag natürlich ein Spottpreis, wenn wir bedenken, daß der Mann damit im Prinzip einen lebenslangen Anspruch auf ihre Dienste im Bett und im Haushalt erwirbt. Welche Summen würden ihn eine Haushälterin und eine Prostituierte kosten, wenn er ihre Dienste bis zu seinem Tod in Anspruch nehmen müßte?

Menschliche Beziehungen können nie auf solche pragmatischen Grundlagen wie Interessen, Kosten und Nutzen gegründet werden. In der traditionellen islamischen Ehe ist die

Wer will noch eine Brautgabe?

Verbindung zwischen den Eheleuten auf ein Tauschsystem reduziert, in dem der Anspruch auf Unterwürfigkeit und Folgsamkeit der Frau (der zuerst beim Vater der Braut liegt) durch die Brautgabe auf den Ehemann übertragen wird. Dabei handelt es sich um ein System, in dem eine Frau niemals wirklich glücklich werden kann. Ohne Zuneigung, Achtung, gegenseitige Bindung und Verbundenheit ist die Frau immer die Verliererin, egal, wie groß ihre Brautgabe auch sein mag und wie ingeniös das System, das ihr Schutz gegenüber männlichem Mißbrauch bieten will, auch konstruiert ist.

Meist wird der Barbetrag der Brautgabe zusammen mit einem noch größeren Geschenk der Braueltern dazu verwendet, die Wohnung mit einer einfachen Einrichtung und Ausstattung zu versehen, die dem Gesetz entsprechend Eigentum der Frau bleiben. Im Scheidungsfall behält sie zumindest den Hausrat und den Schmuck. Dann hat sie ihr eigenes Bett, ihren Schrank und ihre goldenen Armbänder.

Im Falle einer weiteren Heirat braucht der zweite Mann einen weniger hohen Brautpreis zu bezahlen. Bei einer zweiten Ehe ist der Wert der Frau auf dem Heiratsmarkt, mit oder ohne Kinder, gesunken. Hat sie weniger Glück und bleibt unverheiratet, dann verwendet sie ihren Schmuck und die Möbel, um durch deren sukzessiven Verkauf finanzielle Krisen zu überstehen, falls sie kein anderes Einkommen hat. Am Hochzeitstag wird bei der Lieferung des Mobiliars in die eheliche Wohnung eine komplette Inventarliste mitgeliefert, auf der alles vermerkt ist – Vorhänge, Teppiche, Matratzen, Tischtücher, alles –, und der Ehemann muß diese gegenzeichnen. Das alles ist der Besitz der Frau, auf den sie im Falle einer Scheidung Anspruch hat. Dazu fällt mir noch ein Witz ein: Ein frischverheirateter Mann kommt nach Hause und findet seine Mutter zu Besuch vor. Sie ist gerade dabei, in der Küche eine Mausefalle aufzustellen. »Halt ein, Mutter, hör auf«, ruft er.

Sittenwandel

»Die Maus ist mit den Möbeln der Braut gekommen und steht auf der Inventarliste.«

So funktioniert das System in Ägypten, aber in manchen Ländern, beispielsweise Pakistan, Afghanistan, Algerien und Marokko, kommt es auch vor, daß der Vater der Braut ihre Brautgabe in die eigene Tasche steckt.

«[Und (verwehrt sind euch) verheiratete Frauen außer denen, die ihr von Rechts wegen besitzt. Dies ist Allahs Vorschrift für euch.] Und erlaubt ist euch außer diesem, daß ihr mit eurem Geld Frauen begehrt zur Ehe und nicht zur Hurerei. Und gebt denen, die ihr genossen habt, ihre Brautgabe. Dies ist eine Vorschrift; doch soll es keine Sünde sein, wenn ihr über die Vorschrift hinaus miteinander eine Übereinkunft trefft. Seht, Allah ist allwissend und allweise.« (4:24)

Männer dürfen außerhalb des Kreises der verbotenen Frauen (Frauen aus der Familie, wie Schwestern, Tanten und so weiter), die in einem früheren Vers aufgeführt wurden, um andere Frauen werben, aber dann wohl in Ehrbarkeit, das heißt innerhalb einer Ehe, indem sie ihnen von ihren Besitztümern geben und den Frauen eine Brautgabe schenken. Es gibt allerdings noch eine weitere Möglichkeit, wie ein Mann ohne Brautgabe oder andere eheliche Verpflichtungen eine gesetzliche Verbindung mit einer Frau eingehen kann, sagt dieser Text. Indem er mit ihr einen Festpreis für eine bestimmte Zeit vereinbart, als Gegenleistung für den Genuß, den er bei ihr finden wird.

Einigen Korandeutungen zufolge war dieser Vers zunächst dazu gedacht, sogenannte Genußehen zu legalisieren. Eine Genußehe ist eine zeitlich befristete Ehe mit einer zuvor vereinbarten Dauer zu einem vereinbarten Preis. Das kann für

Wer will noch eine Brautgabe?

einen Tag oder einen Monat, aber auch für länger oder kürzer sein. Diese Form der Ehe (meines Erachtens nichts anderes als verkappte Prostitution mit einem für eine bestimmte Dauer vereinbarten Monopolrecht für den Kunden), bei der zwei Parteien vereinbaren, daß sie sich des Genusses wegen miteinander verbinden werden, ohne daß an diese Verbindung Konsequenzen geknüpft wären, war in der Frühzeit des Islam erlaubt und wurde später verboten.

Imam Al-Schafii und einer Gruppe von Rechtsgelehrten zufolge wurde es zweimal verboten und dann wieder erlaubt. Andere sagen, es sei mehr als zweimal gewesen. Einige Gefährten des Propheten lasen den Vers in einer alten Fassung des Korans noch so:

> »Für den Genuß, den ihr von ihr für einen festgelegten Zeitraum empfangt, gebt ihr dafür ihren Lohn; es ist eine Verpflichtung.«

Der Text betont, daß der Mann den vereinbarten Lohn bezahlen muß; es gab also Männer, die diese Vereinbarung zu umgehen suchten. Warum mich das nicht wundert? Allmählich weiß ich in etwa, welche Männer in der Frühzeit des Islam lebten. Bei manchen Strömungen, wie bei den Schiiten, gibt es die Genußehe noch immer. Es ist bekannt, daß Khomeini die Genußehe mit einer *Fatwa* wieder legalisiert hat.

Sobald die vereinbarte Ehezeit verstrichen ist, gehen Mann und Frau ohne eine Scheidung auseinander; eine Scheidung ist nicht nötig, da sich die Ehe mit Ablauf des vereinbarten Zeitraums von selbst auflöst. Der Mann muß dann die Frau in Ruhe lassen und darf sie nicht weiter belästigen. Auch sie kann aus der Ehe keine Rechte ableiten, keine Alimente für sich oder ein eventuell aus der Zeitehe hervorgegangenes Kind beanspruchen. Der Mann ist daher auch nicht verpflichtet, das

Sittenwandel

Kind anzuerkennen oder ihm seinen Namen zu geben. Bei den Sunniten ist diese Form der Ehe nicht mehr erlaubt, weil sie nach vielem Hin und Her am Ende doch vom Propheten verboten wurde. Auch der Satzteil »für einen festgelegten Zeitraum« ist aus der redigierten, definitiven Fassung des Korans verschwunden.

Weiter steht in dem Vers, daß es keine Zuwiderhandlung ist, falls vor der normalen Ehe bereits eine bestimmte Brautgabe vereinbart wurde, aber der Mann in finanzielle Schwierigkeiten gerät und so den Brautpreis nicht mehr aufbringen kann und sich mit seiner Künftigen auf einen niedrigeren Betrag einigt. Eine andere mögliche Erklärung des Passus »Es gilt für euch nicht als Zuwiderhandlung, wenn ihr darüber hinaus in gegenseitigem Einvernehmen etwas regelt, nachdem die Verpflichtung festgelegt wurde« bezieht ihn auf eine Verlängerung des vereinbarten Zeitraums einer Genußehe um einen zweiten Termin.

> »Und wenn ihr eine Gattin gegen eine andere eintauschen wollt und ihr habt der einen Stapel Geld gegeben, so nehmt nichts von ihm fort. Wollt ihr es etwa in Verleumdung und offenbarer Sünde fortnehmen? Und wie könntet ihr es fortnehmen, wo ihr einander bereits beiwohntet und sie mit euch einen festen Bund schloß?« (4:20–21)

Endlich ein Text, der keinen bitteren Nachgeschmack auf der Zunge hinterläßt. Wenn ein Mann eine gewaltig große Brautgabe bezahlt hat, richtige Stapel Geld (es ging bestimmt um eine überaus ungewöhnliche Frau; aber warum sollte er dann später wieder eine andere Frau heiraten wollen, fragt man sich), jedoch später an ihrer Stelle eine andere Frau nehmen möchte, sich also von ihr scheiden lassen und eine andere Frau heiraten möchte, darf er das Geld (oder einen Teil da-

Wer will noch eine Brautgabe?

von), das er als Brautgabe der ersten Frau gegeben hatte, nicht wieder zurückverlangen, um es der zweiten Frau zu geben. Die einzige Rechtfertigung für ein solches Verhalten wäre, daß die erste Frau Unzucht begangen hat. Offenbar verbreiteten die Männer verleumderische Anschuldigungen gegen ihre Frauen, um die Brautgabe zurückzuerhalten.

Diese Verse folgen dem oben zitierten Text (4:19) und drücken ein einziges Mal genau meine Gedanken aus. In der Tat, wie sollt ihr nach all dem etwas von der Brautgabe zurücknehmen können, aber vor allem: Wie kommt ihr auf die Idee, über eure eigene unschuldige Frau Verleumdungen zu verbreiten, obwohl ihr so intim miteinander gewesen seid und ihr zusammen ein enges Bündnis, was eine Ehe zweifellos ist, gebildet habt? Welch ein Verhalten auf seiten der Männer! Aus Eigennutz waren sie zum Allerniedrigsten imstande. Und das sind dann die bevorzugten Lieblingsgeschöpfe Gottes.

Eine bekannte Geschichte zur Höhe der Brautgabe lautet wie folgt: Der zweite Kalif, der mächtige Umar, der auch wegen seiner Gerechtigkeit bekannt war, soll einmal auf die Kanzel gestiegen sein und zu der Menge gesagt haben, daß sie sich mit der Brautgabe zurückhalten sollte, daß in einer großen Brautgabe keine besonders große Tugend stecke, sonst hätte der Prophet die allergrößten Brautgaben gezahlt, was er aber nicht getan hat. Man soll nicht übertreiben, und Umar befahl, daß eine Brautgabe nicht über vierhundert Dirham hinausgehen dürfe, den Preis, den auch der Prophet für seine Frauen bezahlt hatte. Als er herabstieg, sagte eine Frau aus der Menge, eine große, wohlhabende Frau, zu ihm: »Es steht Euch nicht zu, das zu bestimmen, Umar.« Der Kalif fragte, warum nicht. Die Frau antwortete: »Habt Ihr denn den Koranvers ›Und wenn ihr eine Gattin gegen eine andere eintauschen wollt und ihr habt der einen Stapel Geld gegeben, so nehmt nichts von ihm fort‹ (4:20) nicht gelesen?« Da stieg der Kalif erneut auf

Sittenwandel

die Kanzel, nahm zurück, was er soeben befohlen hatte, und erklärte, eine Frau wisse so etwas besser als Umar.

> »... Was die Waisenmädchen betrifft, denen ihr nicht gebt, was für sie vorgeschrieben ist, und die ihr doch zu heiraten wünscht.« (4:127)

Frau Aischa scheint diesen Vers so interpretiert zu haben, daß es darin um Mädchen ging, die als Waisenkinder der Obhut einer anderen Familie anvertraut wurden und über die der Mann dann die Vormundschaft bekam. Er mußte ihr Eigentum verwalten, bis sie erwachsen wurden. War ein solches Mädchen schön, dann wollte es der Mann häufig heiraten, um ihren Besitz einbehalten zu können. In diesem Fall gab er ihr meist auch keine oder kaum eine Brautgabe, wie sie sie von einem anderen Mann bekommen hätte. Solche Machenschaften wurden durch diesen Koranvers verboten.

Der erste Teil des Verses lautet: »Und sie fragen dich um Belehrung über die Frauen. Sprich: ›Allah hat euch über sie belehrt; *und das, was euch in dem Buch verlesen wird,* betrifft die Waisenmädchen.‹« (4:127). Der kursiv gedruckte Satzteil verweist auf Vers 4:3, in dem den Männern abgeraten wird, ein Mädchen, das unter ihrer Obhut steht, zu heiraten, weil sie es dadurch ausbeuten. In diesem Fall rät der Koran dem Mann, eine andere Frau oder andere Frauen zu heiraten.

In meinen Augen war die Heirat mit einem Waisenmädchen in ihrer Obhut eine dreifache Ausbeutung. Wir müssen wissen, daß durch die zahlreichen Konflikte und Kriege viele vaterlose Kinder im Haus von Verwandten oder Freunden aufwuchsen. Der Koran setzt sich wiederholt für die Interessen der Waisenkinder ein, von denen vor allem die Mädchen von ihrem Vormund ausgebeutet werden konnten. Koranvers 4:3, auf den verwiesen wird, sagt deshalb zu solchen Männern:

Wer will noch eine Brautgabe?

»Und wenn ihr fürchtet, nicht gerecht gegen die Waisen zu sein, so heiratet, was euch an Frauen gut ansteht, zwei, drei oder vier; und wenn ihr fürchtet, nicht billig zu sein, (heiratet) eine oder was im Besitz eurer rechten (Hand ist). So könnt ihr am ehesten Ungerechtigkeit vermeiden.« (4:3)

Dies ist auch der Vers, der zur Begründung der Polygamie im Islam hauptsächlich – und zu Unrecht – herangezogen wird, obwohl es für mich eher nach Abraten als nach einer Ermunterung klingt. Auf jeden Fall scheint die Offenbarung des Textes dazu gedacht zu sein, die Waisenkinder zu beschützen, die wehrlosen Mädchen, die völlig machtlos und abhängig von ihrem Vormund sind, der mir eher mit Wölfen als mit Menschen verwandt zu sein scheint und der seine Macht dazu mißbraucht, ein junges Mädchen zu heiraten, das ihm gegenüber nicht nein sagen kann. Er bekleidet ja die Rolle des Vaters, und sie kann ihn unmöglich ablehnen. Mir scheint es auch unwahrscheinlich, daß ein Kind, das mit einem Mann aufgewachsen ist, der ihr Vormund ist, plötzlich diesen Vormund (gewissermaßen ihren Vater) heiraten möchte.

Zweitens versuchte der Mann mit einer solchen Heirat ihren Besitz dem seinen einzuverleiben, und drittens versuchte er, ihr die Brautgabe vorzuenthalten, auf die sie nach den damaligen islamischen Gesetzen ein Recht hatte. Aber am schlimmsten war, und dies wurde den Überlieferungen zufolge von Frau Aischa erzählt, daß sie der Vormund, wenn er sie nicht heiraten konnte oder wollte, etwa weil er sie nicht schön genug fand, daran hinderte, einen anderen Mann zu heiraten. Indem er seinen Mantel über sie legte, gab er keine Zustimmung zu einer Heirat mit jemand anderem. Ein solches Mädchen lebte dann ihr ganzes Leben unter seiner Befehlsgewalt, ohne einen anderen Mann heiraten zu dürfen; und manchmal wurde sie so lange schikaniert, bis sie starb, so daß ihr Vor-

Sittenwandel

mund ihren Besitz erben konnte. So sieht man wieder, welch enorm rechtschaffene Menschen damals lebten und nach welch einer vorbildlichen Gesellschaft sich manche Muslime heute zurücksehnen.

Der Koran versuchte jedenfalls, von solchen Ehen mit Waisenmädchen abzuraten, und das ist meiner Ansicht nach auch der Grund, warum der Text so etwas sagt wie: Heirate bitte andere Frauen, wen auch immer du willst, zwei, drei oder wie viele du möchtest, solange du nur diese armen Mädchen in Ruhe läßt, weil du ihnen unvermeidlich unrecht tun würdest.

»Und wenn sie euch gern etwas davon erlassen, so könnt ihr dies unbedenklich zum Wohlsein verbrauchen.« (4:4)

Als letzten Text über die verpflichtete Brautgabe führe ich diesen Vers an, der eigentlich den zweiten Teil des allerersten Verses bildet, den ich weiter oben zitiert haben: »Und gebt den Frauen ihre Brautgabe in vollen Besitz. Und wenn sie euch gern etwas davon erlassen, so könnt ihr dies unbedenklich zum Wohlsein verbrauchen.« Obwohl der erste Teil so klar und kräftig ist, finde ich, daß der zweite Teil wieder einen Schritt zurückgeht (man achte einmal darauf, auf jede Regel, in welcher der Koran der Frau ein Recht zuspricht, folgt ein *aber*, wo diese Regel wieder abgeschwächt wird).

Was der Koran im Grunde sagt, ist folgendes: Man muß den Frauen ihre Brautgabe in vollen Besitz, als Schenkung und tatsächlich geben, aber wenn sie mit ein bißchen weniger zufrieden sind, oder wenn es dir gelingt, sie so zu beeinflussen, einzuschüchtern oder Druck auf sie auszuüben, daß sie zustimmen, dir alles oder einen Teil von dem, was eigentlich ihnen zukommt, zu erlassen, dann nimm es mit Freuden an und freu dich darüber. Das öffnet natürlich allerlei Versuchen Tür und Tor, die Frauen unter Druck zu setzen, vor allem

Wer will noch eine Brautgabe?

wenn wir uns daran erinnern, um welche Männer es sich damals handelte. Von dem ausgehend, was ich aus der Beschreibung in allerlei Korantexten und Überlieferungen herauslesen konnte, waren sie wohl zu noch Schlimmerem in der Lage.

Eine andere Überlieferung, die ich gefunden habe und die nichts mit der Brautgabe zu tun hat, bestätigte mein finstersten Vermutungen. Herr Ali, der Vetter des Propheten, soll gesagt haben: »Wenn einer von euch Gesundheitsprobleme bekommt, muß er von seiner Frau drei Dirham oder etwas in der Art verlangen: damit kauft er Honig, den er mit ein bißchen Himmelswasser verrührt, und trinkt diese Mischung, ein ausgezeichnetes und herrliches Mittel.«

So ging das: Zuerst gab der Mann alles, was er an Bargeld besaß, seiner Künftigen als Brautgabe, und jedesmal, wenn er danach Geld brauchte, verlangte er es von seiner Frau. So nahm er das Geld, das er ihr anfangs gegeben hatte, nach und nach wieder zurück. Oder er erfand eine Lügengeschichte, eine verleumderische Bezichtigung über sie als Vorwand, um ihr wieder alles abzunehmen und es einer anderen Frau zu geben, um sie heiraten zu können. Logisch, daß es dafür eine Offenbarung brauchte, um diese männerorientierte, ungerechte und wenig humane Gesellschaft zu reformieren.

Dies hat der Koran versucht, unter anderem, indem er Regeln einführte, welche die wirtschaftliche Unabhängigkeit der Frau sicherstellen sollten. Aber der Koran wollte nichts an der Schieflage im Verhältnis von Mann und Frau im gesellschaftlichen Bereich verändern. Wirtschaftliche Unabhängigkeit allein bringt wenig Gewicht auf die Waagschale, wenn sie nicht mit gesellschaftlicher Unabhängigkeit einhergeht. Frauen können zwar eigenen Besitz erhalten, doch das ändert wenig, wenn die Frau ihrem Mann untertan bleiben muß. Die Frau wurde als der Besitz des Mannes gesehen, sollte dann nicht

Sittenwandel

auch ihr Besitz sein Besitz werden? Auch ihr Besitz und ihr Geld waren dem Mann untertan. Ohne ein gerechtes, gleichberechtigtes Verhältnis von Männern und Frauen verschafft die wirtschaftliche Unabhängigkeit allein noch keinen Halt.

Meiner Meinung nach taugt das ganze Brautgabesystem nichts, es führt zu nichts als ungesunden Verhältnissen zwischen den Geschlechtern. Ein Mann sollte nicht verpflichtet sein, der Frau Geld zu bezahlen. Er sollte lernen müssen, daß eine Ehe kein Tauschhandel ist und Frauen keine Waren sind. Was eine Frau braucht, ist keine Brautgabe, sondern echte Partnerschaft, Verbundenheit, Gleichberechtigung und Achtung, aber vor allem Liebe, Zuneigung und Verständnis. Eine Ehe, die auf dem Prinzip der Brautgabe als Gegenleistung für Untertänigkeit beruht, hat keine gute Grundlage. Die Chance, daß daraus etwas Gutes oder Schönes zwischen den Partnern erwächst, ist äußerst gering.

Ein Glück, daß wir modernen Frauen unser eigenes Einkommen verdienen und auf die Brautgabe des Mannes verzichten können. Mit all unseren Möglichkeiten für eine gute Ausbildung und Berufstätigkeit sehen wir modernen muslimischen Frauen die Ehe nicht länger als eine Verkaufstransaktion, bei der wir Geld im Tausch für Gehorsamkeit erhalten. Von einer Ehe erwarten wir eher eine echte Gefühlsbindung mit dem Mann, den wir uns selbst aussuchen und den wir achten können, weil er ist, wer er ist, und nicht, weil er uns bezahlt.

5
Die Jungfernpille

Wie können zwei kluge, gebildete, fortschrittliche Eltern plötzlich beschließen, ihre schulpflichtige Tochter gegen ihren Willen zu verheiraten? Dies geschah, nachdem sie herausgefunden hatten, daß ihre Tochter einen Freund hatte.

»Hast du denn nie einen Freund gehabt?« fragte ich die Mutter, die ich sehr gut kannte.

»Als Muslima hat man vor der Ehe keine Männer zu kennen«, sagte der Vater, den ich gar nicht gefragt hatte. Wie kommt es eigentlich, daß einige Muslime, sobald man eine persönliche Frage stellt, sich immer hinter den Geboten der Religion verstecken und hinter dem, was sich gehört und was sich nicht gehört?

Solche Tugendbolde waren diese Eltern nun auch nicht immer gewesen, wenn ich mich recht erinnere. Ich kannte die Mutter schon länger, und sie war früher gegenüber ihren Eltern sehr kreativ im Ausredenerfinden gewesen, um sich mit jungen Männern zu treffen. Der Vater hatte ebenfalls Dutzende von Beziehungen gehabt, bevor er sich schließlich entschied, wen er als Ehefrau haben wollte. Doch davon wollte meine Freundin heute nichts mehr hören. Sie war jetzt Mutter und mußte tun, was alle Mütter tun: sich Sorgen machen.

Eine andere Familie, die sich hier mit viel Mühe eine gute Existenz aufgebaut hatte, beschloß plötzlich, alles aufzugeben und nach Ägypten zurückzukehren, nur weil ihre Tochter eine

Sittenwandel

Beziehung hatte. Wieder eine andere Familie schickte die Tochter in die alte Heimat, um bei einer Tante zu wohnen, bis für sie ein Mann gefunden wäre. Die Tante schimpfte ständig mit dem Mädchen und mißbrauchte sie als kostenloses Dienstmädchen, obwohl das arme Kind hier im Abiturjahr war und gute Zukunftsperspektiven gehabt hätte.

Wenn ich solche Geschichten höre, werde ich wütend. Ich kann nicht tatenlos mit ansehen, wie schlecht die Mädchen behandelt werden. Das einzige, was ich tun kann, ist darüber zu schreiben. Ob es viel nützt, weiß ich nicht, aber es ist das mindeste, was ich tun kann.

Muslime haben eine tödliche Angst vor der weiblichen Sexualität. Wenn man nachfragt, was denn so wichtig an der Unberührtheit ihrer Töchter ist, kommt man dahinter, daß es weniger um die Unberührtheit an sich geht, sondern um die Angst, von anderen Leuten, den Verwandten und den Freunden, an den Pranger gestellt zu werden. Deshalb leben Eltern von jungen Mädchen oft in großer Sorge. Die Möglichkeit, daß ihre Töchter ihre Unschuld verlieren könnten, ist ein Alptraum. Das Ansehen der Familie könnte dadurch irreparablen Schaden erleiden.

Solche Ängste dominieren das Familienleben und führen zur Unterdrückung des Mädchens, was letzten Endes nicht nur ihren Charakter und ihr Selbstvertrauen negativ beeinflußt, sondern auch ihre Zukunft. Eltern atmen erst auf, wenn sie ihre Tochter unberührt und wohlbehalten dem künftigen Ehemann übergeben können.

Doch es ist eine große Illusion, daß ein Mädchen dadurch beschützt wird, weil man es von allem fernhält. Wenn eine Frau von der Wichtigkeit ihrer Jungfräulichkeit überzeugt ist, ist sie doch unter fast jeder Bedingung fähig, diese zu bewahren, außer bei Gewaltdelikten. Und ist die Unberührtheit für ein Mädchen wirklich so wichtig? Vielen Männern und Frau-

Die Jungfernpille

en, die nicht unberührt eine Ehe geschlossen haben, geht es im Leben trotzdem ausgezeichnet. Das kann ich Ihnen versichern.

Eltern machen sich allerdings häufig nicht klar, daß der strenge Verhaltenskodex, den sie ihren Töchtern auferlegen, manchmal geradezu die Ursache dafür ist, daß es schiefgeht. Ein Mädchen, das absolut nicht mit einem Freund auf der Straße gesehen werden darf, wird ihn hinter geschlossenen Türen treffen. Selbst wenn er keine eigene Wohnung hat, läßt sich immer etwas regeln: die Wohnung eines Bekannten oder von Freunden, der Familie, die kurz verreist ist, das Zimmer von jemandem gegen Bezahlung mieten. Menschen sind darin sehr erfindungsreich. Dem Mädchen, das auf der Straße nicht mit ihrem Freund gesehen werden will, bleibt keine andere Wahl, als ihn eben heimlich zu treffen. Dort, hinter geschlossenen Türen, gibt es natürlich nicht so sehr viel anderes zu tun, als sich in die Arme zu nehmen. Obwohl die Frau an einem öffentlichen Ort, auf der Straße, in einem Café oder Restaurant viel besser in der Lage wäre anzugeben, wo für sie die Grenze ist.

Einer meiner Bekannten heiratete eine niederländische Freundin, die nicht mehr Jungfrau war. Ich fragte ihn, ob er das nicht schlimm fände. Er antwortete wütend, heutzutage seien auch muslimische Mädchen keine Jungfrauen mehr. »Meine Frau ist in dieser Frage zumindest ehrlich gewesen, während ein muslimisches Mädchen tut, als sei sie die Unschuld selbst. Und dabei hat sie sich kurz vor der Hochzeit von einem Arzt das Jungfernhäutchen wiederherstellen lassen!«

Ich sagte zu ihm: »Man kann sogar Pillen kaufen, die das Mädchen im richtigen Moment einbringen kann. Durch die Wärme in der Vagina löst sich die Tablette auf und das Mädchen beginnt ›rot‹ zu bluten. Dann ist jeder zufrieden.«

»Aber das ist Betrug!« rief der junge Mann erschrocken aus.

»Stimmt, aber damit habe ich keinerlei Probleme gegenüber dummen Eltern und dummen Männern, die dir dumme Forderungen stellen und dir sogar nach dem Leben trachten, nur weil du vor der Ehe vielleicht einmal ein bißchen verliebt warst«, war meine Antwort.

Darüber hinaus ist das ganze Getue um das Jungfernhäutchen und das Bluten »müssen« beim ersten Geschlechtsverkehr nicht mehr als ein Mythos. Über dieses Thema wurde schon soviel gesagt und geschrieben. Vor dreißig Jahren (als ich selbst als junge Frau damit kämpfte) hat Nawal Saadawy es ausführlich zur Sprache gebracht und gezeigt, daß aus medizinischer Sicht nicht jede Frau beim ersten Geschlechtsverkehr bluten muß. Wenn man dann als Eltern dennoch auf solchen Traditionen beharrt, ruft man danach, betrogen zu werden.

Betrug ist im Prinzip nicht richtig, aber es ist die einzige Weise, dieser absurden Tradition, die im Leben muslimischer Frauen so dominant und schädlich ist, ein Ende zu machen. Deshalb fordere ich alle muslimischen Mädchen auf, die nicht vom Sinn der Forderung nach Jungfräulichkeit überzeugt sind, massenhaft die Jungfernpille zu nutzen. Nur dann werden die Menschen erkennen, daß das Bluten in der ersten Nacht nicht viel wert ist.

Es ist nicht richtig, Mädchen zu diskriminieren und von ihnen etwas zu verlangen, was von Jungen nicht verlangt wird. In meiner Tätigkeit als Dolmetscherin habe ich oft gesehen, wie Mädchen, sogar in den Niederlanden des Jahres 2003, mißhandelt oder mit dem Tod bedroht, wie Anschläge auf ihr Leben verübt wurden und wie sie Selbstmordversuche unternahmen wegen nichts anderem als dieser blöden Jungfräulichkeit. Es wird Zeit, uns zu fragen, ob sie das alles wert ist.

Unberührtheit vor der Ehe kann wertvoll sein, wenn man sie selbst, ob Mann oder Frau, wertvoll findet. Man kann sie

Die Jungfernpille

in aller Freiheit anstreben, wenn man es selbst möchte. Aber nicht, weil einen die Gesellschaft dazu zwingt, mit allem dazugehörenden Terror. Wenn es ein Wert ist, unberührt in die Ehe zu gehen, dann ist es für Männer genauso wertvoll wie für Frauen. Ich wäre wirklich neugierig, ob Männer es unter dieser Voraussetzung immer noch so wichtig fänden.

Deshalb gilt mein Rat den Eltern, ihren Töchtern die Gelegenheit zu geben, normal und ungezwungen mit Jungen und Männern in ihrer Umgebung umzugehen. Mädchen und Jungen müssen sich auf Feiern, Schulreisen, in Sportvereinen, auf der Straße oder in einem Straßencafé kennenlernen können. Wenn die junge Frau davon überzeugt ist, daß sie keinen Sex vor der Ehe haben möchte, dann wird sie dafür die Verantwortung übernehmen. Wenn sie sich nicht sicher ist, wird sie eine Möglichkeit finden zu tun, was sie möchte. Entscheidet sich die Tochter dafür, ihrer Liebe zu einem Freund auch körperlich Ausdruck zu geben, dann ist das ihre persönliche Entscheidung. Die können die Eltern nur akzeptieren. Denn es ist wirklich eine ureigene Angelegenheit, und die Eltern haben sich dabei nicht einzumischen.

Unsere Elternrolle wird sich darauf beschränken müssen, den Kindern Werte beizubringen, die wir wichtig finden. Sobald sie heranwachsen, treffen sie eigene Entscheidungen. Die müssen wir dann eben respektieren, auch wenn sie nicht mit unseren übereinstimmen. Es hilft nicht das geringste, Töchtern ständig im Nacken zu sitzen und ihnen alles zu verbieten oder sie sogar zu Hause einzusperren. Es ist verbrecherisch, auf diese Weise mit unseren Kindern umzugehen. Kinder sind nicht unser Eigentum. Kinder brauchen Liebe, Anerkennung und Achtung, dann werden sie vollwertige, selbständige Erwachsene, die ihr Leben meistern können. Wenn wir nicht in der Lage sind, Kinder so zu erziehen, dürfen wir keine Kinder bekommen.

Sittenwandel

Oft wird es als ein sehr hoher islamischer Wert gesehen, daß Mädchen vor der Ehe Jungfrauen sind. Der Koran jedoch sagt überhaupt nichts zur Jungfräulichkeit. Noch wichtiger, von allen Frauen, die der Prophet je hatte, war keine einzige Jungfrau außer Frau Aischa, die er noch als Kind heiratete. Allesamt waren Witwen oder geschiedene Frauen mit oder ohne Kinder. Der Islam wünscht, daß der Geschlechtsverkehr ausschließlich in der Ehe stattfinden soll. Doch diese Forderung gilt sowohl für Männer wie für Frauen. Von den Männern fordert die muslimische Gemeinschaft nicht mehr Unberührtheit. Gleichzeitig wird die Bedeutung der Unberührtheit der Frauen zu monströsen Proportionen aufgebauscht. Das ist nicht nur merkwürdig, sondern auch schädlich und dumm.

Es gibt wichtigere Dinge, um die sich die muslimische Gemeinschaft kümmern könnte, als die Jungfräulichkeit ihrer Töchter. Wenn Eltern wirklich gute Eltern sind, wiegen für sie das Glück ihrer Töchter, ihr Erfolg im Leben und eine gute Zukunftsperspektive schwerer als die Meinung von Verwandten und Freunden. Dann wird eine glückliche, erfolgreiche Ehe für ihre Töchter und Söhne wichtiger werden als Klatsch und Tratsch des Umfelds. Eine gute Ehe wird nicht durch die Frage bestimmt, ob das Mädchen Jungfrau ist oder nicht, auch nicht durch die Frage, ob sie vor ihrer Ehe andere Männer gekannt hat oder nicht. Eine gute Ehe entwickelt sich erst, wenn sich beide Partner gegenseitig genug lieben, sich akzeptieren, respektieren und durch dick und dünn zusammenhalten.

Die Unberührtheit von Mädchen? Also wirklich, heute, im Jahr 2005, bestimmen wir selbst, ob wir das wichtig finden. Und wenn sie uns abverlangt wird, dann haben wir dafür eine Pille.

Nachwort

»Lehn dich auf!
Ich wünsche mir, daß du dich auflehnst,
Gegen den Osten der Sklavinnen, gegen die
  Vorherbestimmung und den Weihrauch.
Lehn dich auf gegen die Geschichte,
  und besiege die große Illusion.
Hab keine Angst vor niemand, denn die Sonne
  ist der Friedhof der Adler.
Lehn dich auf gegen einen Osten, für den du
  ein Festschmaus im Bett bist.«[46]

Dies waren, in meiner freien Übersetzung, die Worte, die der syrische Dichter Nizar Kabbani (geboren 1923 in Damaskus, gestorben 1998 in London) vor einigen Jahrzehnten an die arabische Frau im Nahen Osten richtete. Auch er hatte gedacht, daß es nicht mehr lange dauern würde, bis die muslimische Frau ihre Ketten sprengen würde, die sozialen und kulturellen Ketten, die sie zu einer Gefangenen machen, um Herr über ihr eigenes Leben zu werden und um ihr Leben selbst in die Hand zu nehmen.

Dies ist allerdings nur ansatzweise geschehen. Die ganze Struktur der Gesellschaft ist darauf ausgerichtet, Frauen an ihrem zugewiesenen Platz festzunageln, als Dienerin für Mann und Kinder, um das Weiterleben des Clans, des Stammes oder

Nachwort

der Familie und die Fortsetzung des Familiennamens zu gewährleisten.

Frauen sind die letzten Glieder in einer langen Kette von Unterdrückten. Dabei bedient man sich oft der Religion, um sie abzuschrecken und einzuschüchtern, um zu verhindern, daß sie sich wirklich auflehnen. Und solange sich die muslimische Frau nicht gegen ihre Unterdrückung auflehnt, tut es der Mann ebenfalls nicht.

Der übergroße Teil der muslimischen Männer lebt ebenfalls unter erbärmlichen Bedingungen, aber wie hart deren Leben auch sein mag, sie haben noch immer jemanden unter sich, den sie herumkommandieren können. Wie sehr der muslimische Mann auch vor seiner Haustür unterdrückt wird, in seiner Wohnung ist er Herr und Meister. Und oftmals auch ein Tyrann. Frau und Kinder sind ihm gegenüber zu Achtung und Gehorsam verpflichtet. Wenn ihm die Spannungen zu groß werden, kann er sich gehen lassen und seine Wut an seiner wehrlosen Frau und den Kindern zu Hause auslassen. So wird das Leben für ihn erträglicher und ist er weniger geneigt, eine Veränderung anzustreben. So hält die Unterdrückung der Frau die Unterdrückung des Mannes am Leben.

Der Mann würde notfalls einen Mord begehen, um zu verhindern, daß ihm dieser letzte Luxus auch noch genommen wird. Jeder Versuch einer Veränderung innerhalb der Familien wird unterdrückt. Die Frau sieht, wie das Tor zu ihrer Freiheit von der Familie, vom Stamm, von der Tradition, der Geschichte, der Religion und der Politik bewacht wird.

»Unsere Töchter werden sich ihrer Brüste und Hüften nicht mehr schämen.
Sie werden das Geheimnis der Geheimnisse gebären, das nicht aus dem Himmel kommt (...)
Ich beuge nur vor der Liebe das Knie.

Nachwort

Ich höre nur den Gebetsaufruf des Futtervogels und
der Spottmöwe in der Bucht der Abfahrten.«[47]

Das Leben auf dieser wunderbaren Erde ist dazu da, gelebt zu werden. Liebe und Sexualität spielen eine wichtige Rolle bei dem Glücksgefühl, das Menschen in ihrem Leben erfahren können. In vielerlei Hinsicht werden muslimische Frauen ausgebeutet, doch vor allem auf dem Gebiet der Liebe, der Anerkennung und der Sexualität. Und gerade darüber schweigen sie am beharrlichsten.

Deshalb hielt ich es für nötig, mich mit diesem Thema im Rahmen der Mann-Frau-Beziehung im Islam besonders zu beschäftigen. An sich ist die sexuelle Ausbeutung muslimischer Frauen in den letzten Jahrzehnten durchaus häufiger behandelt worden, etwa von Feministinnen wie Nawal Saadawy und Fatima al-Marnissi und von Autorinnen wie Hanaan al-Shaykh. Allerdings sind Versuche, Korantexte, die das Sexualleben von Frauen regeln, zu interpretieren und so zu einer feministischen Theologie zu kommen, meines Wissens noch nicht sehr häufig unternommen worden. Wohl haben Frauen immer mit Hilfe der Dichtung und später auch im Roman von sich hören lassen und ihren Standpunkt zu entscheidenden Themen ihres Lebens niedergelegt.

Frühe Beispiele für Gedichte, in denen Frauen Stellung beziehen, sind die folgenden:

»Wer zwei Personen liebt, sollte
gekreuzigt werden oder entzweigesägt!
Wer nur in einen verliebt ist, gleicht
ihm, der an den Einen Schöpfer, Gott, glaubt.
Ich habe gewartet, bis mich die Krankheit überwältigt hat –
Wie lange kann Halfagras dem Feuer widerstehen?«[48]

Nachwort

Darin lese ich eindeutig einen Kommentar zur Polygamie von der Hand keiner Geringeren als der Prinzessin Ulaija al-Mahdi (gestorben 825), Schwester des berühmten Kalifen Harun ar-Raschid und Tochter des Kalifen al-Mahdi.

Ein anderes Gedicht aus derselben Sammlung hat die Form eines Dialogs zwischen einer Lesbe und einer Heterofrau:

»Ein tugendhaftes Mädchen sagt zu ihrer Männer liebenden Freundin: Bösewicht! Was treibst du nur für häßliche Dinge!«

Die Lesbe fährt fort:

»Du hast einen sicheren Weg verlassen,
  für den Gott gesorgt hat, damit man es nicht fürchten
    muß:
nämlich, wie die eine Sandale mit einer gleichen
    getragen wird.
Du hast dich damit ermüdet, Männer zu lieben,
obwohl andere doch mehr Recht auf Liebe haben
und mehr die Mühe lohnen.
Weißt du denn nicht, daß wir mit unserer lesbischen
  Liebe
geschützt sind vor eurem Geschrei in der Nacht,
    das ihr gebärt?
Unsere Geheimnisse werden nicht verletzt von
  Hebammen,
die etwas sehen, was verborgen bleiben muß
und nicht einfach entblößt werden darf.
Wir sind nicht wie ein Schaf, das Lämmer säugen muß,
wir werden nicht von dem Elend getroffen,
kleine Kinder großziehen zu müssen;
Wenn ein Mädchen mit einer Freundin schläft,

Nachwort

genießt sie so sehr, daß sie keinen Ehemann,
keinen Herrn und Meister, mehr braucht.
Wir sind glücklich, geschaffen für die Herrlichkeit;
ihr seid unglücklich, geschaffen für die Demütigung.«

Das Gedicht geht noch weiter mit der Antwort der Heterofreundin und einer Beschreibung der Herrlichkeiten der Heteroliebe. Es ist ein anonymer, poetischer Dialog, er stammt aus einem Werk über Sex aus dem dreizehnten Jahrhundert.

Wie die Bibel, die Thora oder die buddhistischen Schriften können die Korantexte in vielerlei Weise gelesen und gedeutet werden: auf einem buchstäblichen, rationalen, aber auch auf einem allegorischen, mystischen oder innerlichen Niveau. Jahrhundertelang haben Tausende von Gelehrten und Philosophen sich mit der Interpretation des Korans beschäftigt, und die verschiedenen Interpretationen haben viele Strömungen, Sekten und Schulen innerhalb des Islam hervorgebracht. Was freilich noch fehlt, ist eine feministische Strömung.

Es hat immer neue Interpretationen des Korans, der wichtigsten Quelle für den Islam, gegeben, und vor allem heute, wo Fanatismus und Extremismus scheinbar eine neue Renaissance erleben, sind diese bitter nötig: neue Interpretationen von Frauen, die den Islam für das einundzwanzigste Jahrhundert fit machen und unseren veränderten Lebensbedingungen und heutigen Bedürfnissen Rechnung tragen. Nicht zuletzt weil die meisten früheren Interpretationen darauf gerichtet waren, die Macht der Frauen zu unterminieren. Vor allem muslimische Frauen, die am schlimmsten im Namen des Islam mißbraucht werden, ziehen daraus Gewinn, daß die vielen Irrtümer und Widersprüche zur Stellung der Frau im Islam aufgeklärt werden. Aus dieser Überzeugung ist die Idee zu *Nehmt den Männern den Koran* geboren.

Es ist ein erster Schritt, ein bescheidener Versuch, obwohl

Nachwort

ich keine Theologin bin, zu begreifen, woher all das Leid der muslimischen Frauen herrührt, und warum manche Korantexte so parteiisch sind. Die weitreichenden Folgen so mancher Texte für das persönliche Leben von Frauen habe ich mit persönlichen Erfahrungen oder persönlichen und konkreten Erfahrungen anderer Frauen zu illustrieren versucht.

Für die Übersetzung der Koranverse habe ich von verschiedenen vorhandenen Übersetzungen dankbar Gebrauch gemacht, wie der von J. H. Kramers, Fred Leemhuis, Sofjan S. Siregar (ICCN, dem Islamischen Kulturzentrum der Niederlande) und der Ahmadiyya-Bewegung, und diese, wo nötig, selbst angepaßt. Bei allen Texten habe ich möglichst nach der historischen Erklärung gesucht, nach dem Anlaß für die Offenbarung. Für viele habe ich sie auch gefunden, jedoch nicht für alle.

Ich habe mich überwiegend auf den Koran als Quelle bezogen und die Überlieferungen des Propheten so sparsam wie möglich hinzugezogen, weil diese meist wenig zuverlässig sind. Es ist einfach eine Tatsache, daß die Authentizität der (meisten) Aussagen des Propheten nicht leicht festzustellen ist. Dennoch habe ich beim Schreiben festgestellt, wie oft sich die Koranverse auf das Leben des Propheten (Friede sei mit ihm), nicht nur auf sein öffentliches, sondern gerade auf sein bewegtes persönliches Leben mit seinen Frauen beziehen. Das bringt auf jeden Fall genügend Material, um noch viele Bücher darüber zu schreiben.

Es war nicht leicht, als Laie jeden Text in den richtigen Kontext zu stellen. Deshalb will ich mich gern in aller Offenheit einer Diskussion mit Menschen zu stellen, die meinen, daß es anders hätte sein müssen, vorausgesetzt, daß sie ihre Argumente mit Respekt und rational unterbaut vorbringen können.

Es ist mein Ziel, in unserer Zeit und in diesem Teil der Welt

Nachwort

verwurzelt zu sein. Es gibt genug Argumente, die mich davon überzeugen, daß unsere Zeit die beste aller Zeiten ist, in der sich ein Mensch wünschen kann zu leben, aber auch das Gegenteil ist zu vertreten. Schließlich ist jedes Zeitalter für den Menschen, der es erlebt, das beste Zeitalter, ganz einfach, weil er oder sie keine Wahl hat. Wir sind nun einmal jetzt geboren und nicht ein Jahrhundert früher oder später, deshalb müssen wir uns auch den Herausforderungen unserer Epoche gewachsen fühlen. Es handelt sich um ganz andere Herausforderungen als die, vor der die frühen Muslime vor vierzehnhundert Jahren standen. Aber auch wir als europäische Muslime sind dafür verantwortlich, auf der Grundlage von Gleichberechtigung und Verständnis gegenüber allen anderen Gemeinschaften den Frieden in unserem Umfeld zu pflegen und den Dialog mit anderen zu suchen.

Ein weiterer Grund, warum ich mein Zeitalter am besten finde, ist meine Überzeugung, daß muslimische Frauen nun ihre Freiheit zurückgewinnen und ihre Unabhängigkeit erzwingen werden. Ich bin davon überzeugt, daß die Benachteiligung muslimischer Frauen nicht mehr lange währen wird, und alles, was wir jetzt in vielen islamischen Gesellschaften an Rückgriffen auf die Vergangenheit sehen, kann diese Sichtweise nur bestätigen. Es sind nur die letzten Zuckungen eines in den letzten Zügen liegenden Systems, die verzweifelten Versuche, die feudale, patriarchalische Orthodoxie auf Biegen oder Brechen am Leben zu erhalten, nachdem der letzte Atem ausgehaucht ist.

Für uns Migranten aus einer islamischen Region macht der Koran oder das, was wir darunter verstehen, den größten Bestandteil unserer Bildung aus. Den Koran von meinen ganz spezifischen Werten und Normen aus zu studieren ist eine Art der Dialektik. Es ist ein Versuch, die zwei Seiten in mir, die muslimische und die westliche, so miteinander zu vereinen,

Nachwort

daß ich nicht als ein gespaltener Mensch durchs Leben gehen muß, ein Versuch, mit scheinbar miteinander im Konflikt stehenden Teilen in mir ins reine zu kommen. Ich möchte es ein Angebot zur Versöhnung nennen, zur Versöhnung in mir, aber auch außerhalb, zwischen dem Islam und dem Westen, um zu beweisen, daß es möglich ist, obwohl immer mehr Menschen behaupten, daß diese beiden unversöhnlich seien.

Von dieser Perspektive aus betrachtet ist es mehr als ein therapeutischer Kittversuch, um einen inneren Zwiespalt abzuschaffen. Er geht von der Überzeugung aus, daß Kultur immer universal ist, Gedanken keine geographische Begrenzung kennen und der Inhalt eines Textes zu mehr als der Hälfte vom Wissen des Lesers abhängig ist. Der Glaube macht nicht nur den Menschen zu dem, was er ist, der Mensch macht auch den Glauben zu dem, was er ist.

Ich habe versucht, eine feministische Interpretation der wichtigsten Koranstellen zur Sexualität und zum Verhältnis von Mann und Frau zu erarbeiten, indem ich mich ständig fragte, was ein bestimmter Text für mich und für andere Frauen bedeutet, welchen Einfluß er auf unser Leben hat. Dadurch ist es ein sehr persönliches, intimes Buch geworden – und das ist es auch, was wir brauchen.

Muslimische Frauen von heute brauchen persönliche, intime Interpretationen der Texte, die so weitgehend ihr Leben bestimmen. Sie brauchen Deutungen, die ihre Menschlichkeit und ihre Sehnsüchte mit berücksichtigen. Persönliche Interpretationen, in denen die Frau nicht wie selbstverständlich der geborene Sündenbock der Familienehre ist und dem Fortbestand des Stammes geopfert wird. Hoffentlich kann dieses Buch andere Frauen ermutigen, ebenfalls ihre eigene, persönliche Sichtweise zu Themen aufzuschreiben, die ihr Leben gestalten.

Anhang

Liste der Reihenfolge der Offenbarung der Korantexte

Es folgt eine Liste der Korantexte in der Reihenfolge der Offenbarung: der Name der Sure, gefolgt von der Übersetzung und der heutigen Nummer im Koran. Diese Liste ist ein Versuch der Autorin, die chronologische Reihenfolge der Suren anhand von einigen wenigen Quellentexten zu rekonstruieren, zwei konnte sie nicht einordnen.

1. Al-Alak – Der Blutklumpen 96
2. Al-Kalam – Der Stift 68
3. Al-Muzzammil – Der in Gewänder Gekleidete 73
4. Al-Muddassir – Der Verhüllte 74
5. Al-Fátihah – Die Öffnung 1
6. Al-Masad – Die Palmenfasern 111
7. At-Takwír – Der Zusammenklappende 81
8. Al-Ala – Der Allerhöchste 87
9. Al-Läl – Die Nacht 92
10. Al-Fadschr – Die Morgendämmerung 89
11. Ad-Duhá – Der glorreiche Morgen 93
12. Asch-Scharh – Die Verbreitung 94
13. Al-Asr – Die Zeit über Generationen 103
14. Al-Adiyát – Die Laufenden 100
15. Al-Kauthar – Der Überfluß 108
16. At-Takáthur – Die Anhäufung 102
17. Al-Máün – Bedürfnisse der Nachbarn 107

Anhang

18. Al-Káferün – Die Ungläubigen 109
19. Al-Fíl – Der Elefant 105
20. Al-Falaq – Die Morgendämmerung 113
21. An-Nás – Die Menscheit 114
22. Al-Ichlás – Reinheit des Vertrauens 112
23. An-Nadschm – Der Stern 53
24. Abasa – Der die Stirn runzelt 80
25. Al-Qadr – Die kraftvolle Nacht 97
26. Asch-Schams – Die Sonne 91
27. Al-Burüdsch – Die Burgen 85
28. At-Tín – Die Feige 95
29. Quraisch – Quraisch 106
30. Al-Qáreah – Der Tag des Geschreis 101
31. Al-Qiyámah – Die Auferstehung 75
32. Al-Humazah – Der skandalöse Händler 104
33. Al-Mursalát – Die Davongesandten 77
34. Qáf – Qáf 50
35. Al-Balad – Die Stadt 90
36. At-Táriq – Der nächtliche Besucher 86
37. Al-Qamar – Der Mond 54
38. Sád – Sád 38
39. Al-Aàraf – Die Höhen 7
40. Al-Dschinn – Der Dschinn 72
41. Já-Sín – Já-Sín 36
42. Al-Furqán – Das Kennzeichen 25
43. Fátir – Der Ausgangspunkt der Schöpfung 35
44. Maryam – Maria 19
45. Tá Há – Tá Há 20
46. Al-Wáqeah – Das unvermeidliche Ereignis 56
47. Ash-Shuará – Die Dichter 26
48. An-Naml – Die Ameisen 27
49. Al-Qasas – Die Erzählung 28
50. Al-Ìsraa – Die Nachtwanderung 17

Liste der Reihenfolge der Offenbarung der Korantexte

51. Yünus – Jonas 10
52. Hüd – Hüd 11
53. Yusuf – Joseph 12
54. Al-Hidsch – Der steinige Teil 15
55. Al-Anám – Das Vieh 6
56. As-Sáffát – Jene eingereiht in Ränge 37
57. Luqmán – Luqmán (Der Weise) 31
58. Saba – Die Stadt 34
59. Az-Zumar – Die Gruppen 39
60. Al-Mumin – Der Gläubige 40
61. Fussilat – Fussilat 41
62. Asch-Schüra – Die Beratung 42
63. Az-Zuchruf – Der Goldschmuck 43
64. Ad-Duchán – Der Rauch 44
65. Al-Dscháthiyah – Das Beugen des Knies 45
66. Al Ahqáf – Al Ahqáf 46
67. Al-Dháriyát – Die Winde der Zerstreuung 51
68. Al-Gháschiyah – Das umwerfende Ereignis 88
69. Al-Kahf – Die Höhle 18
70. An-Nahl – Die Biene 16
71. Nüh – Noah 71
72. Ibráhím – Abraham 14
73. Al-Anbiyá – Die Propheten 21
74. Al-Mominün – Die Gläubigen 23
75. As-Sadschdah – Die Anbetung 32
76. At-Taubah – Die Reue 9
77. At-Tür – Der Berg 52
78. Al-Mulk – Die Herrschaft 67
79. Al-Háqqah – Die wirkliche Realität 69
80. Al-Maáridsch – Die Wege des Aufstiegs 70
81. An-Naba – Das Ereignis 78
82. Al-Názeat – Die Ausreißer 79
83. Al-Inferár – Der spaltet 82

Anhang

84. Al-Incheqáq – Der Zerfleischende 84
85. Ar-Rüm – Die Römer 30
86. Al-Ankabüt – Die Spinne 29
87. Al-Baqarah – Die Kuh 2
88. Al-Anfál – Die Verderblichkeit des Krieges 8
89. Al-Ìmrán – Das Haus Ìmráns 3
90. Al-Ahzáb – Die Verbündeten 33
91. Al-Mumtahanah – Die zu untersuchende Frau 60
92. An-Nisá – Die Frauen 4
93. Az-Zalzalah – Die Zuckung 99
94. Al-Hadíd – Das Eisen 57
95. Mohammed – Mohammed 47
96. Ar-Rad – Der Donner 13
97. Ar-Rahmán – Der Gnadenvolle 55
98. Al-Insán – Der Mensch 76
99. At-Taláq – Die Trennung 65
100. Al-Bayyinah – Der klare Beweis 98
101. Al-Haschr – Die Versammlung 59
102. An-Nür – Das Licht 24
103. Al-Hadsch – Die Pilgerfahrt 22
104. Al-Munáfeqün – Die Heuchler 63
105. Al-Mudschádelah – Die flehende Frau 58
106. Al-Hudschurát – Die Wohnungen 49
107. At-Tahrím – Verbotene Sache 66
108. At-Taghábun – Wechselseitige Ab- und Zunahme 64
109. As-Saff – Das Schlachtfeld 61
110. Al-Dschumuah – Die Freitagsversammlung 62
111. Al-Fath – Der Sieg 48
112. Al-Máedah – Der Tisch 5

Liste der Namen und Herkunft der Frauen des Propheten

Als der Prophet Mohammed starb, blieben neun Ehefrauen zurück. Im Lauf seines Lebens war er mit maximal elf Frauen gleichzeitig verheiratet. Zwei von ihnen starben zu seinen Lebzeiten – eine von ihnen, Hafsa, nahm er wieder zurück. Über die anderen Frauen gibt es viele Meinungsverschiedenheiten. Die im folgenden aufgeführten Namen sind unter Fachleuten meist unstrittig. Auf den Namen der Frau folgt in Klammern der Stamm des Vaters und der Mutter, soweit bekannt.

1. Khadidscha bint Guwailid (Asad/Kuraisch); sie starb vor dem Umzug nach Medina.
2. Sawda bint Zamm-ah (Amir/Kuraisch)
3. Aischa bint Abi Bakr (Taym/Kuraisch)
4. Hafsa bint Umar (Adi/Kuraisch)
5. Zainab bint Khuzaima (Banu Hilal); sie starb etwa acht Monate nach ihrer Heirat.
6. Hind (Umm-Salma) bint Abi Umayya (Magzum/Kuraisch)
7. Zainab bint Dschahsch (Asad/Khusaima)
8. Dschuwairija bint al-Harith (Banu Mustalik/Guzaa); sie war eine arabische Kriegsgefangene.
9. Rayhana bint Zaid Ibn Amr (Banu Nadir); sie war eine jüdische Kriegsgefangene.
10. Safia bint Huyay Ibn Agtab (Banu Nadir); ebenfalls eine

Anhang

      jüdische Kriegsgefangene.
11. Umm-Habiba Ramla bint Abu Sufyan
 (Abd Schams/Kuraisch)
12. Maimuna bin al-Harith (Banu Hilal)
13. Maria, die Koptische; sie war eine Konkubine und gebar ihm einen Sohn, Ibrahim.

Anmerkungen

1 Aus: *Onbereikbare liefde* (Unerreichbare Liebe), El Hizjra (Zentrum für arabische Kunst und Kultur), Amsterdam 1995, S. 51.
2 Eine Ausnahme ist der weibliche Ehepartner: Das Wort »Ehefrau« kommt praktisch nicht vor. »Ehemann/Gatte« wird für beide Geschlechter verwendet, wahrscheinlich als eine Art Ehrenerweis für die Ehefrau, da die männliche Form damals respektabler war.
3 Aus der Hadithsammlung *Sahih Al-Buchari*, Band 4, Nr. 548 (eine englischsprachige Ausgabe findet sich unter www.muslimhope.com); auch in der Hadithsammlung *Sahih Muslim*.
4 Koranexegese von Ibn Kathier, Band 3, S. 497, Dar al-Djiel, Beirut, o.J.
5 Rana Kabbani, *Brief van een islamitische vrouw* (Brief einer islamischen Frau), Contact, Amsterdam 1989, S. 36.
6 Koranexegese von Ibn Kathier, Band 1, S. 251, Dar al-Djiel, Beirut, o.J.
7 Idem.
8 Nizar Qabbany, *El amel al sha'riya al kamila* (Vollständige Gedichtsammlungen), Manshurat (Veröffentlichungen von) Nizar Qabbany, Beirut 1972.
9 »Der duftende Garten des Scheich Nefzaui«, in: *Liebe im Orient*, Verlag Karl Schustek, Hanau/Main, o.J., S. 159 – 160.
10 *Sahih Al-Buchari* Band 1, Nr. 301; *Sahih Al-Buchari* Band 2, Nr. 541. Erzählt von Abu Said al-Khudri (in meiner eigenen freien Übersetzung).
11 Adonis, *Al-Thabit wal-mutahawwel* (Der Beständige und der Wechselhafte), Dar al-Awdah, Beirut 1986, vierte Auflage, S. 137.

Anhang

12 Idem, S. 138.
13 A. Schimmel, *Mystical Dimensions of Islam*, Chapell Hill, North Carolina, The University of North Carolina Press 1975.
14 Nasr Hamid Aboe Zaid, *Vernieuwing in het islamitische denken* (Erneuerung im islamischen Denken), Bulaaq, Amsterdam 1996, S. 42.
15 *Sahih Al-Buchari* Band 1, Nr. 490; auch *Sahih Al-Buchari* Band 1, Nr. 493.
16 Nasr Hamid Aboe Zaid, *Vernieuwing in het islamitische denken* (Erneuerung im islamischen Denken), Bulaaq, Amsterdam 1996, S. 24.
17 *Sahih Al-Buchari* Band 1, Nr. 28; *Sahih Al-Buchari* Band 2, Nr. 541.
18 *Sahih Al-Buchari* Band 2, Nr. 192; *Sahih Al-Buchari* Band 2, Nr. 193.
19 *Sahih Al-Buchari* Band 2, Nr. 194.
20 *Sahih Al-Buchari* Band 2, Nr. 287.
21 Nahed Selim, *Brieven uit Egypte* (Briefe aus Ägypten), Contact, Amsterdam 2000, S. 31–32.
22 Michiel Leezenberg, *Islamitische filosofie* (Islamische Philosophie), Bulaaq, Amsterdam 2001, S. 241.
23 *Het boek Muwatta van Malik* (Das Buch Muwatta von Malik), Band 36, Nummer 36.4.7 (eine englischsprachige Übersetzung findet sich unter www.masmn.org/documents).
24 Ali Akbar Hashemi Rafsandschani, Interview in: *Ettela'at*, 7. Juni 1986.
25 Ali Akbar Hashemi Rafsandschani, Interview in: *Kayhan*, 3. Mai 1984.
26 Abbas Abbasi, in: *Jomhouri Islami*, Nr. 15, 8. Oktober 1994.
27 Mohammad Yazdi, in: *Ressalat*, 15. Dezember 1986.
28 Siehe Zainabs Porträt in Teil 2.
29 Siehe Aischas Porträt in Teil 2.
30 Abdul-Rahmam al-Badawy, *Min tarich al ilhad fi al islam* (Aus der Geschichte des Unglaubens im Islam), Kairo 1945, S. 85.
31 Siehe Adonis, *Al-Thabit wal-mutahawwel*, op.cit., S. 74.
32 Idem, S. 77.
33 Idem, S. 74.
34 Idem, S. 75.
35 Michiel Leezenberg, *Islamitische filosofie* (Islamische Philosophie), Bulaaq, Amsterdam 2001, S. 83.

Anmerkungen

36 Idem, S. 84.
37 Siehe Adonis, *Al-Thabit wal-mutahawwel*, op.cit., S. 85.
38 Abdul-Rahmam al-Badawy, *Min tarich al ilhad fi al islam*, Kairo 1945, S. 141.
39 Fazlur Rahman, *Islam and Modernity*, University of Chicago Press, Chicago 1982, S. 5–7.
40 Koranexegese von Ibn Kathier, Band 4, S. 388–289. Dar al-Djiel, Beirut, o.J.
41 Jane I. Smith und Yvonne Y. Haddad, »The Virgin Mary in Islamic Tradition and Commentary«, in: *The Muslim World*, Bd. 79, 1989, S. 162.
42 Aus *El amel al sha'riya al kamila* (Vollständige Gedichtsammlungen) des feministischen männlichen syrischen Dichters Nizar Qabbany, Manshurat (Veröffentlichtungen von) Nizar Kabbani, Beirut 1997, Band 1, S. 351. Die freie Übersetzung stammt von der Autorin.
43 Vgl. auch 11:74–83; 15:57–60; 15:66–74; 21:74; 26:165–174; 27:54–58; 29:28–31; 29:34–35; 54:37–39.
44 Omar Nahas, *Islam en homoseksualiteit* (Islam und Homosexualität), Bulaaq, Amsterdam 2001.
45 Bis vor kurzem erschien das als ein unmöglicher Traum, aber im Januar 2003 wurde in Ägypten die erste Richterin vereidigt. Hurra!
46 Nizar Qabbany, *El amel al sha'riya al kamila* (Vollständige Gedichtsammlungen), Manshurat (Veröffentlichtungen von) Nizar Kabbani, Beirut 1997, Band 1, S. 575.
47 Jamal Eddine Bencheihk, »Gezangen« (Gesänge), in: *Onbereikbare liefde* (Unerreichbare Liebe), El Hizjra, Amsterdam 1995, S. 28.
48 Aus der Anthologie übersetzter klassischer arabischer Lyrik *Een Arabische tuin* (Ein arabischer Garten) von Geert Jan van Gelder, Bulaaq, Amsterdam 2000.

Nahed Selim

Kuran'ı Erkeklerin Elinden Alın!

İslam'ın Kadınca Bir Yorumuna Doğru

Yazar sonsözde kitabının başlıca hedefini dile getiriyor. Aşağıda bu metni özet olarak veriyoruz:

İslam'ın en önemli kaynağı olan Kuran'ın sürekli olarak yeni yorumları yapılmıştır; özellikle bugün, fanatizmin ve aşırılığın yeniden doğmuş gibi göründüğü günümüzde yeni bir yoruma çok ihtiyaç var: İslam'ı yirmi birinci yüzyılla başa çıkabilecek, değişen hayat şartlarımıza uygun ve bugünkü ihtiyaçlara cevap verir bir hale getirebilecek olan, kadınlar tarafından yapılmış yorumlar gerekiyor. Bu gerekliliğin bir sebebi de, önceki yorumların sürekli olarak, toplumda kadının gücünü kısıtlamaya yönelik yorumlar olması. Kadının İslam'daki yeri konusundaki birçok yanlışın ve çelişkinin aydınlığa kavuşturulmasından kârlı çıkacak olanlar, her şeyden önce, istismarın en kötüsüne İslam'ın adı kullanılarak maruz tutulan Müslüman kadınlar olacaktır. *Kuran'ı Erkeklerin Elinden Alın'ı* yazma fikri bu kanaatten doğdu.

Yapmaya çalıştığım, ilahiyatçı olmasam da, Müslüman kadınların bütün bu çilesinin nereden geldiğini ve Kuran'daki bazı bölümlerin niçin bu kadar tarafgir olduğunu anlamak yönünde ilk ve mütevazı bir adım atmak oldu. Bazı bölümlerin kadının özel hayatı açısından getirdiği önemli sonuçları kendi kişisel deneyimlerimle veya başka kadınların kişisel ve somut deneyimleriyle görülür hale getirmeye çalıştım.

Hedefim, içinde yaşadığımız zamanla ve dünyanın yaşadığımız kısmıyla bütünleşmiş olmak. Beni yaşadığımız zamanın bir insanın yaşamak isteyebileceği zamanların en iyisi oldu-

Kuran'ı Erkeklerin Elinden Alın!

ğuna ikna eden yeteri kadar sebep var; fakat bunun tersi de iddia edilebilir. Nihayet her dönem, o dönemi yaşayan insan için en iyi dönemdir, çünkü en başta, insanın önünde başka seçenek yoktur. İstesek de istemesek de, bugün yaşayacak şekilde doğmuşuz: bir yüzyıl önce veya sonra değil; bunun için çağımızın önümüze koyduğu güçlüklerle de başa çıkabileceğimizi hissetmeliyiz. Bunlar bin dört yüz yıl önceki ilk Müslümanların karşı karşıya kaldığı güçlüklere hiç mi hiç benzemiyor. Bu arada, biz Avrupalı Müslümanlar da bir sorumluluk taşıyoruz: hak eşitliği ve bütün diğer cemaatlere karşı anlayış temelinde çevremizle aramızdaki barışı korumamız ve ötekilerle diyalog kurmaya çalışmamız gerekiyor.

Kendi yaşadığım çağı en iyi çağ olarak görmemin bir sebebi de, Müslüman kadınların hürriyetlerini yeniden kazanacaklarına ve bağımsızlıklarını koparacaklarına olan inancım. Ben Müslüman kadınların dezavantajlı durumda olmalarının artık çok sürmeyeceğine kaniyim; şu an birçok İslam toplumuna baktığımız ve durumu geçmişle karşılaştırdığımız zaman gördüğümüz şey de bu kanımı sadece onaylıyor. Bütün gördüğümüz, son demlerini yaşayan bir sistemin can çekişme çırpıntıları, feodal, ataerkil öğretiyi – son nefesini vermişken – ne pahasına olursa olsun hayatta tutmaya yönelik ümitsiz çabalar.

Biz İslamî bir bölgeden göçüp gelmiş olanlar için Kuran, veya Kuran denince her neyi anlıyorsak o, kültürümüzün en büyük parçasını oluşturuyor. Kuran'ı benim tamamen kendime özgü değerlerim ve değer yargılarım açısından okumak bir tür diyalektik. Bu, içimde bulunan iki yönü, Müslüman yönümle Batılı yönümü, kavuşturmak yolunda bir deneme ve hayat yoluna ikiye bölünmüş bir insan olarak devam etmemek, hayatımın görünüşte birbiriyle çelişki içindeki iki yönü arasında uyum sağlamak amacını güdüyor. Bunu bir barış teklifi olarak adlandırmak isterim, hem kendi içimde bir barış, hem de dışımda, İslam ile Batı arasında; amacım – her ne kadar gittikçe daha çok sayıda insan bu iki dünyanın uzlaşmaz olduğunu kabul ediyorsa da – bu barışın mümkün olduğunu göstermek.

Bu açıdan bakınca yaptığım iş, içimdeki bir kopukluğu ortadan kaldırmak için girişilmiş, terapi niteliğinde bir uzlaştırma denemesini aşan bir şey. Çünkü kültürün evrensel olduğu, düşüncelerin coğrafî sınırlar tanımadığı ve bir metni anlamanın yarıdan çok okurunun bilgisine bağlı olduğu kanısından yola çıkıyor. İnsanı neyse o yapan inanç olduğu kadar, inancı neyse o yapan da insandır.

Ben Kuran'ın cinsellik ve kadın-erkek ilişkisiyle ilgili en önemli bölümlerinin feministçe bir yorumunu yapmaya çalıştım ve bu iş için de devamlı, belli bir metnin benim için ve başka kadınlar için ne anlama geldiğini, hayatımız üzerinde nasıl bir etkisi olduğunu sorguladım. Böylece ortaya çıkan, çok kişisel, çok özel bir kitap oldu – bizim ihtiyaç duyduğumuz da zaten bu.

Bugünün Müslüman kadınlarının ihtiyacı hayatlarını alabildiğine belirleyen metinlerin kişisel, özel yorumları. Bu kadınlara kendi insan taraflarını ve özlemlerini göz önüne alan yorumlar lazım. Kadının gayet tabiî bir şekilde ailenin namusunu lekeleyen bir günah keçisi veya kabilenin üremesini sağlayan unsur olarak görülmesine karşı çıkan kişisel yorumlar. Umarım, bu kitap başka kadınları da hayatlarına şekil veren konular hakkındaki kendi, kişisel görüşlerini yazmaya teşvik eder.

İçindekiler

Giriş 7

Birinci Bölüm Her Şey Yoruma Bağlı

1 Ayartılar Kısmı 17
2 Kaburgadan Yapılmış Değil, Tek ve Aynı Ruhtan 26
3 Zina, Ziynet ve Giyim Kuralları 33
4 Tarla Değil, Bağımsız Varlıklar 55
5 Keşfedilmeden Kalmış Ön-Oyun 74
6 Uygulamada Miras Hakkı 85
7 Düşman İlahiyat ve Güvenilmez Hadisler 104
8 Şüphenin ve İnançsızlığın Tarihi 133
9 En Güzel Şekil 162

İkinci Bölüm Kuran'da Kadınlar

Giriş Keşke Çocuk Kalsaydım 177
1 Birinci Portre – Ayşe, İftiraya Uğrayışı
   ve Aklanışı 186
2 İkinci Portre – Zeynep ve Güzelliğin Gücü 217
3 Üçüncü Portre – Hafsa, Kudretli Bir Babanın
   Kudretli Kızı 229
4 Peygamberin Karıları Gerçekte Kimdi? 250
5 Meryem, İsa'nın Annesi 254

Üçüncü Bölüm Törelerin Değişimi

Giriş Düğünden Önce Boşanma — 261
1 Bana Öyle Deme! — 266
2 İnternette Zina — 277
3 Kız Çocukları Öldürmek — 280
4 Başlık İsteyen mi Kaldı? — 283
5 Bekâret Hapı — 301

Sonsöz — 309

Ek
Kuran ayetlerinin indiriliş sırası — 319
Peygamberin karılarının adları ve kökenleri — 323
Açıklamalar — 325

Türkçe olarak kitabın ana tezleri — 329
(Sonsöz'den özetle)

PIPER

Ayaan Hirsi Ali
Ich klage an

Plädoyer für die Befreiung der muslimischen Frauen.
224 Seiten. Klappenbroschur

Nach dem Attentat auf ihren Mitautor Theo van Gogh mußte Ayaan Hirsi Ali untertauchen. In ihrem Versteck schrieb sie den letzten Beitrag zu diesem Buch. Schon 2002 hatte sie gesagt: Wenn ich weitermache – und ich werde weitermachen –, muß ich auf harte Schläge gefaßt sein. Momentan stürzen sich alle Medien auf mich: eine schwarze Frau, die den Islam kritisiert. Aber der Tag wird kommen, an dem es wieder Raum gibt für die Sache, um die es geht: die abhängigen Frauen und die Tatsache, daß die Integration hauptsächlich wegen der frauenfeindlichen Kultur und Religion des Islam gescheitert ist.
Ob es das Drehbuch zu dem aufsehenerregenden Film »Submission« ist, ihre eigene Lebensgeschichte oder Ayaan Hirsi Alis Analyse des Islam: Die Texte dieses Buches brechen Tabus und verändern unseren Blick. Zugleich machen sie deutlich, warum Ayaan Hirsi Ali mitten in Europa nur unter Polizeischutz leben, reden und schreiben kann – aber auch, wie notwendig ihr Kampf für die unterdrückten islamischen Frauen ist.